DAS GROSSE NATURLEXIKON
AQUARIENFISCHE

DAS GROSSE NATURLEXIKON
AQUARIENFISCHE

Text von Ivan Petrovický
Illustrationen von Libuše und Jaromír Knotek

DÖRFLER

Inhalt

Vorwort 5

Das Vorkommen der Fische in verschiedenen Gewässern 5

Ichthyologie und Aquaristik 6

Die Haltung der Fische 7

Sexualdimorphismus und Fortpflanzung der Fische 9

Bildteil 11

Register der deutschen Namen 298

Register der lateninischen Namen 301

Text von Ivan Petrovický
Illustrationen von Libuše und Jaromír Knotek
unter der Leitung von Vladimír Jaroch
Ins Deutsche übertragen von Peter Zieschang
Graphische Gestaltung von Jaromír Knotek

© AVENTINUM NAKLADATELSTVÍ, s.r.o. 2000

Alle Rechte vorbehalten
Kein Teil des Werkes darf in irgendeiner Form
(durch Fotokopie, Mikrofilm oder ein ähnliches Verfahren)
ohne die schriftliche Genehmigung des Verlages Aventinum Prag reproduziert oder
unter Verwendung elektronischer Systeme verarbeitet,
vervielfältigt oder verbreitet werden.
Alle Rechte an der deutschen Ausgabe
„Edition Dörfler" im NEBEL VERLAG GmbH, Utting 2002
ISBN 3-89555-869-9
3/19/16/52-02

Vorwort

Ökonomen und Händler schätzen, daß der jährliche Weltumsatz im Handel mit Aquarienfischen schon 4 Milliarden US Dollar überschritten hat und wahrscheinlich noch ansteigen wird. An der Weltproduktion der Aquarienfische hat Asien einen Anteil von 60 %, Südamerika von 30 % und die restlichen 10 % entfallen auf die übrigen Kontinente. Aus Asien werden vor allem Fische importiert, die in den Farmen von Singapur, Hongkong, Thailand und auf den Philippinen gezüchtet werden. Die südamerikanischen Fische werden in der freien Natur gefangen. Auf dem Weltmarkt überwiegt das Interesse an Süßwasserarten (90 %) über dem an Meereslebewesen.

Die Biologen nehmen an, daß der direkte Fang in der Natur heute an vielen Stellen die Grenze des Ertragbaren erreicht hat und allmählich eingestellt werden muß.
Der direkte Fang wird deshalb immer stärker eingeschränkt und ist bei einigen Arten völlig verboten.

Das wird jedoch in der nächsten Zukunft nicht nur an den Arbeitsaufwand der Züchter exotischer Fische erhöhte Anforderungen stellen, sondern auch an deren hohes fachliches Niveau. Der Bedarf an Zierfischen wird nämlich immer stärker durch die Produktion aus künstlicher Zucht gedeckt werden müssen. Eine Preiskonkurrenz wird vor allem bei ständig ansteigendem Energiemangel zwischen den Ländern der gemäßigten Zone auf der einen Seite und den tropischen Ländern auf der anderen Seite nur dann möglich, wenn die Züchtereien, die in der gemäßigten Zone liegen, höchste Qualität und ein möglichst breites Artensortiment erzielen. Diese Tätigkeit wird auch eine ausreichende, fundierte Fachliteratur benötigen. Es gibt zwar auf der ganzen Welt eine Unzahl von Arbeiten über tropische Fische, diese sind jedoch in verschiedenen Zeitschriften oder Sonderabdrucken verstreut und den Aquarianern allgemein nicht zugänglich. Dieses Buch ist das Ergebnis meiner Beschäftigung mit den Aquarienfischen unter besonderer Berücksichtigung ihrer Fortpflanzung sowie zahlreicher wertvoller Anregungen, die ich der internationalen Fachliteratur entnehmen durfte. Trotzdem bleibt in diesem Buch vieles ungelöst und offen, vieles kann in der Zeit von der Ausarbeitung der Handschrift bis zur Herausgabe überholt oder geändert worden sein. Es gibt immer noch viele Fischarten, die sich in der Gefangenschaft bis jetzt noch nicht fortgepflanzt haben. Aber die Schranken unserer Kenntnisse werden Schritt für Schritt und von Jahr zu Jahr weiter abgebaut, und was heute als großer Erfolg erscheint, kann morgen allgemein gültig oder sogar veraltet sein.

Wenn wir fragen, wozu all diese Mühe gut ist, ob der Arbeitsaufwand und die Mittel für die Zucht von Zierfischen nicht überflüssig sind, finden wir eine einfache Antwort. Ja, die Mühe lohnt sich, denn wir können die Natur nur durch eingehende Beobachtungen besser verstehen und Möglichkeiten finden, sie vor dem Menschen für den Menschen zu schützen. Gelingt uns das nicht, dann sind alle anderen menschlichen Anstrengungen überflüssig, denn gleichzeitig mit der Natur geht auch die Art *Homo sapiens* zugrunde.

Das Vorkommen der Fische in verschiedenen Gewässern

Der Reichtum der heute lebenden Knochenfischformen ist so groß, daß die Zahl der Arten 50 Prozent aller heute lebenden Wirbeltierarten darstellt. Nach Schätzungen, die 1970 von dem amerikanischen Ichthyologen D. W. Cohen publiziert wurden, leben heute auf der Erde ungefähr 50 Arten Kieferlose *(Agnatha)*, 515 bis 555 Arten Knorpelfische *(Chondrostei)* und 19 135 bis 20 980 Knochenfische *(Osteichthyes)*. Diese Schätzung ist das Ergebnis vieljähriger Arbeit, denn die Systematik der Fische wird durch die große Zahl von Synonymen (verschiedene Namen für die gleiche Art) sehr erschwert. Bei Feststellung der tatsächlich lebenden (nicht der beschriebenen) Arten mußten die Synonyme sorgfältig ausgesondert werden, was an die Arbeit der Ichthyologen erhebliche Anforderungen stellte.

Entsprechend dem Milieu, das die Tiere bewohnen, unterscheiden wir grundlegend drei

Gruppen von Fischen: Süßwasser-, diadrome und Seefische.

Die Süßwasserfische (8275 Arten, d.h. 42 %) werden in primäre und sekundäre Süßwasserfische unterteilt. Die primären Arten leben ausschließlich im Süßwasser. Hierher gehören zum Beispiel die Fische der Familien *Cyprinidae, Characidae, Siluridae* u. ä. Es sind 6650 Arten (33,1 Prozent). Die sekundären Süßwasserfische leben zwar im Süßwasser, ertragen aber Schwankungen des Salzgehalts im Wasser; sie sind euryhalin. Sie können in Brack- und Salzgewässer vordringen. Zu ihnen gehören zum Beispiel die Fische der Familien *Cichlidae, Cyprinodontidae* oder *Poeciliidae.* Es sind im ganzen 1625 Arten (8,1 Prozent).

Diadrome Fische (115 Arten, d. h. 0,6 Prozent), migrieren zwischen Süß- und Salzwasser oder umgekehrt. Hierzu gehören zum Beispiel der Aal, der Lachs, von den Aquarienfischen die Arten *Monodactylus sebae, M. argenteus, Scatophagus argus* u. a.

Seefische (11 675 Arten, d. h. 58,2 Prozent) leben entweder in der küstennahen Zone bis zu Tiefen von 200 m (litorale Fische), im offenen Meer bis zu Tiefen von 200 m (epipelagische Fische), an den Kontinentalhängen in Tiefen unter 200 m (bathybenthische Fische) oder schließlich im offenen Meer in Tiefen unter 200 m (bathypelagische Fische). Die Gruppe der Litoralfische ist mit 9130 Arten (45,5 Prozent) am häufigsten vertreten. Davon bewohnen 8000 Arten warme und 1130 Arten kalte Gewässer. Die epipelagischen Seefische (255 Arten, d. h. 1,3 Prozent sind ausgezeichnete Schwimmer mit torpedoförmigem Körper. Sie überwinden bei ihren Zügen sehr große Entfernungen und sind oft Kosmopoliten. Zu ihnen gehören zum Beispiel die Thunfische, Makrelen, verschiedene Arten der Fliegenden Fische u. a. Die bathybenthischen Fische (1280 Arten, d. h. 6,4 Prozent) haben einen charakteristisch gestreckten Körper. Die bathypelagischen Fische (1500 Arten, d. h. 5,0 Prozent sind besonders geformt, sie sind überwiegend klein und besitzen oft Leuchtorgane. Diese Fischgruppe bewohnt den größten Lebensraum. Im Hinblick auf den ausgedehnten Lebensraum gehören zu den letzten beiden Gruppen verhältnismäßig wenig Arten. Die Fachleute nehmen jedoch an, daß in den Tiefen der Meere noch viele bis jetzt unbekannte Arten im Verborgenen leben. Nach Cohen und anderen Ichthyologen wird dieser Raum durch eine Uniformität in der Temperatur und den physikalischchemischen Verhältnissen charakterisiert (die Lebensbedingungen sind beständig).

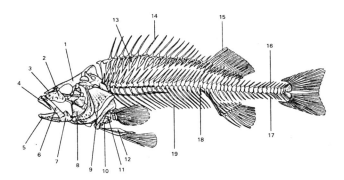 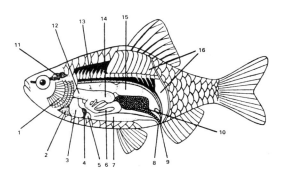

Skelett des Flußbarsches *(Perca fluviatilis)* 1 – Hirnschädel 2 – Lacrimale 3 – Nasale 4 – Prämaxillare 5 – Dentale 6 – Maxillare 7 – Articulare 8 – Quadratum 9 – Operculare 10, 11 – Schultergürtelemente 12 – Element des Beckengürtels 13 – Radialia 14 – harter Flossenstrahl 15 – weicher Flossenstrahl 16 – Spinalfortsatz 17 – Hämalbogen 18 – Wirbelkörper 19 – ventrale Rippen

Anatomie des Fischkörpers 1 – Kiemen 2 – Herz 3 – Leber 4 – Galle 5 – Milz 6 – Magenblindsack 7 – Darm 8 – After 9 – Geschlechts- und Harnleiteröffnung 10 – Keimdrüsen 11 – Hirn 12 – Speiseröhre 13 – Niere 14 – Magen 15 – Schwimmblase 16 – Muskulatur

Ichthyologie und Aquaristik

Die Ichthyologie ist die Lehre von den Fischen (von dem griechischen „ichthys" – Fisch und „logos" – Lehre). Die moderne Ichthyologie ist eine weitreichende und verzweigte Wissenschaftsdisziplin, deren Wichtigkeit mit dem ständig anwachsenden Bedarf an Nahrungsquellen für die sich vermehrende Menschheit steigt.

K. Linné unternahm in seinem Werk „Systema naturae" den Versuch, die Fische systematisch einzuordnen. Wir müssen zugeben, daß diese Systematik der Fische der am wenigsten gelungene Teil dieses Werkes ist. Das ändert aber nichts an der Tatsache, daß das Jahr 1758, in dem die 10. Ausgabe dieses Werkes erschien, einen Grenzstein für die moderne systematische Zoologie, also auch für die Ichthyologie darstellte. Von diesem Jahr an wird eine einheitliche binomische Nomenklatur verwendet, die wissenschaftliche Artenbezeichnung, die aus dem mit großem Anfangsbuchstaben geschriebenen Gattungs- und dem kleingeschriebenen Artnamen besteht (für die niedrigeren taxonomischen Einheiten, zum Beispiel die Unterart, wird ein dritter, ebenfalls kleingeschriebener Name beigefügt). Weiterhin wird der Autor angegeben, der den Fisch zum ersten Mal beschrieben hat und nach dem Komma folgt das Jahr, in dem die Beschreibung erstmalig publiziert wurde. Als Beispiel hierfür: *Betta splendens* REGAN, 1909. Wenn es nach der ursprünglichen Beschreibung zu Meinungsänderungen in der systematischen Eingliederung kam, und der Fisch einer anderen Gattung zugeordnet wurde, wird der Name des Autors und das Datum der ursprünglichen Beschreibung eingeklammert, wie zum Beispiel bei *Trichopsis pumilus* (ARNOLD, 1936).

In den 200 Jahren nach K. Linné gab es viele bedeutende Ichthyologen verschiedenster Nationalitäten, von denen jeder die Erkenntnisse des Menschen etwas erweitert hat. In der zweiten Hälfte des 20. Jahrhunderts ist die Wissenschaft aber schon so weit fortgeschritten, daß Alleingänger in der Forschung nur geringe Erfolgsmöglichkeiten haben. Neue Erkenntnisse sind immer mehr das Ergebnis kollektiver Arbeit wissenschaftlicher Teams. Das System der Fische, das in diesem Buch verwendet wird, ist das Werk des Autors L. S. Berg.

Eine der Hilfsdisziplinen der Ichthyologie ist die Aquaristik, die durch die detaillierte und genaue Beobachtungen der Fische Erkenntnisse erzielte, die in der freien Natur an oft unzugänglichen Lokalitäten schwer erreicht werden können.

In Asien hat heute die Fischzucht eine mehr als tausendjährige Tradition. In Europa und den USA entwickelt sich die moderne Aquaristik aber erst von der Hälfte des 19. Jahrhunderts an.

Die Haltung der Fische

Unter Fischhaltung verstehen wir die Schaffung von Lebensbedingungen in einem Becken, unter denen die Tiere in guter physischer Kondition je nach Art einige Monate oder Jahre überleben.

Die Grundbedingung für eine erfolgreiche Haltung besteht in einer optimalen Zusammensetzung des Wassers, dessen Temperatur, dem Gehalt an Sauerstoff und Kohlendioxyd (den sogenannten Atemgasen) und der richtigen Nahrung. Weitere wichtige Faktoren sind die Beleuchtung, die Bepflanzung und Ausstattung des Beckens, die Zusammensetzung des Bodengrunds und eine geeignete Fischgesellschaft. Heute hilft die moderne Technik sehr viel bei der Haltung der Fische.

Ein Aquarium, das mit geeigneter Technik ausgestattet ist, gut wachsende Pflanzen enthält und vor allem nicht mit einem chaotischen Artengemisch von Fische überbelegt ist, sollte eigentlich von allein gedeihen. Das reicht jedoch nicht. Der Aquarianer muß wenigstens grundlegende Kenntnisse von den Fischen und ihrem Lebensraum, vor allem von den Arten, die er halten möchte, besitzen. Auch die anspruchslosesten Fischarten erfordern Pflege und stellen spezifische Anforderungen an Umgebung und Nahrung. Grundsätzlich halten wir große Fische nicht mit kleinen, Raub- nicht mit Friedfischen usw. gemeinsam, das heißt in Polykultur. Wir sparen nicht an Lebensraum und wählen lieber größere Aquarien. Je größer das Becken ist, um so weniger Arbeit und um so größeren Erfolg werden wir haben. Das Aquarium wird an einer beständigen Stelle so angebracht, daß es sich geschmackvoll und harmonisch in das Interieur des Raumes einordnet.

In der Natur leben die Fische in Salz-, Brack- und Süßwasser. In diesem Buch interessieren uns die Fische aus Süß- und Brackgewässern. An den natürlichen Lokalitaten bilden sich Ökosysteme aus. Das sind Systeme, die selbständig funktionieren und von allen Pflanzen- und Tierpopulationen und leblosen Gegenständen gebildet werden. Die lebenden Organismen und die leblose Umwelt wirken aufeinander ein. Ein Ökosystem besteht aus einzelnen Biotopen, die den kleinsten natürlichen Raum darstellen, in dem die Organismen leben. Ein gut eingerichtetes Aquarium ist ein solcher Biotop. Wenn es uns gelingt, die Temperatur und Zusammensetzung des Wassers natürlichen Verhältnissen für die entsprechende Art anzunähern, ermöglichen wir den gehaltenen Fischen nicht nur das Überleben, sondern vielleicht auch eine erfolgreiche Fortpflanzung. Es ist unmöglich, Bedingungen zu schaffen, die mit den natürlichen Gegebenheiten übereinstimmen, und die Erfahrungen zeigen, daß die strenge Einhaltung von Chemismus und Temperatur des Wassers entsprechend den Angaben aus der Natur nicht immer zum Ziel führen muß. Diese Angaben können nur als grundlegende Richtlinien gelten, den weiteren Weg zum Erfolg muß der Züchter selbst suchen; hier kann keine eindeutige Anleitung gegeben werden. Die bei der Aufzucht von Fischen in der Gefangenschaft erzielten Erfolge werden meistens dadurch möglich, daß die Süß- und Brackwasserfische bis auf wenige Ausnahmen in ihren Ansprüchen ihrem Heimatmilieu gegenüber im wesentlichen anpassungsfähig sind. Das ermöglicht uns, unter künstlichen Bedingungen ein umfangreiches Artensortiment von Fischen zu halten und aufzuziehen. Diese Anpassungsfähigkeit besteht in den meisten Fällen bei den Seefischen nicht, und diese lassen sich deshalb auch nur viel schwerer in der Gefangenschaft aufziehen.

Ein weiterer entscheidender Faktor bei der Zucht der Fische ist die Nahrung. Die Nahrungssuche ist eine der Haupttätigkeiten der Fische. In der Natur sind die Fische Bestandteil einer bestimmten Nahrungskette, zum Beispiel: Phytoplankton – Zooplankton – kleiner Fisch – Raubfisch – Mensch. Eine vollständige Nahrungskette können wir in der künstlichen Umgebung nicht nachahmen, wir müssen aber wissen, welche Glieder einer solchen Kette von den von uns gehaltenen Fischen benötigt werden. Nach den Grundbestandteilen der aufgenommenen Nahrung unterteilen wir die Fische in: Fische, die sich ausschließlich von Fleisch ernähren, das sind karnivore oder Raubfische (Prädatoren), herbivore Fische, die sich ausschließlich von Pflanzenkost ernähren, und Fische, die Gemischtfutter verzehren, die omnivoren Fische oder Allesfresser. Die karnivoren Fische füttern wir mit kleinen Krebstieren (Wasserflöhe, Hüpferlinge), mit Bachröhrenwürmern, Maden, zerkleinerten Regenwürmern, Schwarzen und Roten Mückenlarven, den Imagines von Insekten, (Obst- und Eintagsfliegen), geschabtem Rind-, Geflügel- oder Fischfleisch, kleinen Fischen und eventuell mit einigen hochwertigen granulierten Kunstfuttermitteln. Wir müssen jedoch beachten, daß wir nicht allen karnivoren Fischen abwechselnd alle genannten Futterarten verabreichen können. Wir sollten ihre weiteren Anforderungen kennen (die Größe der einzelnen Bissen, die von der Maulgröße abhängig ist; die Art der Nahrungssuche am Grund oder an der Wasserfläche oder das Jagen lebenden Planktons in den mittleren Wasserschichten usw). Im Bildteil des Buches sind die karnivoren Fische mit dem Zeichen ◁ versehen.

Ausgesprochen herbivore Aquarienfische gibt es nicht viele, bei einer ganzen Reihe von Arten ist jedoch der pflanzliche Nahrungsanteil für eine gute, gesunde Kondition der Fische unentbehrlich. Diesen Fischen verabreichen wir überbrühten Kopfsalat oder Spinatpüree und trockenes Pflanzenfutter. Im Bildteil weisen wir auf die Notwendigkeit, Pflanzenkost zuzufüttern, mit dem graphischen Zeichen □ hin.

Das Füttern omnivorer Fische, die mit ○ bezeichnet werden, macht den Aquarianern die geringsten Sorgen. Diese Fische geben sich oft mit den verschiedensten Kunstfuttermitteln zufrieden, die den Vorteil besitzen, daß sie Vitamine und andere Zusatzstoffe enthalten, ihre Reste sich aber im Wasser sehr schnell zersetzen und verderben. Aber auch bei diesen Fischen müssen wir die Zusammensetzung der Nahrung im Rahmen der Möglichkeiten verändern und Eintönigkeit des Speisezettels verhindern.

Der richtige Ablauf der Lebensfunktionen des Fischorganismus hängt von der aufgenommenen Nahrungsmenge ab. Erst bei Überschreiten einer bestimmten Futterdosis werden die aufgenommenen Nährstoffe verwertet, es kommt zur Ausbildung neuer Muskulatur, es werden Fett- und Glykogendepots angelegt und das Skelett vergrößert sich, was sich im Wachstum des Fisches äußert. Bei guter und regelmäßiger Ernährung wachsen die Fische auch nach dem Erreichen der Geschlechtsreife fast bis zum

Lebensende weiter. Die aufgenommene Futtermenge ist direkt abhängig von der im Wasser gelösten Sauerstoffmenge, vom geeigneten Chemismus und der Temperatur des Wassers. Entscheidende Faktoren sind auch die Art, das Alter und der Gesundheitszustand der Fische.

Sexualdimorphismus und Fortpflanzung der Fische

Die Geschlechtsdifferentiation wird dadurch charakterisiert, daß die männlichen und weiblichen Geschlechtsdrüsen, die sogenannten primären Geschlechtsmerkmale, getrennt, nur bei einem Einzellebewesen auftreten. Das Männchen besitzt nur männliche, das Weibchen nur weibliche Geschlechtsdrüsen. Ein natürlicher Hermaphroditismus (Zwittrigkeit) ist bei den tropischen Süßwasserfischen unbekannt. Die männlichen Geschlechtsdrüsen, die Hoden, erzeugen Spermien (Milch, Samenflüssigkeit), die weiblichen Geschlechtsdrüsen, die Eierstöcke, enthalten Eier (Rogen). In den Geschlechtsdrüsen werden auch Sexualhormone gebildet. Bei den Männchen sind es Androgene, bei den Weibchen Östrogene und Gestagene. Diese Sexualhormone verursachen sekundäre Geschlechtsmerkmale. Wir kennen mikro- und makroskopische sekundäre Geschlechtsmerkmale. Zu den mikroskopischen gehören die Geschlechtschromosomen. Die makroskopischen Merkmale äußern sich im Körperbau, der Färbung, Länge und Form der Flossen, in verschiedenen Auswüchsen, Fettbuckeln auf dem Kopf u. ä. Bei einer ganzen Reihe von Fischen sind die äußeren Geschlechtsunterschiede sehr gering oder fehlen ganz, wir sprechen dann von Monomorphismus. Bei einigen Arten sind sie jedoch sehr markant ausgeprägt; hier sprechen wir vom Sexualdimorphismus (geschlechtliche Zweigestaltigkeit). Der Sexualdimorphismus beruht meistens in einer bunteren Färbung der Männchen (nur ausnahmsweise der Weibchen). Weicht die Färbung beider Geschlechter vollkommen voneinander ab, sprechen wir vom Dichromatismus. Die Weibchen vieler Fischarten sind größer als die gleichaltrigen Männchen (bei anderen Arten sind wiederum die Männchen größer). Bei der Gattung *Xiphophorus* kommt es manchmal zur Umwandlung der weiblichen Geschlechtsmerkmale in männliche. Das fortpflanzungsfähige Weibchen verwandelt sich allmählich in ein Männchen, das in manchen Fällen auch fruchtbar sein kann. Die Umbildung von Männchen zu Weibchen ist jedoch nicht bekannt.

Während der Laichzeit werden einige Geschlechtsmerkmale stärker betont, was vor allem die Färbung betrifft, die wir dann als Hochzeitskleid bezeichnen. Bei einigen Karpfenfischen, vor allem bei den Männchen, gehört zum Hochzeitskleid ein sogenannter Laichausschlag. Das Laichen erfolgt meistens so, daß das Weibchen den Rogen ins Wasser abgibt und das Männchen in der Nähe seine Samenflüssigkeit ausstößt. Die Befruchtung erfolgt also außer-

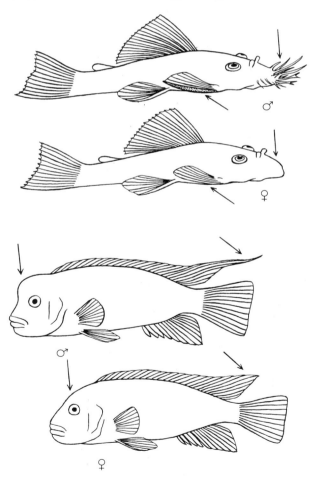

Beispiele für Sexualdimorphismus

halb des weiblichen Körpers, wir sprechen von äußerer Befruchtung. Entwicklungsgeschichtlich fortgeschrittener ist die bei den höheren Wirbeltieren übliche innere Befruchtung, die wir bei Fischen weniger oft antreffen. Im Zusammenhang mit der inneren Befruchtung hat sich bei manchen Fischgruppen die Ovoviviparie

Beispiele für Sexualdimorphismus

herausgebildet: Die befruchteten Eier entwickeln sich im Körper des Weibchens bis zum Zeitpunkt des Schlüpfens und dann werden lebende Junge geboren. Von der echten Lebendgeburt (Viviparie) unterscheidet sich die Ovoviviparie dadurch, daß der Keimling nicht vom Mutterkörper ernährt wird.

Die männlichen Geschlechtszellen, die Spermien, bestehen aus Kopf, Hals und einer Geißel, mit deren Hilfe sie sich fortbewegen. Die Befruchtungsfähigkeit wird durch die Beweglichkeit der Spermien gesichert. Die Lebensdauer der Spermien beträgt nur Sekunden und ist von der Art der Fische abhängig. Gelingt es dem Spermium in dieser Zeit nicht, in den Rogen einzudringen, stirbt es ab. Bei einigen Arten wird die Beweglichkeit der Spermien durch eine Salzlösung unterstützt. Mit fortschreitendem Alter der Männchen sinkt die Qualität des Samens (Milch) und die Befruchtungsfähigkeit ab.

Die weibliche Geschlechtszelle, der Rogen, ist mit einer festen, elastischen Haut umgeben, die viele feine Poren aufweist. Bei der Berührung mit Wasser dringt dieses durch die Poren ein und der Rogen quillt. Bei einigen Arten ist die Eioberfläche mit einer klebrigen Substanz bedeckt, die die Befestigung an einer Unterlage ermöglicht. In der Eihülle befindet sich eine feine Öffnung (Mikropyle), durch die bei der Befruchtung das Spermium eindringt. Unter der festen Eihülle liegt eine zarte Dotterhaut, die zum einen die Keimscheibe, aus der sich nach der Befruchtung der Embryo entwickelt, und zum anderen das Nährdotter, das der Ernährung des Embryos dient, umschließt.

Gesunder Rogen kann glasig durchsichtig, gelb, orange, karmin, grün usw. sein. Abgestorbener Rogen ist weiß und enthält eine quarkähnliche Masse aus geronnenem Eiweiß, das die Trübung verursacht. Diese Färbung dürfen wir jedoch nicht mit dem natürlichen Weiß der Rogen einiger Fischarten verwechseln. Abgestorbener Rogen bildet den Nährboden für rasch auftretende Schimmel (v.a. im warmen und basischen Wasser), deren Pilzgeflechte in der Lage sind, lebenden Roger zu durchwachsen und zu vernichten. Das Wuchern von Schimmeln kann mit einigen Desinfektionsmitteln auf der Basis von Methylenblau und Trypaflavin (Akryflavin) eingeschränkt werden. Die Form der Rogen ist für jede Fischart charakteristisch und kann rund, oval, faßartig, tropfenförmig usw. sein. Die Größe und Anzahl der Eier ist nicht nur von der Art, sondern auch vom Alter und der Größe des Weibchens abhängig. Beim ersten Ablaichen junger Weibchen können wir eine geringere Anzahl kleinen Rogens erwarten. Mit fortschreitendem Alter und zunehmendem Gewicht der Tiere erhöht sich bis zu einer bestimmten Altersgrenze (entsprechend der Art) die Qualität und Anzahl des Rogens.

Wenn den Fischen das Ablaichen unmöglich gemacht wird, stoßen die Weibchen den reifen Rogen ohne Befruchtung aus (z.B. die Labyrinthfische) oder halten ihn zurück. Zurückgehaltener Rogen wird manchmal vom Organismus resorbiert, verbleibt aber meistens in mumifiziertem Zustand im Körper des Weibchens (z.B. bei den Karpfenfischen). Das hat die Unfruchtbarkeit oder den Tod des Weibchens zur Folge. Auch ein unvollständiges Ablaichen gefährdet die Gesundheit des Weibchens. Das Überfüttern der Fische bewirkt ebenfalls eine Degeneration der Geschlechtsdrüsen und dauerhafte Unfruchtbarkeit.

Bildteil

Erläuterungen:

○ omnivore Fische

◁ karnivore Fische

▭ Fische, die sich auch von Pflanzenkost ernähren

◐ Gesellschaftsbecken

● Artenbecken

♀ Weibchen

♂ Männchen

juv. juvenile Fische

☐ eierlegende (ovipare) Fische

■ lebendgebärende (vivipare) Fische

Familie *Characidae*
Echte Amerikanische Salmler

Die Familie *Characidae* wird von vielen kleinen, bunten und überwiegend im Schwarm lebenden Fischen vertreten. Wir werden sie also nicht einzeln, sondern immer in einer größeren Gruppe halten. Sie sind über ganz Mittel- und Südamerika verbreitet. Das charakteristische Merkmal der meisten Fische dieser Familie sind kleine Fettflossen (Pinna adiposa). Die Kiefer sind mit Zähnen besetzt. Die Zähne bilden oft ein sehr scharfes und kräftiges Gebiß. Die Form und die Anzahl der Zähne gehört bei der Artbestimmung zu den wichtigen Merkmalen. Manche Arten sind Raubfische, andere Pflanzenfresser. Für die meisten Arten eignet sich weiches, schwach saueres Wasser. Die in der Beschreibung angegebene Wassertemperatur kann außerhalb der Laichzeit 3–4 °C niedriger liegen.

1 Rotflossen-Glassalmler
Prionobrama filigera (COPE, 1870)

Echte Amerikanische Salmler
Characidae

Syn.: *P. madeirae, Aphyocharax filigerus, A. analis, A. analialbis, Bleptonema amazoni, Paragoniates muelleri*

Vorkommen: Amazonas und seine zahlreichen Zuflüsse in Südostbrasilien. Gesamtlänge: 6 cm. Nahrung: Lebendes und künstliches Futter. Gesellschaftsbecken. Zuchtbecken: Wenigstens 20 l mit Schutzgitter. Sexualdimorphismus: Das Männchen ist kleiner und schlanker, das Weibchen ist größer, hat einen höheren Körper und einen charakteristischen goldenen Fleck, der von den über der Bauchhöhle durchscheinenden Eierstöcken verursacht wird. Verhältnis der Geschlechter: 1 : 1 oder geringes Übergewicht der Männchen in der Gruppe. Zuchtbedingungen: 24–27 °C; dKH 1°; pH 7,0. Rogen: Glasig durchsichtig. Durchmesser 0,9 mm, Inkubationsdauer 14–15 Stunden/27 °C. Anfüttern der Brut: Nauplien von *Artemia* oder *Cyclops*. Ersteinfuhr: 1931, Aquarium Hamburg.

Auf zu saueres Wasser reagieren die Fische empfindlich, ihre Flossenränder belegen sich mit Schimmel. Die Becken müssen gut abgedeckt werden, denn die Fische springen bei jeder Störung stark. Das Laichen erfolgt gewöhnlich in den Vormittagsstunden in Becken, die von der Sonne beschienen werden. Das Weibchen legt ungefähr 300 Eier. Die geschlüpften, glasigen Larven setzen sich mit Hilfe eines klebrigen Sekrets, das von Drüsen ausgeschieden wird, die sich im Nacken befinden, an den Beckenwänden oder den Gegenständen der Umgebung fest, oder bilden an der Wasseroberfläche Häufchen. Unter den Züchtern ist die falsche Ansicht verbreitet, daß sich die Eier in härterem Wasser entwickeln; sie sterben jedoch bei einer Karbonathärte von 2° oder mehr ab. Für die Entwicklung der Eier ist es deshalb wichtig, die dKH niedriger als 2° zu halten.

2 Rotflossensalmler
Aphyocharax anisitsi EIGENMANN et KENNEDY, 1903

Echte Amerikanische Salmler
Characidae

Syn.: *Tetragonopterus rubropictus, Aphyocharax affinis, A. rubripinnis*

Vorkommen: Paraná, Argentinien. Gesamtlänge: 5 cm. Nahrung: Lebendes und künstliches Futter. Gesellschaftsbecken. Zuchtbecken: Wenigstens 20 l mit Schutzrost, gut mit Glas abgedeckt, hell und durchsonnt. Sexualdimorphismus: Das Männchen ist schlanker und weist an der Afterflosse kleine Häkchen auf. Verhältnis der Geschlechter: 1 : 1 oder leichtes Übergewicht der Männchen, in Paaren oder auch im größeren Schwarm. Zuchtbedingungen: 24 °C; pH 6,0–7,0; dKH < 2°. Eier: Inkubationsdauer 24 Stunden. Anfüttern der Brut: Nauplien von *Artemia* oder *Cyclops*. Ersteinfuhr: 1906, Oskar Rittler, Hamburg.

Gute Schwimmer, die im Schwarm leben. Das Weibchen legt während des Laichens 300–500 Eier. Die Brut ist sehr scheu, sie sucht auch kleinste Verstecke auf, und wir können sie deshalb leicht übersehen. Diese Fische springen sehr gut, und wir müssen die Aquarien unbedingt mit Glas abdecken. Bei ausreichender natürlicher Nahrung und im frischen, gut durchlüfteten Wasser wachsen die jungen Fische sehr schnell. Sie suchen mit Vorliebe strömendes Wasser auf, das wir mit Hilfe von Umwälzfiltern simulieren.

Characidae

1 Rubinsalmler
Aphyocharax rathbuni EIGENMANN, 1907

Echte Amerikanische Salmler
Characidae

(Handelsbezeichnung: „Hyphessobrycon federalis")

○
◑

Vorkommen: Paraguay, Gesamtlänge: 4,5 cm. Nahrung: Lebendes und künstliches Futter. Gesellschaftsbecken mit dunklem Boden. Zuchtbecken: 10 l mit Schutzgitter, feinblättrige Pflanzen. Sexualdimorphismus: Das Männchen hat an der Rücken- und Afterflosse eine schärfere Spitze, seine Schwanzflosse ist etwas stärker ausgeschnitten als die des Weibchens. Das Weibchen ist weniger farbig und fülliger. Verhältnis der Geschlechter: 1 : 1. Zuchtbedingungen: 27 °C; pH 7,0—7,6; dKH bis 2°. Eier: Glasig, klar, Durchmesser 0,86 mm, Inkubationsdauer 16—18 Stunden/27 °C. Anfüttern der Brut: Nauplienstadium von *Artemia*. Ersteinfuhr: 1977, DDR. Hier im gleichen Jahr von Dr. H. J. Franke fortgepflanzt.

Diese Fische laichen am liebsten auf Pflanzen ab. Im Alter von 85 Stunden schwimmen die Larven frei. Von dieser Zeit an „kriechen" die jungen Fische während der nächsten 2—3 Monate auf dem Rücken und vollführen seltsame drehende Bewegungen aus. Erst nach dieser Zeit nehmen sie die normale Stellung ein und schwimmen im freien Wasser wie die erwachsenen Fische. Im Alter von 6—7 Monaten sind sie geschlechtsreif. Nach Dr. S. Frank werden die Jungfische oft von parasitischen Schimmeln befallen. Diese Erkrankung verursacht große Verluste.

2 Schlußlichtsalmler, Laternensalmler, Fleckensalmler
Hemigrammus ocellifer ocellifer (STEINDACHNER, 1882)

Echte Amerikanische Salmler
Characidae

Syn.: *Tetragonopterus ocellifer, Holopristis ocellifer*

○
◑

Vorkommen: Französisch—Guayana, Brasilien — Stromgebiet des Amazonas, Venezuela — Stromgebiet des Orinoko, Bolivien. Gesamtlänge: 4,5 cm. Nahrung: Lebendes und künstliches Futter. Gesellschaftsbecken. Zuchtbecken: 6—10 l mit Schutzgitter. Sexualdimorphismus: Das Männchen ist schlanker, seine Schwimmblase ist spitz, das Weibchen ist größer und in der Bauchpartie fülliger, die Schwimmblase ist abgerundet (teilweise verdeckt). Verhältnis der Geschlechter: 1 : 1. Zuchtbedingungen: 24 °C; pH 6,5; dKH < 2°. Eier: Inkubationsdauer 24 Stunden. Anfüttern der Brut: Nauplien von *Artemia* oder *Cyclops*. Ersteinfuhr: 1910, Blumenthal, Hamburg (es handelte sich wahrscheinlich aber um *H. ocellifer falsus*).

Friedlicher Schwarmfisch. Wir trennen vor dem Laichen die Männchen und Weibchen für ungefähr 14 Tage und füttern die Generationsfische ausgiebig. Die Weibchen sind sehr produktiv, sie geben einige Hundert Eier ab. Die Inkubation verläuft bei gedämpftem Licht. Die Aufzucht der Brut erfolgt in flachen Becken mit einer Wasserstandshöhe von 10 cm. Im Verlauf des Wachstums der Jungfische füllen wir allmählich Wasser in das Aquarium nach.

3 *Hemigrammus ocellifer falsus* (MEINKEN, 1958)

Echte Amerikanische Salmler
Characidae

H. ocellifer falsus wird von Géry als Synonym der Art *Hemigrammus mattei* EIGENMANN, 1910 angesehen.

○
◑

Vorkommen: Im Stromgebiet von Amazonas (Brasilien) und Orinoko (Venezuela), nach anderen Quellen auch in Argentinien. Im Unterschied zu *H. ocellifer ocellifer* tragen diese Fische hinter dem oberen Rand des Kiemendeckelbogens keinen dunklen Fleck. Die übrigen morphologischen Merkmale, die Nahrung, Haltung und Zucht entsprechen denen der Art *H. o. ocellifer*.

Charicidae

1 Glühlichtsalmler
Hemigrammus erythrozonus DURBIN, 1909

Echte Amerikanische Salmler
Characidae

Syn.: *Hyphessobrycon gracilis*

○
◑

Vorkommen: Guyana. Gesamtlänge: 4,5 cm. Nahrung: Lebendes und künstliches Futter. Gesellschaftsbecken. Zuchtbecken: 3–6 l mit Schutzgitter. Sexualdimorphismus: Das Männchen ist schlanker, das Weibchen zeigt eine markant vorgewölbte (konvexe) Bauchpartie. Verhältnis der Geschlechter: 1 : 1. Zuchtbedingungen: 24 °C; pH 6,5–7,0; dKH 1°; dGH 8–10°. Eier: Durchmesser 0,9 mm. Inkubationsdauer 19 Stunden. Anfüttern der Brut: Nauplien von *Artemia* oder *Cyclops*. Ersteinfuhr: 1933.

Diese Art wurde jahrelang mit der ähnlichen, kleineren Art *H. gracilis* verwechselt. Das Laichen erfolgt bei gedämpftem Licht. Nach dem Ablaichen fangen wir die Generationsfische aus dem Becken. Während des Wachstums der Jungfische muß gründlichste Hygiene eingehalten und ausreichend frisches Wasser zugeführt werden. Die Fische reagieren auf den Nitritgehalt des Wassers sehr empfindlich. Die Brut muß ebenfalls allmählich an die Karbonathärte gewöhnt werden; wir geben vom Alter von 5 Tagen an langsam gewöhnliches Leitungswasser zu, wobei die anfangs kleineren Mengen später vergrößert werden. In sehr weichem und saurem Wasser schlüpft die Brut zwar aus, die Embryonen leiden aber an konstitutioneller Wassersucht, sind nicht in der Lage, ihre Schwimmblase mit Luft zu füllen, springen am Grund umher und sterben nach einigen Tagen.

2 Grüner Neon, Costello-Salmler
Hemigrammus hyanuary DURBIN, 1918

Echte Amerikanische Salmler
Characidae

○
◑

Vorkommen: Hyanuary-See bei Manaus, Amazonas von Iquitos bis São Paulo. Gesamtlänge: 4 cm. Nahrung: Lebendes und künstliches Futter. Gesellschaftsbecken. Zuchtbecken: 3–6 l mit Schutzgitter für 1 Paar. Sexualdimorphismus: Das Männchen ist schlanker, es trägt an der Afterflosse einen Widerhaken, das Weibchen ist fülliger und größer. Verhältnis der Geschlechter: 1 : 1. Zuchtbedingungen: 24–26 °C; pH 6,0; dKH < 1°, frisch, mit Torfextrakt angereichert oder über Torf gefiltert. Eier: Gelblich, Inkubationsdauer 24 Stunden/26 °C. Anfüttern der Brut: Die ersten beiden Tage *Paramecium caudatum* oder kleinste Nauplien von *Cyclops*, eventuell frisch geschlüpfte kleinere *Artemia*-Nauplien. Ersteinfuhr: 1957.

Diese Fische gehören zu den Arten, deren Laichaktivität in die Dämmerung fällt. In Aquarien laichen die Tiere in den Nachmittags- oder Abendstunden bei künstlicher Beleuchtung ab. Das Weibchen legt 100–200 Eier. Die Inkubation geschieht in der Dämmerung. Die endogene Ernährung endet am 6. Tag. Am Beginn der Aufzucht halten wir den Wasserstand niedrig und erhöhen ihn dann im Laufe der Zeit. Während des Wachstums der Jungfische filtern wir das Waser über Torf und wechseln einmal in 14 Tagen 50 % des Wassers gegen Frischwasser aus. Die Fischfarmen von Singapur vermehren und exportieren diese südamerikanische Art in großen Mengen.

3 Schwanzstrichsalmler
Hemigrammus unilineatus (GILL, 1858)

Echte Amerikanische Salmler
Characidae

Syn.: *Poecilurichthys hemigrammus unilineatus, Tetragonopterus unilineatus*

○
◑

Vorkommen: Paraguay, Brasilien, Guyana, Insel Trinidad. Gesamtlänge: 5 cm. Nahrung: Lebendes und künstliches Futter. Gesellschaftsbecken. Zuchtbecken: 6–10 l, hell, mit Schutzgitter, zartblättrige Pflanzen. Sexualdimorphismus: Das Männchen ist schlanker, seine Schwimmblase ist stärker zugespitzt als die des Weibchens. Verhältnis der Geschlechter: 1 : 1, eventuell 2 Männchen : 1 Weibchen. Zuchtbedingungen: 24–26 °C; pH 6,0–6,5; dKH bis 1°; dGH < 10°. Eier: Inkubationsdauer 5 Tage. Anfüttern der Brut: *Paramecium caudatum*, Wimpertierchen, Nauplien von *Cyclops* oder feinste *Artemia*-Nauplien. Ersteinfuhr: 1910, Vereinigte Zierfischzüchtereien Conradshöhe.

Friedlicher Schwarmfisch, dem durchsonnte, stellenweise dicht verwachsene Becken behagen. Das Weibchen legt im Pflanzenwuchs bis zu 500 Eier. Vier Tage nach dem Schlüpfen gehen die Larven auf exogene Ernährung über.

Characidae

1 Rautenflecksalmler
Hemigrammus caudovittatus AHL, 1923   Eche Amerikanische Salmler
Syn.: *Hyphessobrycon anisitsi* (nicht EIGENMANN)   *Characidae*

Vorkommen: Gebiet von La Plata, Argentinien. Gesamtlänge: 10 cm. Nahrung: Lebendfutter, künstliche und Pflanzennahrung. Gesellschaftsbecken. Laichbecken mit wenigstens 50 l Inhalt und mit Schutzgitter. Sexualdimorphismus: Das Weibchen ist in der Bauchpartie fülliger. Verhältnis der Geschlechter: Ca. 1 : 1, wir können sowohl in einzelnen Paaren wie auch in Schwärmen ablaichen lassen. Zuchtbedingungen: 20–24 °C; pH 6,5–7,0; dKH bis 2°. Eier: Inkubationsdauer 24 Stunden. Anfüttern der Brut: Nauplienstadium von *Artemia* oder *Cyclops*, künstliches Brutfutter. Ersteinfuhr: 1922, Martin Becker, Hamburg.

Diese Fische befressen die meisten Wasserpflanzen. Wir versehen deshalb die Becken nur mit zähblättrigen und harten Pflanzenarten. Unbeachtet bleiben auch die Pflanzen *Vesicularia dubyana*, *Microsorium pteropus* und *Bolbitis heudeloti*.

H. caudovittatus ist eine sehr produktive Art; das erwachsene Weibchen kann während des Laichens bis zu einige Tausend Eier legen. Die größte Anzahl befruchteter Eier erhalten wir von regelmäßig ablaichenden jungen Weibchen. Diese Regel gibt auch für viele andere Fischarten. Bei Fischen, die älter als zwei Jahre sind und nicht regelmäßig laichen (bei langandauernder Trennung von Männchen und Weibchen), sinkt der Anteil der befruchteten Eier und lebensfähigen Larven auf ein Minimum. Das wird vor allem durch die Verkümmerung (Atrophie) der Eierstöcke und deren Überfettung hervorgerufen.

Sobald die Laichzeit beendet ist, fangen wir die Generationsfische ab. Das Schutzgitter wird herausgenommen und leicht an der Wasseroberfläche abgeklopft, damit anhaftende Eier frei werden. Die Eier werden mit Methylenblau behandelt. Die schnellwachsende Brut wird rechtzeitig in geräumige Zuchtbecken umgesiedelt. Geräumige Aquarien, regelmäßig gewechseltes Wasser, ausreichendes und geeignetes Futter und eine richtig gewählte Besatzdichte sind Faktoren, die das regelmäßige und rasche Wachstum der Jungfische beeinflussen.

Junge Fische, die eine Größe von 2 cm erreicht haben, können wir von Juni bis Mitte September in Gartenbassins halten. *H. caudovittatus* ist eine ideale Art für die Produktion von Futterfischen bei der Zucht von Raubfischen.

2 Schwanzstrichsalmler
Hemigrammus caudovittatus – Albinoform   Echte Amerikanische Salmler
  Characidae

Die Albinoform, die eine Länge von 7 cm erreicht, wurde durch Aquarienzucht veredelt und genetisch stabilisiert. Auch sie ist wie die Wildform sehr fruchtbar.

Characidae

1 Karfunkelsalmler
Hemigrammus pulcher pulcher LADIGES, 1938

Echte Amerikanische Salmler
Characidae

○ Vorkommen: Peru, Brasilien — Amazonas und Zuflüsse. Gesamtlänge: 4,5 cm. Nahrung: Lebendes und künstliches Futter. Gesellschaftsbecken. Zuchtbecken: 6 l mit Schutzgitter für ein Paar, gedämpfte Beleuchtung. Sexualdimorphismus: Das Männchen ist schlanker, die Schwimmblase ist am unteren Ende zugespitzt, das Weibchen ist größer, fülliger, seine Schwimmblase schließt unten rundlich ab. Verhältnis der Geschlechter: 1 : 1. Zuchtbedingungen: 26–28 °C; pH 6,5; dKH < 1°. Rogen: Inkubationsdauer 24 Stunden. Anfüttern der Brut: Nauplien von *Artemia oder Cyclops*. Ersteinfuhr: 1938. Aquarium, Hamburg.

Die Grundlage für eine erfolgreiche Aufzucht ist die Auswahl geeigneter Paare. Viele Züchter empfehlen, daß Paare, die sich bewährt haben, weiterhin zusammenbleiben, da nicht jedes Männchen mit jedem Weibchen ablaicht. 1961 beschrieb GÉRY die Unterart *H. pulcher haraldi*, die aber in Aquarium offensichtlich nicht gehalten wird.

2 Flaggensalmler, Ulrey's Salmler
Hemigrammus ulreyi (BOULENGER, 1895)

Echte Amerikanische Salmler
Characidae

Syn.: *Tetragonopterus ulreyi*

○ Vorkommen: Rio Paraguay, Südamerika. Gesamtlänge: 5 cm. Nahrung: Lebendes und künstliches Futter. Gesellschaftsbecken. Zuchtbecken: 10 l mit Schutzgitter, zartblättrige Pflanzen. Sexualdimorphismus: Das Männchen ist schlanker, das Weibchen größer und in der Bauchpartie fülliger. Verhältnis der Geschlechter: 1 : 1. Zuchtbedingungen: 24–26 °C; pH 6,0–6,5; dKH < 1° (evtl. 0°); dGH < 10°. Eier: Inkubationsdauer? Anfüttern der Brut: *Artemia*-Nauplien (die Angaben für die Aufzucht haben nur hypothetischen Charakter, denn diese Art wurde offensichtlich bisher nicht fortgepflanzt). Ersteinfuhr: 1905, Oskar Kittler, Hamburg.

Friedliche Schwarmfische, für die lichte bis durchsonnte, mäßig bewachsene, geräumige Becken mit schwacher Wasserströmung empfohlen werden. Diese Fische werden in größeren Schwärmen gehalten. Es wird angegeben, daß diese Art nur selten eingeführt wird, weil das Gebiet, in dem sie vorkommt, außerhalb der üblichen Fangplätze liegt. Sie wird oft mit der Art *Hyphessobrycon heterorhabdus* (ULREY, 1895) verwechselt.

Characidae

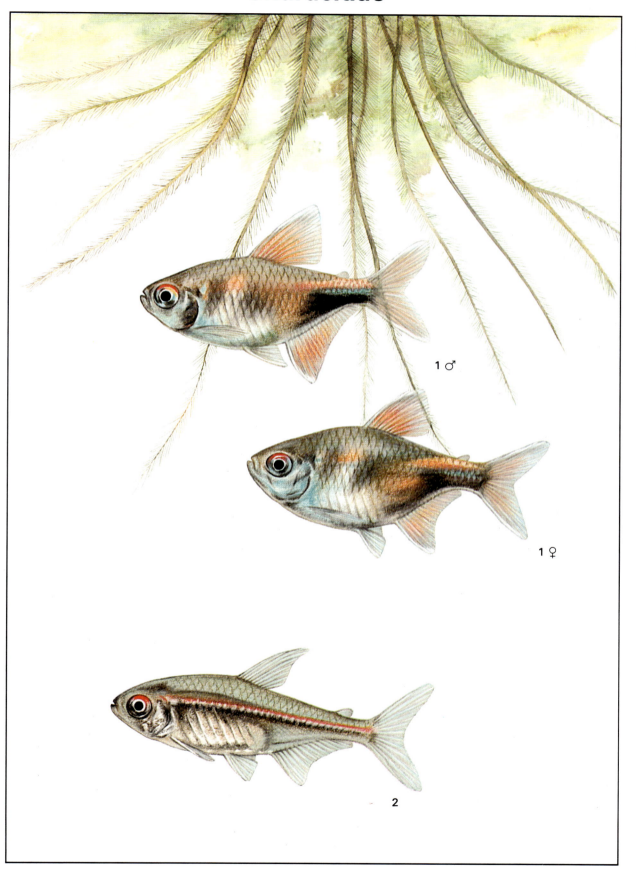

1 Rotmaulsalmler
Hemigrammus bleheri GÉRY et MAHNERT, 1986

Echte Amerikanische Salmler
Characidae

○ Vorkommen: Amazonasdelta. Gesamtlänge: 4,5 cm. Nahrung: Lebendes und künstliches Futter. Gesellschaftsbecken. Zuchtbecken: 50–100 l mit Schutzrost, das Becken wird mit *Microsorium pteropus* bepflanzt. Sexualdimorphismus: Das Männchen ist kleiner und schlanker und besitzt kleinere Bauchflossen. Verhältnis der Geschlechter: 1 : 1, mehrere Paare gemeinsam. Zuchtbedingungen: 26 °C; pH 6,5; dKH 0,5°. Eier: Durchmesser 0,98 mm, Inkubationsdauer 15 Stunden. Anfüttern der Brut: 8 Tage Monokultur des Wimpertierchens *Paramecium caudatum,* eventuell Rädertierchen, später kleinste Nauplien von *Artemia* oder *Cyclops.* Ersteinfuhr: 1924/25 für das Aquarium Hamburg.

Dieser Fisch wurde lange mit der ähnlich gefärbten Art *Petitella georgiae* verwechselt, die erst 1964 abgesondert und beschrieben wurde. Die sichtbaren Unterschiede bestehen vor allem in der Körperform, in der roten Färbung des Kopfes und manchmal auch der Körperseiten, in der Zeichnung an der Basis der Schwanzflosse und auf der Schwanzflosse einschließlich der Afterflosse selbst. *P. georgiae* ist im Vergleich zu *H. bleheri* kleiner, schlanker, scheuer und zeigt eine geringere Bereitschaft zum Laichen. Die Fische laichen am frühen Morgen noch während der Dunkelheit ab. Das Laichen wird durch eine hohe Tagestemperatur stimuliert (30 °C), auf die während der Nacht das allmähliche Absinken der Wassertemperatur auf 26 °C folgt. Das Weibchen gibt bis zu 200 Eier ab. Die geschlüpften Larven sind 2,7 mm groß und befestigen sich mit Hilfe klebriger Drüsen, die sich auf dem Kopf befinden, an der Unterlage. Nach 4 Tagen gehen sie auf exogene Ernährung über. Während des Wachstums der Jungfische füllen wir allmählich härteres Wasser zu und siedeln sie, sobald sich auf der Schwanzflosse eine schwarzweiße Zeichnung zeigt, in ein größeres Becken um. Die jungen Fische sind scheu und gegenüber einem erhöhten Gehalt an Nitraten und Nitriten empfindlich. Sie wachsen verhältnismäßig schnell und sind im Alter von 1/2 Jahr geschlechtsreif.

2 Peru-Rotmaulsalmler
Petitella georgiae GÉRY et BOUTIERE, 1964

Echte Amerikanische Salmler
Characidae

○ Vorkommen: Peru – Rio Huallaga, Amazonas über Leticia, Marañon. Gesamtlänge: Männchen 5 cm, Weibchen 6 cm. Nahrung: Lebendes und künstliches Futter. Gesellschaftsbecken. Zuchtbecken: 20–50 l mit Schutzgitter, Bepflanzung mit Setzlingen von *Microsorium pteropus.* Sexualdimorphismus: Das Männchen ist zierlicher und schlanker. Verhältnis der Geschlechter: 1 : 1, mehrere Paare gemeinsam. Zuchtbedingungen: 26 °C; pH 6,5; dKH 0,5°. Eier: Inkubationsdauer 24 Stunden. Anfüttern der Brut: 8 Tage Monokultur des Wimpertierchens *Paramecium caudatum,* eventuell Rädertierchen, anschließlich zarteste Nauplien von *Artemia* oder *Cyclops.* Ersteinfuhr: 1960.

Diese Art wird oft mit *Hemigrammus bleheri* verwechselt. *P. georgiae* ist robuster, die Rotfärbung des Kopfes endet in der Kiemendeckelebene (bei *H. bleheri* ist das Rot über den Kopf entlang der Seitenlinie bis zur Körperhälfte ausgebreitet). An der oberen Basis der Schwanzflosse befindet sich ein schwarzer Fleck, beim *H. bleheri* sind es zwei Flecken, die am oberen und unteren Teil der Schwanzflossenbasis auftreten. Auch in der Inkubationsdauer der Eier besteht ein Unterschied. *P. georgiae* laicht im Unterschied zum *H. bleheri* während der Vormittagsstunden bei voller Besonnung ab. Die weitere Aufzucht entspricht der von *H. bleheri.*

Characidae

1 Schwarzer Flaggensalmler, Schwarzer Neon
Hyphessobrycon herbertaxelrodi GÉRY, 1961

Echte Amerikanische Salmler
Characidae

Vorkommen: Brasilien, Rio Taquarí (Zufluß des Rio Paraná) im Staat Mato Grosso. Gesamtlänge: 4 cm. Nahrung: Lebendes und künstliches Futter. Gesellschaftsbecken. Zuchtbecken: 10 l mit Schutzgitter, stark gedämpfte Beleuchtung, zartblättrige Pflanzen. Sexualdimorphismus: Das Männchen ist schlanker und kleiner. Verhältnis der Geschlechter: 1 : 1. Zuchtbedingungen: 26 °C; pH 6,5; dKH 0°. Eier: Klein, glasig, Inkubationsdauer 18 Stunden. Anfüttern der Brut: Während der ersten 3 Tage Monokultur des Wimpertierchens *Paramecium caudatum* oder kleinste, frisch geschlüpfte *Artemia*-Nauplien. Ersteinfuhr: 1960, über die USA.

Im Alter von 8 Monaten sind die Fische geschlechtsreif. Wir trennen die Männchen und Weibchen vor dem Ablaichen für 14 Tage. Die Wassertemperatur wird auf 20–22 °C gehalten. Die reifen Weibchen sind nicht besonders auffallend füllig. Die Zuchtpaare verhalten sich in der neuen Umgebung scheu, zum Laichen kommt es nach 3–7 Tagen. Am fünften Tag nach dem Schlüpfen geht die Brut auf exogene Ernährung über. Die Jungfische wachsen rasch.

2 Dreibandsalmler, Falscher Ulrey
Hyphessobrycon heterorhabdus (ULREY, 1895)

Echte Amerikanische Salmler
Characidae

Syn.: *Tetragonopterus heterorhabdus, T. ulreyi* (nicht BOULENGER), *Hemigrammus heterorhabdus*

Vorkommen: Brasilien, Rio Tocantins im Staat Amazonas. Gesamtlänge: 5 cm. Nahrung: Lebendes und künstliches Futter. Gesellschaftsbecken. Zuchtbecken: 10 l mit Schutzgitter. Sexualdimorphismus: Das Männchen ist schlanker, das Weibchen in der Bauchpartie fülliger, größer. Verhältnis der Geschlechter: 1 : 1. Zuchtbedingungen: 24–26 °C; pH 6,0–6,5; dKH < 1°, das Wasser wird über Torf gefiltert oder wir geben Torfabsud zu. Eier: Inkubationsdauer 24 Stunden. Anfüttern der Brut: *Artemia*- oder *Cyclops*-Nauplien. Ersteinfuhr: 1910, Blumenthal, Hamburg.

Friedlicher Schwarmfisch, der in der Färbung viel mit der Art *Hemigrammus ulreyi* gemeinsam hat, die jedoch einen höheren Körper aufweist. Vor dem Laichen trennen wir Männchen und Weibchen für ungefähr 14 Tage. Die Fische sind verhältnismäßig wenig produktiv. In größeren Becken können wir die Fische auch in kleineren oder größeren Schwärmen ablaichen lassen. Die Aufzucht ist einfach und erfolgt wie bei einer ganzen Reihe anderer kleiner Salmler.

3 Blauer Neon
Hyphessobrycon simulans GÉRY, 1963

Echte Amerikanische Salmler
Characidae

Vorkommen: Rio Lufaris und Stromgebiet des Rio Negro in Brasilien. Gesamtlänge: 2–3 cm. Nahrung: Lebendes und künstliches Futter. Gesellschaftsbecken (mit anderen kleinen Salmlerarten). Zuchtbecken: 20–50 l mit Schutzgitter, gedämpfte Beleuchtung. Sexualdimorphismus: Das Männchen ist schlanker, das Weibchen größer und fülliger. Verhältnis der Geschlechter: 1 : 1, wir lassen die Fische in einem größeren Schwarm ablaichen. Zuchtbedingungen: 24–26 °C; pH 5,5–6,0; dKH 0°; dGH < 10°, wir filtern das Wasser über Torf oder geben Torfextrakt zu (die Fische reagieren sehr empfindlich auf den Nitratgehalt des Wassers). Eier: Inkubationsdauer 24 Stunden. Anfüttern der Brut: Während der ersten 3–4 Tage Monokultur des Wimpertierchens *Paramecium caudatum*, Nauplien von *Cyclops* oder kleinste Nauplien von *Artemia*. Ersteinfuhr: 1962 (sehr vereinzelte Importe).

Die Fische haben äußerlich viel mit der Art *Paracheirodon innesi* gemeinsam. Sie unterscheiden sich durch einen Neonlängsstreifen, der sich vom Oberkiefer über das Auge bis zur Schwanzwurzel zieht. Die darunterliegende Rotfärbung ist blasser.

Characidae

1 Zitronensalmler, Schönflossensalmler
Hyphessobrycon pulchripinnis AHL, 1937

Echte Amerikanische Salmler
Characidae

○
◐

Vorkommen: Mittelbrasilien – Zuflüsse des Rio Tocantins, in kleinen, stark bewachsenen Bächen. Gesamtlänge: 4,5 cm. Nahrung: Lebendes und künstliches Futter. Gesellschaftsbecken. Zuchtbecken: 6 l mit Schutzgitter, zartblättrige Pflanzen. Sexualdimorphismus: Das Männchen ist schlanker, seine Rücken- und Afterflosse sind markant gelb und mit einem schwarzen Saum versehen. Verhältnis der Geschlechter: 1 : 1. Zuchtbedingungen: 26 °C; pH 6,5; dKH < 1°. Eier: Inkubationsdauer 24 Stunden. Anfüttern der Brut: Nauplien von *Artemia* oder *Cyclops*. Ersteinfuhr: 1937, Fa. Scholze und Pötzschke, Berlin.

Die häufig fehlende Laichbereitschaft der Fische wird durch das langsame Heranreifen der Rogner verursacht. Hierdurch entstehen bei der Zucht verschiedene Schwierigkeiten. Vor dem Laichen trennen wir für ungefähr 14 Tage die Männchen von den Weibchen und füttern beide ergiebig und abwechslungsreich, wir geben ihnen vor allem Rote und Schwarze Mückenlarven oder *Cyclops*, und das Laichen des angesetzten Paars sollte spätestens innerhalb von 5 Tagen erfolgen. Steigender atmosphärischer Druck verbessert die Aussicht auf Erfolg. Nach dem Ablaichen fangen wir die Fische ab und setzen die Eier keiner zu starken Beleuchtung aus. Während des Wachstums der Jungfische füllen wir allmählich Wasser nach, das wir gewöhnlich für die Aquarien verwenden und siedeln die Tiere rechtzeitig in geräumige Becken mit niedrigem Wasserstand um. Im Verlauf des Wachstums der Fische erhöhen wir den Wasserstand allmählich. Erwachsene Fische werden immer in einer kleineren oder größeren Gruppe gehalten.

2 *Hyphessobrycon pulchripinnis* – Albinoform

Echte Amerikanische Salmler
Characidae

○
◐

Diese Zuchtform entstand in Aquarienzuchten. Der Albinismus der Fische besteht allgemein nicht nur im Verlust der Farbzellen der Haut, sondern auch der der Körperorgane, die Augen sind rot. Die Rotfärbung einiger Teile der Körperoberfläche kann vom Durchscheinen des dichten Netzes der Blutkapillaren durch die pigmentlose Oberhaut verursacht werden.

3 Schwarzbandsalmler
Hyphessobrycon scholzei AHL, 1937

Echte Amerikanische Salmler
Characidae

□
◐

Vorkommen: Ostbrasilien und Paraguay. Gesamtlänge: 5 cm. Nahrung: Lebendes und künstliches Futter, wir füttern pflanzliches Material zu. Gesellschaftsbecken (die Fische beschädigen zartblättrige Pflanzen). Zuchtbecken: 10 l mit Schutzrost. Sexualdimorphismus: Das Männchen weist eine tiefer ausgeschnittene Schwanzflosse auf und ist kleiner und schlanker. Verhältnis der Geschlechter: 1 : 1 (kann in der Gruppe ablaichen). Zuchtbedingungen: 24–26 °C; pH 6,5–7,0; dKH < 2°. Eier: Inkubationsdauer: 24 Stunden. Anfüttern der Brut: Nauplien von *Artemia* oder *Cyclops*, hochwertiges künstliches Brutfutter. Ersteinfuhr: 1907, Fa. Scholze und Pötzschke, Berlin.

Friedlicher Schwarmfisch, teilweise Pflanzenfresser. Die Aufzucht ist einfach und entspricht der Art *H. flammeus*. Die Weibchen sind sehr produktiv, jedes von ihnen legt während des Laichens 800–1600 Eier ab. Das schnelle Wachstum der Jungfische wird durch ausreichend Raum, eine lockere Besatzdichte, frisches Wasser und genügend Futter unterstützt.

Characidae

1 Blutsalmler
Hyphessobrycon callistus (BOULENGER, 1900)

Echte Amerikanische Salmler
Characidae

Syn.: *H. melanopterus, Tetragonopterus callistus, Hemigrammus melanopterus*

Vorkommen: Amazonasbecken, Stromsystem des Rio Paraguay. Gesamtlänge: 4 cm. Nahrung: Lebendes und künstliches Futter. Gesellschaftsbecken. Zuchtbecken: 6–10 l mit Schutzgitter, gedämpftes Licht, zartblättrige Pflanzen. Sexualdimorphismus: Das Männchen ist schlanker und markant rot gefärbt, das Weibchen ist in der Bauchpartie fülliger. Verhältnis der Geschlechter: 1 : 1. Zuchtbedingungen: 24 °C; pH 6,5–7,0; dKH bis 2°. Eier: Klein, grau, Inkubationsdauer 24 Stunden. Anfüttern der Brut: Nauplien von *Artemia* oder *Cyclops*. Ersteinfuhr: wahrscheinlich 1953.

Produktive Schwarmfische. Größere Jungfische fallen sich manchmal gegenseitig an und zerreißen sich die Flossen. Diese Aggressivität dämpfen wir teilweise durch erhöhte Gaben von Lebendfutter. Die langandauernde, planlose Hybridisation der sogenannten „*Callistus*-Arten" führte zur Entstehung ganzer Generationen untereinander sehr ähnlicher und fruchtbarer Bastarde. Wir können heute nicht mehr mit Sicherheit sagen, was ein reinblütiger *H. callistus* ist. 1954 schlug Hoedeman eine ganze Reihe von Unterarten vor, aber schon 1961 hält Gery diese Einteilung für unzulässig, weil sich diese Arten nur äußerlich ähneln, und schlägt die sogenannten „*Callistus*-Arten" vor, die alle folgenden verwandten und ähnlichen Fische enthalten. Hier sind die Arten *H. callistus, H. serpae, H. minor, H. hasemani* und *H. haraldschulzi* vertreten. Diese Arten kreuzen sich in der Gefangenschaft untereinander und auch mit den weiteren Arten *H. georgettae* und *H. takasei* leicht. Über die Gültigkeit des Namens *H. hasemani* bestehen jedoch Bedenken (nomen nudum), und *H. minor* und *H. takasei* sind in der aquaristischen Praxis unbekannte Arten. Von Seiten der Nomenklatur bleibt diese Situation weiterhin ungelöst.

2 Perez-Salmler, Fahnen-Kirschflecksalmler
Hyphessobrycon erythrostigma (FOWLER, 1943)

Echte Amerikanische Salmler
Characidae

Syn.: *H. callistus rubrostigma, H. rubrostigma*

Vorkommen: Stromgebiet des Amazonas, Kolumbien; Gesamtlänge: 12 cm. Nahrung: Lebendes und künstliches Futter. Gesellschaftsbecken. Zuchtbecken: 50–100 l mit Schutzrost, Pflanzenbüschel, gedämpftes Licht. Sexualdimorphismus: Das Männchen ist größer, seine Rücken- und Afterflosse sind markant langgezogen und spitz. Verhältnis der Geschlechter: 1 : 1. Zuchtbedingungen: 26 °C; pH 6,5; dKH < 1°, über Torf gefiltert. Eier: Inkubationsdauer 48 Stunden. Anfüttern der Brut: *Artemia*-Nauplien. Ersteinfuhr: 1956, Aquarium Hamburg.

Längere Zeit wurden diese Fische mit der öfterer eingeführten Art *H. socolofi* gleichgesetzt, die erst 1977 von dem amerikanischen Ichthyologen S. H. Weitzman beschrieben wurde. Über eine erfolgreiche Aufzucht bestehen nur vereinzelte Angaben. Nach M. Reed nehmen die Generationsfische *Artemia*-Krebschen und die Brut von *Poecilia reticulata* an. Wir müssen ihnen große Becken mit dichten Pflanzenbüscheln in den Ecken zur Verfügung stellen. Die Fische laichen in diesen Büscheln ab. Das Weibchen gibt bei jedem Laichakt 20–30 Eier ab. Am dritten Tag schlüpfen die Embryonen und gehen schon am vierten Tag auf exogene Ernährung über. Bis zu dem Alter von einem Monat wächst die Brut sehr schnell, dann verlangsamt sich das Wachstum.

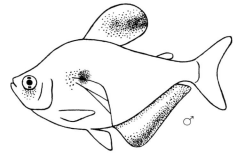
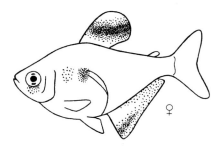

Hyphessobrycon socolofi

Characidae

1 Schmucksalmler
Hyphessobrycon bentosi bentosi DURBIN, 1908

Echte Amerikanische Salmler
Characidae

Syn.: *H. ornatus; H. callistus bentosi*

Vorkommen: Guyana, Brasilien — unterer Amazonas. Gesamtlänge: 6 cm. Nahrung: Lebendes und künstliches Futter. Gesellschaftsbecken. Zuchtbecken: 6 l für ein Paar mit Schutzgitter, zartblättrige Pflanzen (Javamoos). Sexualdimorphismus: Das Männchen ist größer, Rücken- und Afterflosse sind länger und laufen spitz aus. Verhältnis der Geschlechter: 1 : 1. Zuchtbedingungen: 26 °C; pH 6,8; dKH < 1°. Eier: Durchmesser 8 mm, teefarben, Inkubationsdauer 24 Stunden. Anfüttern der Brut: Nauplien von *Artemia* oder *Cyclops*. Ersteinfuhr: 1933.

Obwohl die Weibchen reif und so mit Eiern angefüllt sind, daß der Bauch unförmig erscheint, laichen die Generationsfische oft nicht ab. Die Fische reagieren sehr empfindlich auf den atmosphärischen Druck und beginnen meistens dann zu laichen, wenn länger anhaltender hoher Luftdruck allmählich abzusinken beginnt. Die Anzahl der nach dem völligen Ablaichen eines Weibchens berechneten Eier betrug 1200 Stück. Die geschlüpften, wenig entwickelten Embryonen hängen sich mit Hilfe einer feinen Faser an Gegenständen der Umgebung fest oder liegen auf dem Boden. Die Jungfische wachsen bei regelmäßiger und ausreichender Fütterung sehr rasch, und wir können nach drei Monaten schon die ersten Männchen erkennen.

2 Georgettisalmler
Hyphessobrycon georgettae GÉRY, 1961

Echte Amerikanische Salmler
Characidae

Vorkommen: Surinam, nahe der brasilianischen Grenze, in kleinen, dicht bewachsenen Gewässern; tritt nie in freien Gewässern auf. Gesamtlänge: Bei importierten Fischen 4 cm, Männchen im Aquarium 2 cm, Weibchen 2,5—3 cm. Nahrung: Lebendes und künstliches Futter. Gesellschaftsbecken (nur mit kleinen Fischarten). Zuchtbecken: 6 l mit Schutzgitter, zartblättrige Pflanzen. Sexualdimorphismus: Das Männchen ist kleiner, seine Afterflosse ist vorn markant weiß gesäumt, das Weibchen ist in der Bauchpartie fülliger. Verhältnis der Geschlechter: 1 : 1. Zuchtbedingungen: 25 °C; pH 6,5; dKH < 1°. Rogen: Im Verhältnis zum Ausmaß der Fische groß, Inkubationsdauer 18—24 Stunden. Anfüttern der Brut: Nauplien von *Artemia* oder *Cyclops*. Ersteinfuhr: 1961 vom französischen Ichthyologen Dr. J. Géry beschrieben und wahrscheinlich noch im gleichen Jahr in Europa verbreitet.

Die erwachsenen Fische können zwar in Polykultur gehalten werden, es ist aber besser, kleinere Schwärme in Monokultur zu bilden, damit die Färbung der Fische besser zum Ausdruck kommt. Diese Fische sind scheu. Wenn das Generationspaar reif ist, laicht es gewöhnlich innerhalb von zwei Tagen nach dem Übersiedeln in das Zuchtbecken ab. Das Weibchen legt mehr als 100 Eier ab. Die Brut schwimmt 5 Tage nach dem Schlüpfen frei und wächst bei regelmäßiger Fütterung gleichmäßig und schnell heran. Im Alter von 3 Monaten erreichen die jungen Fische die vollständige Färbung der Altfische und sind nach 3 Monaten geschlechtsreif. Die Fische sind gegenüber einigen Krankheiten anfällig und verhältnismäßig kurzlebig.

Characidae

1 Roter von Rio
Hyphessobrycon flammeus MYERS, 1924

Syn.: *H. bifasciatus* (nicht ELLIS, 1911)

Echte Amerikanische Salmler
Characidae

○
◐

Vorkommen: Ostbrasilien um Rio de Janeiro. Gesamtlänge: 4 cm. Nahrung: Lebendes und künstliches Futter. Gesellschaftsbecken. Zuchtbecken: 6 l mit Schutzgitter für ein Paar, zartblättrige Pflanzen, gedämpfte Beleuchtung. Sexualdimorphismus: Das Männchen ist schlanker, seine Bauch- und Afterflosse sind blutrot, die Afterflosse ist schwarz gesäumt. Verhältnis der Geschlechter: 1 : 1. Zuchtbedingungen: 24 °C; pH 6,5–7,0; dKH bis 2°. Eier: Klein und klebrig, Inkubationsdauer 24 Stunden. Anfüttern der Brut: Nauplien von *Artemia* oder *Cyclops*. Ersteinfuhr: 1920, C. Brüning, Hamburg.

Vor dem Laichen trennen wir für ungefähr eine Woche die Männchen und Weibchen. Die Laichaktivität der Fische fällt in die Nachmittags- bis Abendstunden. Gesunde und reife Fische sind fast immer zum Laichen bereit. Die Larven sind, wenn sie sich freigeschwommen haben, scheu und verbergen sich. Die Aufzucht der Jungfische erfolgt bei abgesenktem Wasserstand. Wir halten die Fische immer in einem größeren Schwarm.

2 Roter Goldflecksalmler, Ziegelsalmler
Hyphessobrycon griemi HOEDEMAN, 1957

Echte Amerikanische Salmler
Characidae

○
◐

Vorkommen: Umgebung der Stadt Goiás, westlich der brasilianischen Hauptstadt Brasilia. Gesamtlänge: 3–5,5 cm. Nahrung: Lebendes und künstliches Futter. Gesellschaftsbecken. Zuchtbecken: 3–6 l mit Schutzgitter. Sexualdimorphismus: Die Afterflosse des Männchens ist blutrot und mit einem weißen Rand versehen, die des Weibchens ist blasser. Verhältnis der Geschlechter: 1 : 1. Zuchtbedingungen: 24–26 °C; pH 6,5–7,0; dKH < 2°. Eier: Inkubationsdauer 24 Stunden? Anfüttern der Brut:

Während der ersten drei Tage *Paramecium caudatum* oder kleinste Nauplien von *Cyclops*, später *Artemia*. Ersteinfuhr: 1956, Aquarium Hamburg.

Vor dem Laichen trennen wir für ca. 14 Tage die Männchen von den Weibchen. Ein Weibchen gibt während des Laichens 200 und mehr Eier ab. Die Aufzucht gleicht der sehr ähnlichen Art *H. flammeus*.

3 Gelber Salmler, Gelber von Rio, Messingtetra
Hyphessobrycon bifasciatus ELLIS, 1911

Echte Amerikanische Salmler
Characidae

○
◐

Vorkommen: Küstengebiet Südostbrasiliens. Gesamtlänge: 5 cm. Nahrung: Lebendes und künstliches Futter. Gesellschaftsbecken. Zuchtbecken: 10 l mit Schutzgitter, zartblättrige Pflanzen. Sexualdimorphismus: Beim Männchen ist die Afterflosse gelblich und besitzt einen dünnen dunklen Saum, sie ist länger und in der ganzen Länge gerade. Die Afterflosse des Weibchens ist durchsichtig und ausgeschnitten. Verhältnis der Geschlechter: 1 : 1. Zuchtbedingungen: 24 °C; pH 6,5–7,5; dKH bis 3°. Eier: Nicht klebrig, klein, glasig, Inkubationsdauer 26–30 Stunden. Anfüttern der Brut: Nauplien von *Artemia*

oder *Cyclops*. Ersteinfuhr: 1925, Ramsperger, Bremen.

Widerstandsfähige, innerhalb der Art streitsüchtige Schwarmfische. Die freischwimmenden Larven sind scheu und verbergen sich. Bei Jungfischen taucht im Alter von 2,5 Monaten in der Rücken-, After- und Schwanzflosse rote Juvenilfärbung auf. Im Alter von 3 Monaten verschwindet das Rot. Eine ganze Reihe abgefangener Fische ist attraktiv silbrig. Schon die erste, in Aquarien gezüchtete Nachfolgegeneration besitzt diese Färbung nicht mehr.

Characidae

1 Schwarzer Phantomsalmler
Megalamphodus megalopterus EIGENMANN, 1915

Echte Amerikanische Salmler
Characidae

○
◐

Vorkommen: Südwestbrasilien – Rio Guaporé (Rio-Madeira-Flußsystem), Fluß Iten in Mittelbrasilien. Gesamtlänge: 4,5 cm. Nahrung: Lebendes und künstliches Futter. Gesellschaftsbecken. Zuchtbecken: 6 l mit Schutzgitter, stark beschattet. Sexualdimorphismus: Das Männchen ist rauchgrau, seine Rücken- und Afterflosse sind größer, beim Weibchen sind die Bauchflossen, die Afterflosse und die Fettflosse rot. Verhältnis der Geschlechter: 1 : 1. Zuchtbedingungen: 26 °C; pH 6,0; dKH < 1°, über Torf gefiltert. Eier: Braunrot, Inkubationsdauer 24 Stunden. Anfüttern der Brut: Kleinste Nauplien von *Artemia* oder *Cyclops*. Ersteinfuhr: 1956.

Das Weibchen legt ungefähr 200 Eier. Die geschlüpften Larven liegen anfangs auf dem Boden und hängen sich später an der Wasseroberfläche fest. Am sechsten Tag schwimmt die Brut frei und verbirgt sich meistens im Pflanzenwuchs. Wir füllen allmählich härteres Wasser zu und übersiedeln nach 14 Tagen die Jungfische in größere Becken. Sie wachsen sehr langsam und benötigen wenigstens 5 Wochen lang Staubfutter.

2 Roter Phantomsalmler
Megalamphodus sweglesi GÉRY, 1961

Echte Amerikanische Salmler
Characidae

○
◐

Vorkommen: Oberes Orinokobecken, Rio Muco und Rio Meta – Kolumbien, Venezuela. Gesamtlänge: 4 cm. Nahrung: Lebendes und künstliches Futter. Gesellschaftsbecken. Zuchtbecken: 6 l mit Schutzgitter, gedämpfte Beleuchtung. Sexualdimorphismus: Das Männchen trägt eine verlängerte rote Rückenflosse, beim Weibchen ist die Rückenflosse kürzer und rotschwarz-weiß. Verhältnis der Geschlechter: 1 : 1. Zuchtbedingungen: 24 °C; pH 6,0; dKH < 1°, mit Torfauszug (bernsteinfarben). Eier: Braunrot, Inkubationsdauer 24 Stunden. Anfüttern der Brut: Nauplien von *Artemia* oder *Cyclops*. Ersteinfuhr: 1961, Frankreich.

Die Aufzucht ist schwierig. Die Generationsfische weigern sich oft abzulaichen, wodurch der Rogen überreif und dann unfähig zur Befruchtung wird. Auch Paare, die normal laichen, hören damit plötzlich auf oder legen lange Pausen ein. Das Weibchen legt mehr als 300 Eier. Am Anfang wächst die Brut verhältnismäßig rasch, später verlangsamt sich ihre Entwicklung.

3 Regenbogentetra
Nematobrycon lacortei WEITZMANN et FINK, 1971

Echte Amerikanische Salmler
Characidae

Syn.: *N. amphiloxus*

○
◐

Vorkommen: Rio Atrato in Westkolumbien. Gesamtlänge: 6 cm. Nahrung: Lebendes und künstliches Futter. Gesellschaftsbecken. Zuchtbecken: 10–50 l mit Schutzgitter, auf dem Boden wird Javamoos gepflanzt. Sexualdimorphismus: Das Männchen hat eine längere Rückenflosse als das Weibchen. Verhältnis der Geschlechter: 1 : 1. Zuchtbedingungen: 24–26 °C; pH 7,0–7,5; dKH < 2°; dGH < 10°. Eier: Inkubationsdauer 24 Stunden. Anfüttern der Brut: *Artemia*-Nauplien. Ersteinfuhr: 1970 in die USA.

Die Aufzucht von *N. lacortei* ist nicht beschrieben worden. Wir können aber voraussetzen, daß sie mit der Aufzucht der Art *N. palmeri* übereinstimmt. Beide Arten ähneln sich sehr. Bei beiden fehlen auch die Fettflossen. Nach Géry unterscheiden sie sich in der Anzahl der Flossenstrahlen, der Bezahnung und der Färbung. *N. lacortei* und *N. palmeri* kreuzen sich untereinander, aus den zugängigen Quellen ist aber nicht ersichtlich, ob die Nachkommen fruchtbar sind. In der Natur treten sie nicht gemeinsam auf.

Characidae

1 Kaisertetra, Kaisersalmler
Nematobrycon palmeri EIGENMANN, 1911

Echte Amerikanische Salmler
Characidae

Syn.: *N. amphiloxus* stellt eine farbliche Abweichung von *N. palmeri* dar, die mit der Art *N. lacortei* identisch ist.

Vorkommen: Westkolumbien, Stromsystem des Rio San Juan. Gesamtlänge: 5,5 cm. Nahrung: Lebendes und künstliches Futter. Gesellschaftsbecken. Zuchtbecken: 10 l für 1 Paar (für mehrere Paare 50 l und mehr), mit Schutzgitter, gedämpft beleuchtet, Wasserpflanzenbüschel. Sexualdimorphismus: Beim Männchen ist die Rückenflosse länger und zugespitzt und die Bauchflosse größer, die Afterflosse weist eine größere Fläche und einen geraden unteren Rand auf, bei der Schwanzflosse sind die Randstrahlen des oberen und unteren Lappens und der mittlere Strahl zu einem Dreizack verlängert. Das Weibchen ist kleiner und in der Bauchpartie fülliger. Verhältnis der Geschlechter: 1 : 1, am besten in einem größeren Schwarm mit leichter Überzahl der Männchen. Zuchtbedingungen: 24–26 °C; pH 7,0–7,5, dKH < 2°. Eier: Inkubationsdauer 24 Stunden. Anfüttern der Brut: *Artemia*-Nauplien. Ersteinfuhr: 1959.

Die Weibchen von *N. palmeri* sind wenig produktiv. Die erfolgreiche Zucht ist von der Auswahl geeigneter Männchen abhängig. Vor dem Laichen trennen wir beide Geschlechter für ca. 14 Tage voneinander. Bei der Brutentwicklung hat sich von Generationsfischen „verarbeitetes" Wasser bewährt. Zu saueres und weiches Wasser verursacht bei einer großen Anzahl der Larven konstitutionelle Wassersucht und den Tod. Wenn das Becken geräumig und gut bewachsen ist, können hier neben den Eltern auch einige Generationen von Jungtieren gleichzeitig aufwachsen.
Bild 1a zeigt eine natürliche Farbvariante von *N. palmeri*.

2 Königssalmler
Inpaichtys kerri GÉRY et JUNK, 1977

Echte Amerikanische Salmler
Characidae

Vorkommen: Brasilien, Rio Aripuaná im nördlichen Mato Grosso. Gesamtlänge: 5 cm. Nahrung: Lebendes und künstliches Futter. Gesellschaftsbecken. Zuchtbecken: 3–6 l mit Schutzgitter, gedämpfte Beleuchtung, zartblättrige Pflanzen. Sexualdimorphismus: Das Männchen ist azurblau, seine Fettflosse glänzt hellblau, die Bauchflossen sind größer, die Afterflosse ist langgezogen und an den Spitzen abgerundet; das Weibchen ist zierlicher, gelbbraun und weist auf der Körperseite einen breiten braunen Längsstreifen auf, die Fettflosse ist orange bis rot, die Afterflosse hat scharfe Spitzen. Verhältnis der Geschlechter: 1 : 1. Zuchtbedingungen: 23–27 °C; pH 6,5; dKH bis 1°; dGH < 10°, wir geben Torfextrakt zu. Rogen: Durchmesser 0,95 mm, Inkubationsdauer 30–36 Stunden/23–24 °C, 18 Stunden/26–27 °C. Anfüttern der Brut: Frisch geschlüpfte Nauplien von *Artemia*. Ersteinfuhr: 1976 vom französischen Ichthyologen Dr. J. Géry entdeckt und gemeinsam mit Dr. W. J. Junk beschrieben. Die Autoren der Beschreibung benutzten neue Gattungs- und Artnamen. Der Gattungsname wurde von der abgekürzten Benennung des Staatlichen Instituts für die Erforschung des Amazonasgebiets – (INPA) abgeleitet und der Artname zu Ehren des Direktors dieses Instituts Dr. Kerr festgelegt.

Wenn die Weibchen eine Gesamtlänge von 2 cm erreichen, reift in ihnen schon der Rogen, sie geben anfangs ungefähr 50 Eier ab. Größere und ältere Weibchen können bis zu 350 Eier legen. Die geschlüpften Embryonen sind sehr klein und nur 1,7 mm groß. Während 4–5 Tagen wachsen sie bis zu einer Länge von 3,2 mm heran, schwimmen frei und beginnen, feines Staubfutter aufzunehmen. Die Brut ist scheu, hält sich am Boden auf und wird leicht übersehen; sie wächst auch bei guter Ernährung sehr langsam.

Characidae

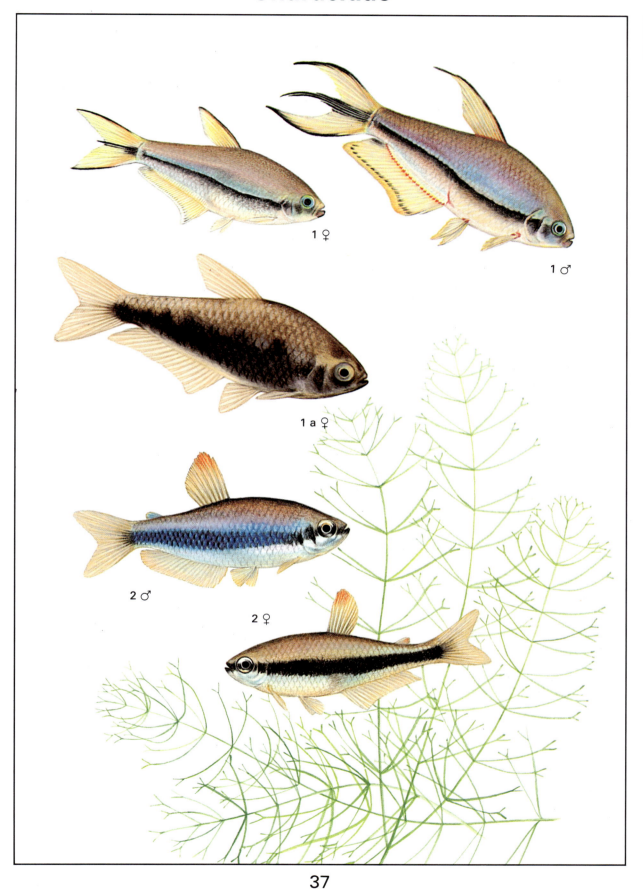

37

1 Trauermantelsalmler
Gymnocorymbus ternetzi (BOULENGER, 1895)

Echte Amerikanische Salmler
Characidae

Syn.: *Tetragonopterus ternetzi, Moenkhausia ternetzi*

Vorkommen: Kolumbien, Brasilien – Rio Paraguay und Rio Guaporé. Gesamtlänge: 5 cm, das Männchen ist kleiner. Nahrung: Lebendes und künstliches Futter. Gesellschaftsbecken. Zuchtbecken: 50 l mit Schutzgitter. Sexualdimorphismus: Das Männchen ist kleiner und schwarz, das Weibchen ist größer und silbrig, rauchig schattiert. Verhältnis der Geschlechter: 1 : 1 (in einzelnen Paaren oder im Schwarm). Zuchtbedingungen: 24 °C; pH 6,5–7,0; dKH bis 2°. Eier: Inkubationsdauer 20–24 Stunden. Anfüttern der Brut: Nauplien von *Artemia* oder *Cyclops*. Ersteinfuhr: 1935.

In der Natur leben die Fische in sogenannten weißen Gewässern, die durch Wasserblüte grünlich getrübt sind und Streulicht einfallen lassen. In der Zuchtpraxis lassen wir mehrere, bis einige Dutzend Paare in 50–200 l-Becken ablaichen. Das regelmäßige Ablaichen der Fische erhöht bei den Weibchen die Rogenproduktion. Nach dem Laichen fangen wir die Generationsfische ab und senken die Wasserstandshöhe auf 10 cm. Auf diese Weise können viele Tausend Jungfische aufgezogen werden (die Weibchen sind sehr produktiv), unter der Voraussetzung, daß die Brut mit ausreichend lebendem Kleinstfutter, vor allem *Artemia*, versorgt wird. Die Juvenilfärbung der Jungfische ist sattrot. Die Jungfische wachsen rasch.

2 *Gymnocorymbus ternetzi* – Schleierform

Echte Amerikanische Salmler
Characidae

Die Schleierform wurde in Aquarienzuchten veredelt und genetisch stabilisiert.

3 Zweitupfen-Raubsalmler
Exodon paradoxus (MÜLLER et TROSCHEL, 1845)

Echte Amerikanische Salmler
Characidae

Syn.: *Epicyrtus exodon, E. paradoxus, Hystricodon paradoxus*

Vorkommen: Brasilien, Guyana – Flüsse Madeira, Marmelo, Branco, Rupununi. Gesamtlänge: 15 cm. Nahrung: Lebendes Futter (Fische, grobes Zooplankton, Insektenlarven, kleinere Würmer, Bachröhrenwürmer), nehmen auch granuliertes und Flockenfutter an. Artenbecken mit 200 l und mehr Inhalt, gut abgedeckt. Zuchtbecken: 200 l und mehr, mit Dickichten feinblättriger Pflanzen. Sexualdimorphismus: Das Männchen ist schlanker, das Weibchen in der Bauchpartie fülliger. Verhältnis der Geschlechter: 1 : 1 (Paar oder Gruppe). Zuchtbedingungen: 24–28 °C; pH 5,5–6,5; dKH bis 1°; dGH bis 10°, über Torf gefiltert. Eier: Inkubationsdauer 25–30 Stunden/26–28 °C. Anfüttern der Brut: Nauplien von *Artemia* oder *Cyclops*, später abgesiebtes Zooplankton und zerkleinerte Bachröhrenwür-

mer. Bei hungriger Brut tritt Kannibalismus auf. Ersteinfuhr: 1935.

Aggressive, bissige Fische sowohl innerhalb der eigenen Art wie auch unter anderen Arten. Sie sind in der Lage, den angefallenen Fischen Schuppen und Muskulatur auszubeißen. Wegen der gegenseitigen Überfälle ist die Aufzucht der Jungfische schwierig, der Besatz der Becken muß deshalb recht locker sein. Die Fische schwimmen schnell und springen ausgezeichnet. Die Jungen sind bunter als die Erwachsenen. Ausreichender Raum, frisches, sauberes Wasser und genügend Futter sind Voraussetzung zur Erlangung der Geschlechtsreife. Diese Art ist nahe verwandt mit den Arten der Gattung *Roeboides*.

Characidae

1 Brillantsalmler
Moenkhausia pittieri EIGENMANN, 1920

Echte Amerikanische Salmler
Characidae

○
◐

Vorkommen: Venezuela, Valencia-See und die Flüsse in dessen naher Umgebung (Bue, Tiquirito). Gesamtlänge: 6 cm. Nahrung: Lebendes und künstliches Futter. Gesellschaftsbecken. Zuchtbecken: 6–10 l mit Schutzgitter, gedämpfte Beleuchtung. Sexualdimorphismus: Das Männchen besitzt mächtigere Flossen, seine Rückenflosse ist sichelförmig verlängert. Verhältnis der Geschlechter: 1 : 1. Zuchtbedingungen: 26 °C; pH 6,5–7,0; dKH < 2°. Eier: Gelblich, Inkubationsdauer 30 Stunden. Anfüttern der Brut: Nauplien von *Artemia* oder *Cyclops*. Ersteinfuhr: 1933, Otto Winkelmann, Altona.

Schwarmfisch, der in Gemeinschaftsbecken mit anderen Salmlerarten seine Scheu verliert. Nach stürmischem Vorspiel laichen die Fische zwischen Pflanzen oder im freien Wasser ab. Bei jedem Laichakt legt das Weibchen 6–10 Eier. Während des gesamten Laichens gibt es im ganzen ca. 300 Eier ab. 4 Tage nach dem Schlüpfen schwimmen die Larven frei und beginnen, Staubnahrung aufzunehmen. Sie sind sehr scheu und wachsen nur allmählich.

2 Rotaugen-Moenkhausia
Moenkhausia sanctaefilomenae (STEINDACHNER, 1907)

Echte Amerikanische Salmler
Characidae

Syn.: *M. agassizi, M. australis, M. filomenae, Tetragonopterus sanctaefilomenae, Poecilurichthys agassizi*

○
◐

Vorkommen: Brasilien, Paraguay, Argentinien – Flüsse Paraguay, Paranaíba, Paraná. Gesamtlänge: 7 cm. Nahrung: Lebendes und künstliches Futter. Gesellschaftsbecken. Zuchtbecken: 6–10 l mit Schutzgitter, zartblättrige Pflanzen. Sexualdimorphismus: Das Männchen ist schlanker, das Weibchen in der Bauchpartie fülliger. Verhältnis der Geschlechter: 1 : 1. Zuchtbedingungen: 24 °C; pH 6,5–7,0; dKH bis 1°. Eier: Inkubationsdauer 24 Stunden. Anfüttern der Brut: Monokultur des Wimpertierchens *Paramecium caudatum*, nach 4–5 Tagen kleinste Nauplien von *Artemia* oder *Cyclops*. Ersteinfuhr: 1914, C. Kropac, Hamburg.

Die Bezeichnung der Gattung *Moenkhausia* wurde 1903 von Eigenmann zu Ehren Prof. Williams J. Moenkhaus', einem Mitarbeiter des Museums Paulista im brasilianischen Sao Paulo, festgelegt.

Vor dem Laichen trennen wir für ungefähr 14 Tage die Männchen von den Weibchen und füttern die Fische ausgiebig. Sie sind sehr produktiv. Die Brut ist klein und die Jungfische wachsen trotz sorgfältiger Fütterung nur allmählich.

Characidae

1 Neontetra, Neonsalmler, Neonfisch
Paracheirodon innesi (MYERS, 1936)

Echte Amerikanische Salmler
Characidae

Syn.: *Hyphessobrycon innesi*

○ ◑ Vorkommen: Brasilien, Kolumbien, Peru – Flüsse Putumayo, Purus, Oberlauf des Amazonas, Igarapé, Préto (Schwarzwasserflüsse). Gesamtlänge: 4 cm. Nahrung: Lebendes und künstliches Futter. Gesellschaftsbecken. Zuchtbecken: 6 l mit Schutzgitter, zartblättrige Pflanzen, gedämpfte Beleuchtung. Sexualdimorphismus: Das Männchen ist schlank, das Weibchen in der Bauchpartie fülliger. Verhältnis der Geschlechter: 1 : 1. Zuchtbedingungen: 23–24 °C; pH 6,2–6,5; dKH 0°, wir fügen Torfextrakt bei. Eier: Inkubationsdauer 24 Stunden. Anfüttern der Brut: Nauplien von *Artemia* oder *Cyclops*. Ersteinfuhr: 1936, A. Rabaut, Paris.

Der größte Lieferant dieser Fische ist gegenwärtig mit 95 % der gesamten Weltproduktion Singapur. Bevor wir die Fische zum Laichen ansetzen, halten wir die Männchen 14 Tage von den Weibchen getrennt in kühlerem Wasser (19–21 °C). Ein völlig erwachsenes Weibchen kann während des Laichens ungefähr 300 Eier ablegen. Die Entwicklung der Eier verläuft am besten bei Abdunklung. Die geschlüpften Larven sind lichtscheu. Durch das regelmäßige, allmähliche Zufüllen von gewöhnlich im Aquarium verwendetem Wasser gewöhnen wir die Jungfische an die Veränderung des Wasserchemismus. Durch die lange Zucht in der Gefangenschaft haben sich diese Fische vollkommen akklimatisiert und ihre Aufzucht bereitet keine Schwierigkeiten. Sie wurden auch widerstandsfähig gegen eine früher zu großen Verlusten führende Krankheit, die Plistophorose.

2 Roter Neon, Kardinaltetra
Cheirodon axelrodi SCHULTZ, 1956

Echte Amerikanische Salmler
Characidae

Syn.: *Hyphessobrycon cardinalis, Lamprocheirodon axelrodi*

○ ◑ Vorkommen: Oberlauf des Rio Negro (Brasilien) und einige Orinokozuflüsse (Venezuela), an stark beschatteten und wenig zugängigen Lokalitäten. Gesamtlänge: 5 cm. Nahrung: Lebendes und künstliches Futter. Gesellschaftsbecken mit dunklem Boden, gedämpfte Beleuchtung. Zuchtbecken: 10 l mit Schutzgitter. Sexualdimorphismus: Das Männchen ist schlank und kleiner, das Weibchen ist mächtiger, seine Bauchpartie ist ausgeprägt konvex. Verhältnis der Geschlechter: 1 : 1. Zuchtbedingungen: 24–28 °C; pH 5,0–5,5; dKH 0°; dGH bis 5°, wir setzen Torfextrakt zu. Eier: Durchmesser ca 0,8 mm, Inkubationsdauer 18–20 Stunden/27–28 °C. Anfüttern der Brut: Frisch geschlüpfte *Artemia*-Nauplien. Wir verabreichen diese Nauplien ungefähr 6 Wochen lang und gehen dann auf fein zerkleinerte Bachröhrenwürmer über. Ersteinfuhr: 1956.

Die Fische laichen während der langen Sommertage nur ausnahmsweise ab. Die Hauptlaichperiode fällt in die Zeit von Oktober bis April. Das Laichen erfolgt gewöhnlich erst einige Tage nach dem Überführen der Paare in das Zuchtbecken und geschieht meistens nachts, vor Sonnenaufgang, seltener in den Abendstunden. Der Stimulus zum Laichen besteht im allmählichen Absinken des Luftdrucks. Das Weibchen kann bis zu 500 Eier abgeben. Die Entwicklung der Eier erfolgt bei tiefer Dämmerung (beschattete Becken). Die geschlüpften Larven sind lichtscheu. Die freischwimmende Brut hält sich am Boden auf, ist scheu und wird leicht übersehen. Während des Wachstums der Jungfische füllen wir allmählich Wasser zu, in dem wir die erwachsenen Tiere halten, um die Jungen an den veränderten Chemismus zu gewöhnen. Wenn die Fische 1 cm groß sind, füttern wir mit zerkleinerten Bachröhrenwürmern, was ein rasches Wachstum ermöglicht. Der überwiegende Teil der Fische, die auf den Markt kommen, wurde direkt an den natürlichen Lokalitäten in Brasilien gefangen. Dieser direkte Fang wurde aber in der letzten Zeit stark eingeschränkt.

Characidae

1 Cauca-Raubglassalmler
Roeboides caucae EIGENMANN, 1922

Echte Amerikanische Salmler
Characidae

◁
●
Vorkommen: Rio Cauca in Kolumbien. Gesamtlänge: 6 cm. Nahrung: Lebendes Futter. Artenbecken. Zuchtbecken: 20 l mit Schutzgitter, feinblättrige Pflanzen. Sexualdimorphismus: Das Männchen ist gestreckter, schlanker, das Weibchen in der Rückenpartie höher und im ganzen robuster. Verhältnis der Geschlechter: 1 : 1. Zuchtbedingungen: 24–26 °C; pH 6,5–7,0; dKH < 2°; dGH bis 10°. Eier: Inkubationsdauer: 24–48 Stunden. Anfüttern der Brut: *Artemia*-Nauplien, später gesiebtes Zooplankton. Die Brut muß ständig gesättigt sein, da es sonst zu Kannibalismus kommt. Ersteinfuhr: 1950?

Äußerst räuberischer Fisch.

2 Kleinschuppiger Glassalmler
Roeboides microlepis (REINHARDT, 1849)

Echte Amerikanische Salmler
Characidae

Syn.: *Epicyrtus microlepis, Anacyrtus microlepis, Cynopotamus microlepis*

◁
●
Vorkommen: Venezuela, Paraguay. Gesamtlänge: 10 cm. Nahrung: Lebendfutter. Artenbecken, langgestreckt und nicht zu stark bewachsen. Zuchtbecken: 50 l für ein Paar, mit Schutzgitter, feinblättrige Pflanzen. Sexualdimorphismus: Das Männchen ist schlanker, seine Afterflosse ist breiter, während der Laichzeit verfärbt sich seine Kehle orangerot, das Weibchen hat einen höheren Rücken. Verhältnis der Geschlechter: 1 : 1. Zuchtbedingungen: 24–26 °C; pH 6,5–7,0; dKH < 2°; dGH bis 10°, wir filtern über Torfmull. Eier: Klar, klein, Inkubationsdauer 18–24 Stunden. Anfüttern der Brut: Nauplien von *Artemia*. Ersteinfuhr:?

Für diese Fische ist eine Körperhaltung mit leicht abgesenktem Kopf charakteristisch. Die Paare laichen mit Beginn der Dämmerung. Die Weibchen legen einige Hundert Eier. Die endogene Ernährung endet nach 5 Tagen. Durch das Sortieren der Jungfische entsprechend ihrer Größe und regelmäßiges, öfteres Füttern beugen wir dem Kannibalismus vor. Herangewachsenere Jungfische ertragen auch ein allmähliches Absinken der Temperatur auf 16 °C.

3 Pinguinsalmler
Thayeria obliqua EIGENMANN, 1908

Echte Amerikanische Salmler
Characidae

Syn.: *T. santaemarie*

○
◐
Vorkommen: Brasilien – Rio Guaporé/Mamoré (Stromsystem des Rio Madeira), Rio Araguaia. Gesamtlänge: 8 cm. Nahrung: Lebendes und künstliches Futter. Gesellschaftsbecken. Nach Géry (1977) wurden diese Fische bisher noch nicht vermehrt. Als Anleitung kann die Aufzucht der Art *T. boehlkei* dienen. Sexualdimorphismus: Das Männchen ist größer und fülliger. Ersteinfuhr: 1949.

4 Schrägschwimmer
Thayeria boehlkei WEITZMANN, 1957

Echte Amerikanische Salmler
Characidae

○
◐
Vorkommen: Brasilien, Peru. Gesamtlänge: 6 cm. Nahrung: Lebendes und künstliches Futter. Gesellschaftsbecken. Zuchtbecken: Wenigstens 10 l mit Schutzgitter. Sexualdimorphismus: Das Männchen ist kleiner und schlanker, das Weibchen in der Bauchpartie fülliger. Außerhalb der Laichzeit ist der Sexualdimorphismus undeutlich. Verhältnis der Geschlechter: 1 Männchen: 3 Weibchen. Zuchtbedingungen: Frisch, 26 °C; pH 7,0–7,5; dKH < 10°; dGH < 10°. Eier: Klein, dunkelbraun, Inkubationsdauer 12 Stunden. Anfüttern der Brut: 5 Tage *Paramecium caudatum*, dann *Artemia*-Nauplien. Ersteinfuhr: 1935.

Schwarmfische mit erhöhter Empfindlichkeit auf den Gehalt an Nitriten und Nitraten. Es empfiehlt sich, die Generationsfische in gut bewachsenen Becken mit frischem, über Aktivkohle gefiltertem Wasser zu halten. Das Weibchen legt während des Laichens mehr als 1000 Eier. Nach dem Ablaichen wechseln wir das Wasser gegen frisches Wasser mit gleicher Zusammensetzung und Temperatur aus. Innerhalb von 4 Tagen geht die Brut auf exogene Ernährung über; während der ersten 5 Tage füttern wir bei schwacher Beleuchtung auch nachts einmal. Die jungen Fische wachsen schnell.

Characidae

1 Sternfleckensalmler, Wasserstieglitz
Pristella maxillaris (ULREY, 1894)

Echte Amerikanische Salmler
Characidae

Syn.: *P. riddlei, Holopristes riddlei*

○
◐

Vorkommen: Venezuela, Britisch-Guayana, unterer Amazonas in Brasilien; dieser Fisch tritt auch im Brackwasser auf. Gesamtlänge: Männchen 3,5 cm, Weibchen 4,5 cm. Nahrung: Lebendes und künstliches Futter. Gesellschaftsbecken. Laichbecken: 6 l für ein Paar, Schutzgitter, zartblättrige Pflanzen. Sexualdimorphismus: Das Männchen ist kleiner und schlanker und weist eine stärker kontrastierende Färbung auf. Das Weibchen ist in der Bauchpartie fülliger. Verhältnis der Geschlechter: 1 : 1. Zuchtbedingungen: 25 °C; pH 7,0; dKH 2°; dGH 10° (Einige Züchter empfehlen die Zugabe von 1/2 Teelöffel NaCl oder Seesalz je 10 l Wasser). Eier: Inkubationsdauer 24 Stunden. Nahrung: Nauplien von *Artemia* oder *Cyclops*. Ersteinfuhr: 1924, W. Eimeke, Hamburg.

Schwarmfisch: Vor dem Laichen trennen wir Weibchen und Männchen für ca. 14 Tage. Die Fische laichen im zartblättrigen Pflanzenwuchs meistens in den Morgenstunden ab. Das Weibchen legt etwa 500 Eier. Das Laichen erfolgt in kurzen Intervallen von 1,5–2 Stunden. Nach dem Laichen fangen wir die Generationsfische ab. Die geschlüpften Embryonen setzen sich an den Beckenwänden und Pflanzen fest. Die endogene Ernährung dauert 4 Tage. Gut gefütterte Brut wächst schnell, ist nach einer Woche schon 7 mm groß, mißt nach vier Wochen 15 mm und gleicht dann in Form und Färbung den erwachsenen Tieren. Die Fische sind nach 7 Monaten erwachsen. In den letzten Jahren wurde in der Aquarienzucht eine Albinoform genetisch stabilisiert.

2 Drachenflosser, Fransenflosser
Pseudocorynopoma doriae PERUGIA, 1891

Echte Amerikanische Salmler
Characidae

Syn.: *Bergia altipinnis, Chalcinopelecus argentinus*

○
◐

Vorkommen: Südbrasilien, im Stromgebiet der Flüsse Paraguay und Paraná. Gesamtlänge: 8 cm. Nahrung: Lebendes und künstliches Futter. Geräumiges Gesellschaftsbecken. Laichbecken: 50 l, mit Schutzgitter, zartblättrige Pflanzen. Die Becken sollten flach (mit großer Wasserfläche), gut mit Glas abgedeckt (die Fische springen) und hell bis durchsonnt sein. Sexualdimorphismus: Rücken- und Afterflosse sind beim Männchen stark gestreckt. Verhältnis der Geschlechter 1 : 1. Zuchtbedingungen: 20–24 °C; pH 6,5–7,0; dKH bis 2°; dGH bis 10°, gut belüftet. Eier: Inkubationsdauer 12–48 Stunden, hängt von der Wassertemperatur ab. Anfüttern der Brut: *Paramecium caudatum*, später Nauplien von *Cyclops* und *Artemia*. Ersteinfuhr: 1905, Oskar Kittler, Hamburg.

Nach langdauerndem attraktivem Imponiergehabe des Männchens, das hierbei posiert und um das Weibchen kreist, kommt es zum eigentlichen Laichen. Dieses geschieht im freien Wasser zwischen den Pflanzen. Das Weibchen ist sehr produktiv und legt während des Laichens ca. 1000 Eier. Nach dem Laichen fangen wir die Generationsfische ab. Die endogene Ernährung der Embryonen dauert 3 Tage. Die Aufzucht der Jungen ist einfach.

Eine weitere, weniger bekannte Art ist *P. heterandria* EIGENMANN, 1914 aus Zentralbrasilien. Ihre Gesamtlänge beträgt 9 cm. Diese Fische sind mit der Art *Corynopoma riisei* verwandt, weisen jedoch eine abweichende Körperform und eine Fettflosse auf, und die Eier werden beim Laichakt im freien Wasser und nicht wie bei *C. riisei* im Körper des Weibchens befruchtet.

Characidae

Familie *Alestidae* — Echte Afrikanische Salmler

Diese Familie schließt die Gruppe der Afrikanischen Salmler zusammen. Sie ist bis jetzt noch nicht allgemein anerkannt und die Afrikanischen Salmler werden oft zusammen mit den nahverwandten Südamerikanischen Salmlern in die gemeinsame Familie *Characidae* eingeordnet. Die Größe der Afrikanischen Salmler überschreitet oft 10 cm.

1 Langflossensalmler
Brycinus longipinnis (GÜNTHER, 1864)

Echte Afrikanische Salmler
Alestidae

Syn.: *Alestes longipinnis, Bryconalestes longipinnis*

Vorkommen: Tropisches Westafrika von der Sierra Leone bis zum Kongo. Gesamtlänge: 10 cm. Nahrung: Lebendes, künstliches und pflanzliches Futter. Gesellschaftsbecken. Zuchtbecken: 100 l mit Schutzgitter. Sexualdimorphismus: Die Rückenflosse des Männchens ist länger als die des Weibchens, die Afterflosse ist weißlich; das Weibchen ist kleiner. Verhältnis der Geschlechter: 1 : 1 (auch im Schwarm). Zuchtbedingungen: 26–28 °C; pH 6,5; dKH < 1°. Eier: Nicht klebrig, zäh, glasig durchsichtig, Durchmesser 2,5 mm. Inkubationsdauer 6–7 Tage. Anfüttern der Brut: Nauplien von *Artemia* oder *Cyclops*. Ersteinfuhr: 1928.

Die Fische laichen in der Zeit von Dezember bis Mai. Der Laichakt verläuft heftig und überwiegend in den Nachmittagsstunden. Die Paare laichen sowohl im Pflanzenwuchs wie auch im freien Wasser in der Nähe der senkrechten Beckenwände. Nach dem Ablaichen fangen wir die Generationsfische ab. Im Unterschied zu den südamerikanischen Salmlern dauert hier die Inkubation der Eier länger und die Embryonen sind deshalb besser entwickelt. Sie besitzen nur einen kleinen Dottersack, schwimmen sofort nach dem Schlüpfen mit dem Kopf schräg nach oben und gehen nach 6–8 Stunden auf exogene Ernährung über. Die Brut wächst schnell.

2 Afrikanischer Großschuppensalmler
Arnoldichthys spilopterus (BOULENGER, 1909)

Echte Afrikanische Salmler
Alestidae

Syn.: *Petersius spilopterus*

Vorkommen: Tropische Gewässer Westafrikas von Lagos bis zur Nigermündung. Gesamtlänge: 8 cm. Nahrung: Lebendes und künstliches Futter. Gesellschaftsbecken. Zuchtbecken: 50–100 l für ein Paar, mit Schutzgitter, feinblättrige Pflanzen, gut abgedeckt. Sexualdimorphismus: Die Afterflosse des Männchens ist konvex, die des Weibchens gerade bis konkav und mit einem schwarzen Fleck versehen. Verhältnis der Geschlechter: 1:1 (auch im Schwarm). Zuchtbedingungen: 24–28 °C; pH 6,0–6,5; dGH bis 10°. Rogen: Durchmesser 1,2 mm, klebrig, Inkubationsdauer 30–36 Stunden/25 °C. Anfüttern der Brut: *Paramecium caudatum*, Rädertierchen, Nauplien von *Cyclops*, nach 6 Tagen Nauplien von *Artemia*. Ersteinfuhr: 1907, C. Siggelkow, Hamburg.

Ein charakteristisches Merkmal der Gattung *Arnoldichthys* ist die gemischte Beschuppung. Im oberen Teil des Rumpfes befinden sich große Schuppen, im unteren Abschnitt kleine. Den Fischen ist frisches, über Torfmull gefiltertes Wasser förderlich. Es empfehlen sich Becken mit einer großen Wasserfläche und einem niedrigen Wasserstand (ca. 25–30 cm), strömendes Wasser und eine lockere Bepflanzung. Das Weibchen legt während des Laichens ungefähr 1000 Eier. Am fünften Tag sammeln sich die Embryonen am Oberflächenhäutchen und schwimmen am siebenten frei. Die Jungfische sind schreckhaft und leicht verletzbar. Sie sind sehr empfindlich auf im Wasserwerk aufbereitetes Wasser, vor allem auf das darin enthaltene Chlor. Sie wachsen sehr schnell und erreichen im Alter von drei Wochen eine Länge von 2,5–3 cm.

Alestidae

1 (Blauer) Kongosalmler
Phenacogrammus interruptus (BOULENGER, 1899)

Echte Afrikanische Salmler
Alestidae

Syn.: *Micralestes interruptus, Alestopetersius interruptus, Hemigrammalestes interruptus, Petersius codalus*

Vorkommen: Gebiet von Kongo. Gesamtlänge: Männchen 8 cm, Weibchen kleiner. Nahrung: Lebendes und künstliches Futter. Gesellschaftsbecken. Zuchtbecken: 100 l mit Schutzgitter. Sexualdimorphismus: Das Männchen ist größer und farbiger, seine Rücken-, Bauch-, After- und Schwanzflossen sind länger. Verhältnis der Geschlechter: 1 : 1, eventuell geringe Überzahl der Männchen. Zuchtbedingungen: 26 °C; pH 6,5; dKH < 1°. Eier: Nicht klebrig, rund, glasig, Durchmesser 1,8 mm, mit markant ausgebildeter Keimscheibe, Inkubationsdauer 6 Tage. Anfüttern der Brut: Nauplien von *Artemia* oder *Cyclops*. Ersteinfuhr: 1950. 1951 ohne besondere Akklimatisation vom westdeutschen Aquarianer Mederer in Neustadt fortgepflanzt.

Die Grundlage für den Erfolg sind große Aquarien und ausreichende Mengen weichen Wassers. Setzen wir die Fische im Schwarm zum Laichen an, wählen wir ein Becken mit wenigstens 200 l Inhalt. Wenn uns nicht genügend weiches Wasser zur Verfügung steht, übertragen wir die Eier sofort nach dem Ablaichen in kleinere Becken mit Entwicklungswasser. Die Fische jagen sich untereinander, das Laichen geschieht unauffällig. Die Weibchen sind produktiv, 400 erzüchtete Jungfische von einem Weibchen sind keine Seltenheit. Sobald der Embryo die Eihülle verläßt, schwimmt er frei und nimmt Nahrung auf. Trotz der verhältnismäßig großen Eier ist die Brut nicht besonders groß und bewältigt in den ersten Tagen größere *Artemia*-Nauplien nur schwer.

Familie *Curimatidae* — Barbensalmler

Nach Ansicht der Fachleute tritt bei dieser Familie eine rückläufige Entwicklung auf. Die Fische besitzen im Alter keine Zähne (sie erneuern sich nicht) und geben sich mit Nahrung, die sie im Schlamm finden, vor allem mit Algen und Detritus, zufrieden. Bei manchen Arten ist das Maul dem Zerreiben von benthischen Organismen und Algen der Unterlage angepaßt. Diese Fische schwimmen in Schräglage mit dem Kopf nach unten.

2 Punktierter Kopfsteher
Chilodus punctatus MÜLLER et TROSCHEL, 1845

Barbensalmler
Curimatidae

Syn.: *Chaenotropus punctatus, Citharinus chilodus*

Vorkommen: Guyana, Surinam, Peru. Gesamtlänge: Weibchen 12 cm, Männchen etwas kleiner. Nahrung: Lebendes, künstliches und pflanzliches Futter. Gesellschaftsbecken, geräumig, mit dunklem Boden, gedämpftes Licht, Unterschlupfmöglichkeiten. Zuchtbecken: 30–50 l mit Schutzgitter, gedämpfte Beleuchtung. Sexualmorphismus: Undeutlich, das Weibchen ist in der Bauchpartie etwas fülliger. Verhältnis der Geschlechter: 1 : 1 (wir können die Fische auch in einer kleineren Gruppe ablaichen lassen). Zuchtbedingungen: 24–28 °C; pH 6,5; dKH 0° (im Wasser enthaltene Karbonate machen eine gesunde Entwicklung der Embryonen unmöglich); dGH < 10°, wir filtern das Wasser über Torf oder setzen Torfextrakt zu. Eier: Durchmesser 2 mm, glasig bis schwach gelblich, Inkubationsdauer 3 Tage, die Eier vergrößern sich kurze Zeit nach dem Laichen (1–2 Stunden) bis um das Zweifache. Anfüttern der Brut: Rädertierchen, Nauplien von *Cyclops* und *Artemia*, pflanzliches Staubfutter (Algen). Ersteinfuhr: 1912, J. S. Kropac, Hamburg.

Die Fische sind unverträglich, sie schließen sich zu kleinen Schwärmen zusammen und laichen am liebsten an einer Stelle im Pflanzenwuchs ab. Die Brut wird bei einer Wasserstandshöhe von 10 cm aufgezogen.

Alestidae Curimatidae

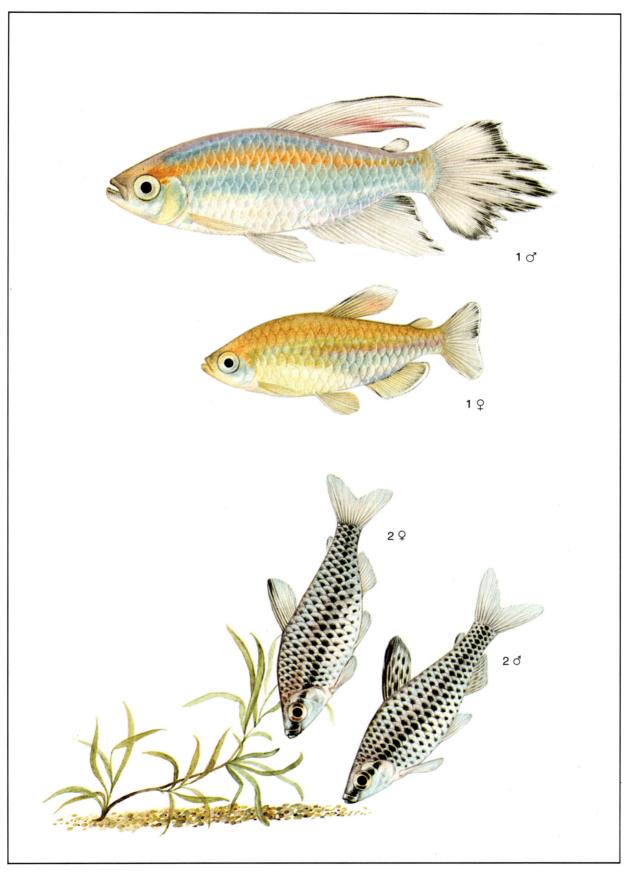

Familie *Serrasalmidae* — Sägesalmler

Fische mit hohem, fast scheibenförmigem Körper, die zu erheblicher Größe heranwachsen. Sie leben in den Gewässern Südamerikas. Die Familie wird zum einen von den pflanzenfressenden Arten der Gattungen *Metynnis*, *Myleus*, *Mylossoma* und *Colossoma*, zum anderen von den fleischfressenden Arten der Gattung *Serrasalmus* vertreten. Die fleischfressenden Arten sind mit einem charakteristischen, scharfen, sägeartigen Gebiß ausgestattet, das von kräftigen Kiefern beherrscht wird. Manche Arten sind Schwarmfische, andere Einzelgänger, wie zum Beispiel *Serrasalmus hollandi*, *S. rhombeus*, *S. striolatus*. Wenig bekannt sind die Arten der Gattung *Cotoprion*, die sich auf verschiedene Weise, angeblich auch von Fischschuppen ernähren.

1 Natterers Sägesalmler, Roter Piranha
Serrasalmus nattereri (KNER, 1859)

Sägesalmler
Serrasalmidae

Syn.: *Pygocentrus nattereri*, *P. altus*, *P. stigmaterythraeus*, *Rooseveltiella nattereri*, *Serrasalmo piranha*

Vorkommen: Von Guyana bis zum La Plata-Gebiet. Gesamtlänge: 30 cm. Nahrung: Lebendfutter, vor allem Fische, sie können auch frisch getötet sein. Artenbecken. Zuchtbecken: 500 l für ein Paar, mit gröberem Kies auf dem Boden, gedämpfte Beleuchtung, Ruhe. Sexualdimorphismus: Undeutlich, die Männchen sind kleiner, der Kiel ihres Bauchs ist bei Frontalansicht V-förmig, der des Weibchens U-förmig. Verhältnis der Geschlechter: 1 : 1 (außerhalb der Laichzeit halten wir die Fische in kleinen Gruppen). Zuchtbedingungen: 24–26 °C; pH 6,5; dKH < 2°. Eier: gelblich durchsichtig, Durchmesser 1,5 mm, Inkubationsdauer 36 Stunden. Anfüttern der Brut: Anfangs *Artemia*-Nauplien, später gesiebtes Zooplankton, zerkleinerte Bachröhrenwürmer und zerriebenes Fisch- und Rindfleisch; die Brut muß unbedingt immer satt sein. Ersteinfuhr: 1911.

Auch die erwachsenen Fische müssen immer gesättigt sein. Hungrige Fische sind aggressiv und verstümmeln bzw. töten sich gegenseitig. Die Piranhas sind keine gewandten Jäger und ignorieren kleine, schnelle Fische meistens. Sie sind schreckhaft und scheu. Bei der Handhabung mit ihnen müssen wir vorsichtig sein, denn ihr Biß kann auch außerhalb des Wassers eine ernsthafte Verletzung verursachen. Zum Abfangen benutzen wir Drahtnetze, denn andere Gewebe durchbeißen die Tiere blitzschnell. Die Balztracht der Fische ist blauschwarz. Die Männchen heben am Grund Laichgruben aus, in die das Weibchen später 300–400 Eier ablegt. Der Anreiz zum Laichen besteht in ausreichendem Raum, Ruhe, frischem Wasser und genügend Nahrung. Sehr geeignetes Futter für die Generationsfische sind junge Schleierschwänze. Der Laichplatz wird vom Männchen bewacht. Die geschlüpften Larven verbleiben am Rand der Grube. Wir saugen sie mit Hilfe eines Schlauchs ab und übertragen sie in ein anderes Becken. Nach 7 Tagen schwimmt die Brut frei und wächst schnell. Wenn sie eine Größe von 1,5–2 cm erreichen, fallen sich die Jungfische an. Wir können das teilweise dadurch verhindern, daß wir sie entsprechend ihrer Größe sortieren und trennen.

Die zahlreichen Schilderungen von der Blutrünstigkeit der Piranhas sind stark übertrieben oder unwahr. Die Schwärme dieser Fische sind in der Trockenzeit gefährlich, sobald sie in einem bestimmten Gebiet eingeschlossen sind. Fischgruppen, die gewöhnt sind, größere Beute zu überfallen, können verletzte Tiere oder Menschen angreifen. Mit Hilfe des scharfen Gebisses fällt es dann diesen Fischen nicht schwer, die Beute in kurzer Zeit von aller Muskulatur zu befreien. Die Piranhas fügen den Fischern dadurch Schaden zu, daß sie gefangene Fische aus den Netzen fressen.

Serrasalmidae

1 Gefleckter Sägesalmler, Roter Piranha
Serrasalmus rhombeus (LINNAEUS, 1766)

Sägesalmler
Serrasalmidae

Syn.: *S. paraense, S. niger, S. gibbus, S. gracilior, Salmo rhombeus, S. albus, S. caribi, S. humeralis, S. immaculatus, S. iridopsis*

Vorkommen: Guyana und Amazonassenke. Gesamtlänge: 40 cm. Nahrung: Lebendfutter (Fischfleisch, ganze Fische, Regenwürmer, Rindfleisch und Herz). Artenbecken, 500 l und mehr, auf dem Grund mit einer Kiesschicht, ausreichend Unterschlüpfe, diffuse Beleuchtung, Schwimmpflanzen. Zuchtbecken: Gleicht dem Artenbecken. Sexualdimorphismus: Die Afterflosse des Männchens ist zu einer Spitze verlängert, die des Weibchens ist gerade. Verhältnis der Geschlechter 1 : 1. Zuchtbedingungen: Versuchsweise 24–26 °C; pH 6,5; dKH 2°; dGH bis 10°, gut gefiltert. Über die Fortpflanzung gibt es keine Angaben. Ersteinfuhr: 1913, Wilhelm Eimeke, Hamburg.

In der Jugend Schwarmfisch, erwachsen Einzelgänger. Bei beengten Aquarienverhältnissen können sich die Fische gegenseitig tödlich verletzen.

2 Dickkopf-Scheibensalmler, Schreitmüllers Scheibensalmler
Metynnis hypsauchen (MÜLLER et TROSCHEL, 1844)

Sägesalmler
Serrasalmidae

Syn.: *M. callichromus, M. erhardti, M. fasciatus, M. schreitmülleri, M. orinocensis, Myletes hypsauchen*

Vorkommen: Das gesamte tropische Südamerika, stehende und stark bewachsene Gewässer. Gesamtlänge 15 cm. Nahrung: Lebendes und granuliertes Futter, wir füttern regelmäßig auch Pflanzen zu. Artenbecken ohne Pflanzen. Zuchtbecken: 200 l, Schutzgitter, gedämpfte Beleuchtung. Sexualdimorphismus: undeutlich. Verhältnis der Geschlechter 1 : 1. Zuchtbedingungen: 26–28 °C; pH 6,5–7,0; dKH < 1°; dGH 5°, über Torfmull gefiltert. Eier: klar, schwach gelblich, rund, Durchmesser 2 mm, Inkubationsdauer 70 Stunden/28 °C. Anfüttern der Brut: Nauplien von *Artemia* oder *Cyclops*. Ersteinfuhr: 1912.

Friedlicher Schwarmfisch. Ist erst nach 3 Jahren erwachsen, laicht im freien Wasser. Das Weibchen legt bis zu 2000 Eier. Die verhältnismäßig große Brut schwimmt 5 Tage nach dem Schlüpfen auseinander und wächst schnell.

3 Haken-Scheibensalmler
Myleus rubripinnis (MÜLLER et TROSCHEL, 1844)

Sägesalmler
Serrasalmidae

Syn.: *Myloplus rubripinnis, M. asterias, M. ellipticus, M. ternetzi*

Vorkommen: Guyana, Amazonassenke. Gesamtlänge: 10 cm (in der Natur 25 cm). Nahrung: Lebendes, granuliertes und pflanzliches Futter. Artenbecken. Zuchtbecken: Länglich gestreckt, gut abgedeckt, 300–500 l für ein Paar, Schutzgitter. Sexualdimorphismus: Bei völlig erwachsenen Männchen sind die Strahlen in der Mitte der Afterflosse verlängert, einige Strahlen ragen über den Flossenrand hervor und bilden einen Kamm. Das Rot der Körperseiten ist satter, der Kopf ist bis zu den Kiemendeckeln rötlichschwarz. Verhältnis der Geschlechter: 1 : 1. Zuchtbedingungen: 25–27 °C; pH 6,5–7,0; dKH < 1°; dGH 5°, stark durchlüftet und über Torfmull gefiltert. Eier: klar, schwach gelblich, Durchmesser 1,8 bis 2,2 mm, Inkubationsdauer 50–60 Stunden. Anfüttern der Brut: *Artemia*-Nauplien. Ersteinfuhr: ? Erste Fortpflanzung in der Gefangenschaft: 1973/1974; Hiroshi Azuma, Tokio.

Friedlicher, etwas empfindlicher Schwarmfisch. Einzeln gehaltene Exemplare sind scheu. Das reife Weibchen wird 24 Stunden vor dem Männchen in das Zuchtbecken eingesetzt. Das eigentliche Laichen erfolgt dann spätestens nach 14 Tagen.

4 Rotflossiger Mühlsteinsalmler
Myleus gurupyensis STEINDACHNER, 1911

Sägesalmler
Serrasalmidae

Syn.: *Myloplus arnoldi (Myleus maculatus?)*

Vorkommen: Amazonassenke. Gesamtlänge: 20 cm. Sonst so wie bei der Art *M. rubripinnis*.

Über die Vermehrung dieser Art gibt es keine Angaben. Ersteinfuhr: ?

Serrasalmidae

Familie *Lebiasinidae* Schlanksalmler

Die Vertreter dieser Familie sind über ein großes Gebiet Südamerikas verbreitet. Sie bewohnen vor allem die oberen Wasserschichten. Diese Fische sind länglich gestreckt und ihr spindelförmiger Körper ist seitlich nur wenig abgeflacht. Sie werden wegen dieser Körperform auch „Bleistiftfische" genannt. Der Kopf ist abgeflacht, das Maul ist end- oder leicht oberständig. Die Fische dieser Familie werden in geräumigeren, mit großblättrigen Pflanzen bewachsenen Becken gezüchtet. Sie benötigen schwach saueres, weiches Wasser und eine Temperatur von 25–29 °C. Da diese Fische springen, müssen die Aquarien gut mit Glasscheiben abgedeckt werden.

1 Forellensalmler
Copeina guttata (STEINDACHNER, 1875)

Schlanksalmler
Lebiasinidae

Syn.: *C. argirops, Pyrrhulina guttata*

Vorkommen: Stromgebiet des Amazonas. Gesamtlänge: 15 cm. Nahrung: Lebendes und künstliches Futter. Gesellschaftsbecken. Zuchtbecken: 50 l für ein Paar, der Boden wird mit einer schwachen Sandschicht bedeckt. Sexualdimorphismus: Der dunkle Fleck in der Rückenflosse des Männchens ist weniger markant als beim Weibchen, der obere Lappen der Schwanzflosse ist beim Männchen größer. Das Weibchen ist nicht so ausdrucksvoll gefärbt; wenn es erwachsen ist, ist seine Bauchpartie fülliger. Verhältnis der Geschlechter: 1 : 1. Zuchtbedingungen: 25 °C; pH 6,5–7,0; dKH bis 2°. Eier: Inkubationsdauer 30–36 Stunden. Anfüttern der Brut: *Paramecium caudatum* oder kleinste *Cyclops*-Nauplien, später Nauplien von *Artemia*. Ersteinfuhr: 1912, Kropac, Hamburg.

Nach wilder Jagd laichen die Fische in Gruben im Sand ab. Ein vollentwickeltes Weibchen legt in kurzen Intervallen bis zu 2500 Eier. Nach dem Laichen fangen wir das Weibchen ab, das Männchen bewacht den Laichplatz. Am nächsten Tag entfernen wir auch das Männchen. Die freischwimmende Brut hält sich an der Wasseroberfläche auf, die endogene Ernährung dauert 5 Tage. Es ist nötig, 2–3mal täglich und in der ersten Woche bei schwacher Beleuchtung auch einmal in der Nacht zu füttern. Während des Wachstums sortieren wir die Brut entsprechend der Größe.

2 Spritzsalmler
Copella arnoldi (REGAN, 1912)

Schlanksalmler
Lebiasinidae

Syn.: *Copeina arnoldi, C. callolepis, C. carsevennensis, C. eigenmanni, Pyrrhulina filamentosa, P. rachoviana*

Vorkommen: Nordostbrasilien – Rio Pará, unterer Amazonas, in Überschwemmungstümpeln, Bächen und Flüssen. Gesamtlänge: Männchen 8 cm, Weibchen 6 cm. Nahrung: Lebendes und künstliches Futter. Gesellschaftsbecken, gut mit Glas abgedeckt. Zuchtbecken: 50–100 l, nur so weit auffüllen, daß über dem Wasserspiegel ein wenigstens 20 cm hoher trockener Beckenrand oder zwischen dem Wasserspiegel und dem Deckglas 8–10 cm freier Raum verbleiben. Sexualdimorphismus: Das Männchen ist größer und hat längere Flossen. Verhältnis der Geschlechter: Gruppe mit schwacher Überzahl der Weibchen. Zuchtbedingungen: 26 °C; pH 6,0–7,0; dKH bis 2°. Eier: Inkubationsdauer 26 Stunden. Anfüttern der Brut: 10 Tage, *Paramecium caudatum,* dann Nauplien von *Artemia* oder *Cyclops*. Ersteinfuhr: 1905, Oskar Kittler für die Gesellschaft Roßmäßler, Hamburg.

Die Fische laichen außerhalb des Wassers. Während des Laichaktes springen beide Partner gemeinsam an die Seitenwand oder das Deckglas des Aquariums, wobei das Weibchen die Eier abgibt und das Männchen diese augenblicklich befruchtet. Die Eier verbleiben während der ganzen Inkubationszeit außerhalb des Wassers. Sie werden vom Männchen mit der Schwanzflosse bespritzt, um nicht zu vertrocknen. Die geschlüpften Embryonen fallen ins Wasser. Befinden sich die Generationsfische im Gesellschaftsbecken, streichen wir die abgelegten Eier mit einer Gänsefeder vom Glas und übersiedeln sie in kleine Becken mit einem Wasserstand von 1 cm. Für diese Becken verwenden wir Wasser aus dem Aquarium der Generationsfische. Die Becken mit den Eiern werden nur vorsichtig belüftet; wenn die Brut freischwimmt, erhöhen wir den Wasserstand auf 5 cm.

Lebiasinidae

1 Spitzmaul-Ziersalmler
Nannobrycon eques (STEINDACHNER, 1876)

Schlanksalmler
Lebiasinidae

Syn.: *Nannostomus eques, Poecilobrycon eques, P. auratus*

○
◐

Vorkommen: Brasilien – Amazonas und Rio Negro. Gesamtlänge: 5 cm. Nahrung: Kleines lebendes und künstliches Futter. Gesellschaftsbecken (nur mit friedlichen Fischen). Zuchtbecken: 6–10 l mit Schutzgitter, großblättrige Pflanzen. Sexualdimorphismus: Nicht stark ausgeprägt; die Afterflosse des Männchens ist weiß gesäumt, die Bauchflossen tragen weiße Spitzen, das Weibchen ist in der Bauchpartie fülliger. Verhältnis der Geschlechter: 1 : 1. Zuchtbedingungen: 26–28 °C; pH 6,0–6,5; dKH 0°. Eier: Inkubationsdauer 24 Stunden. Anfüttern der Brut: *Artemia*-Nauplien. Ersteinfuhr: 1910, Aquarienverein Roßmäßler Hamburg.

N. eques bildet morphologisch abweichende Formen. Diese Abweichungen sind gut an der Entwicklung der Fettflosse (Pinna adiposa) zu sehen. Während diese bei einigen Populationen gut ausgebildet ist, fehlt sie bei manchen völlig. Bei dieser Art ist die unterschiedliche Tag- und Nachtfärbung interessant. Die Fische nehmen eine charakteristische schräg mit dem Kopf nach oben gerichtete Stellung ein. Sie laichen an der Unterseite breitblättriger Pflanzen ab. Trotzdem ist das schützende Laichgitter wichtig, weil viele Eier zu Boden fallen. Während der Anfangsphase des Laichakts befindet sich das Männchen über dem Weibchen und beide Partner berühren sich fast mit dem Maul, so daß ihre Körper einen spitzen Winkel bilden. Das Laichen kann bis zu 10 Stunden dauern. Danach fangen wir das Generationspaar ab und beschatten die Eier. Die Zahl der Eier ist verschieden, sie reicht von einigen Dutzend bis zu 300 Stück. Wenn die endogene Ernährung aufhört, sind die Larven dreimal länger als beim Schlüpfen. Sie sehen wie Pflanzenbruchstücke aus und wachsen sehr schnell.

2 Einbinden-Ziersalmler
Nannobrycon unifasciatus (STEINDACHNER, 1876)

Schlanksalmler
Lebiasinidae

Syn.: *N. ocellatus, Nannostomus unifasciatus, N. eques* (nicht STEINDACHNER), *Poecilobrycon unifasciatus, P. ocellatus, P. unifasciatus ocellatus*

○
◐

Vorkommen: Brasilien – mittlerer Amazonas und dessen Zuflüsse, Venezuela – oberer Orinoko, Gebiet von Guyana. Gesamtlänge: 6,5 cm. Nahrung: Lebendes Futter, wir können künstliches Futter zugeben. Gesellschaftsbecken. Zuchtbecken: 6–10 l mit Schutzgitter für ein Paar, breitblättrige Pflanzen. Sexualdimorphismus: Die Afterflosse des Männchens ist schwarz-rot-weiß, die des Weibchens schwarz. Verhältnis der Geschlechter: 1 : 1. Zuchtbedingungen: 26–28 °C; pH 6,0–6,5; dKH 0°; wir setzen Torfextrakt zu. Eier: Inkubationsdauer 24 Stunden. Anfüttern der Brut: Frisch geschlüpfte Nauplien von *Artemia* oder *Cyclops*. Ersteinfuhr: 1910, Jonny Wolmer, Hamburg.

Diese Fische sind schlanker als die Art *N. eques*. Sie sind friedliebend, und wir halten sie immer in der Gruppe. Einige Exemplare aus den Gewässern Guyanas und dem Rio Madeira in Brasilien sind größer und intensiver gefärbt, was durch den stärkeren Anteil der roten Farbtöne verursacht wird. Dieser Umstand veranlaßte Eigenmann 1909 dazu, den Fisch als selbständige Art *N. ocellatus* zu beschreiben. Géry hielt ihn dagegen nur für eine lokale Form von *N. unifasciatus*.

Nannobrycon eques – Nachtfärbung

Lebiasinidae

1 Längsbandziersalmler
Nannostomus beckfordi (GÜNTHER, 1872)

Schlanksalmler
Lebiasinidae

Syn.: *N. anomalus, N. aripirangensis, N. simplex, N. beckfordi aripirangensis, N. beckfordi anomalus*

Vorkommen: Guyana, in Brasilien Unterlauf des Rio Negro, mittlere und untere Amazonassenke. Gesamtlänge: 6,5 cm. Nahrung: Kleines lebendes und künstliches Futter. Gemeinschaftsbecken. Zuchtbecken: 6 l, mit Schutzgitter, feinblättrige Pflanzen, diffuses Licht. Sexualdimorphismus: Das Männchen ist schlanker, größer und farbiger, seine Bauchflossen haben weiße Spitzen. Verhältnis der Geschlechter: 1 : 1. Zuchtbedingungen: 24—26 °C; pH 6,5—6,8; dKH < 1°; dGH < 10°. Eier: Inkubationsdauer 30 Stunden, Anfüttern der Brut: Nauplien von *Artemia* oder *Cyclops*. Ersteinfuhr: 1911, Carl Siggelkow, Hamburg.

Diese Fische weisen eine abweichende Nachtfärbung auf. Während der einzelnen Laichakte legt das Weibchen jeweils 1—3 Eier ab, im ganzen ungefähr 150 Stück. Das gesamte Laichen dauert 5—6 Stunden und kann sich in 6—8-tägigen Zyklen wiederholen. Die geschlüpfte Brut ist sehr klein, sie geht nach 3 Tagen auf exogene Ernährung über.

2 Espes Ziersalmler, Gebänderter Ziersalmler
Nannostomus espei (MEINKEN, 1956)

Schlanksalmler
Lebiasinidae

Syn.: *Poecilobrycon espei*

Vorkommen: Guyana. Gesamtlänge: 3,5 cm. Nahrung: Kleines Lebendfutter (Zooplankton und Landinsekten — Blattläuse, Obstfliegen, Springschwänze) und auch künstliche Nahrung. Artenbecken. Zuchtbecken: 6—10 l, ein Büschel großblättriger Pflanzen. Sexualdimorphismus: Beim Männchen glänzt der goldene Streifen stärker, die Afterflosse ist größer als beim Weibchen, dunkel und fächerförmig. Verhältnis der Geschlechter: 1 : 1. Zuchtbedingungen: 26 °C; pH 6,5; dKH 1°. Eier: Inkubationsdauer 48 Stunden. Anfüttern der Brut: 3—5 Tage *Paramecium caudatum,* danach kleinste *Artemia*-Nauplien. Ersteinfuhr: 1955, Zierfischzüchterei und Importfirma Espe, Bremen.

Schwarmfische, die sich in der Nähe der Wasseroberfläche versammeln. Wir halten immer wenigstens 10 Exemplare zusammen. Während des Laichaktes klebt das Weibchen 40—50 Eier an die Blattunterseite der Pflanzen. Laichen die Fische in der Gruppe ab, entfernen wir die Pflanzen mit den Eiern und übertragen sie in ein anderes Zuchtbecken, laichen die Fische in Einzelpaaren, fangen wir sie sofort nach Beendigung des Laichens ab. 4 Tage nach dem Schlüpfen gehen die Larven auf exogene Ernährung über.

3 Zwergziersalmler
Nannostomus marginatus EIGENMANN, 1909

Schlanksalmler
Lebiasinidae

Vorkommen: Surinam, Guyana, in Brasilien Unterlauf des Amazonas. Gesamtlänge: 3,5 cm. Nahrung: Kleines lebendes und künstliches Futter. Gesellschaftsbecken. Zuchtbecken: 6 l mit Schutzgitter, diffuses Licht, Javamoos. Sexualdimorphismus: Das Männchen ist schlanker, die Afterflosse hat einen markanten schwarzen Saum, die Bauchflossen sind sattschwarz, das Weibchen ist in der Bauchpartie fülliger. Verhältnis der Geschlechter: 1 : 1. Zuchtbedingungen: 26—28 °C; pH 6,0—6,5; dKH 0°. Eier: Inkubationsdauer 24 Stunden. Anfüttern der Brut: *Artemia*-Nauplien. Ersteinfuhr: 1928, Fa. Schulze und Pötzschke, Berlin.

Vor dem Laichen trennen wir ungefähr 14 Tage das Männchen vom Weibchen. Das Weibchen gibt maximal 100 Eier ab. Die geschlüpften Embryonen sind klein und glasig und haben einen großen Dottersack. Die Larven sind wenig beweglich, mit besonderen Auswüchsen versehen und ähneln den Bruchstücken abgestorbener Pflanzen, so daß sie in der Bodenumgebung völlig getarnt sind. Im Alter von 5 Wochen gleichen die Jungen den erwachsenen Fischen.

Lebiasinidae

Familie *Gasteropelecidae* — Beilbauchfische

Die Vertreter dieser Familie leben in einem ausgedehnten Gebiet, das sich von der Grenze Mittelamerikas bis zur Mündung des Rio Parana erstreckt. Der hohe, seitlich abgeflachte Körper hat die Form eines Beils. Der Rücken ist völlig gerade, die Brust- und Bauchpartie laufen in einem Kiel zusammen. Am mächtig ausgeprägten Schultergürtel ist die kräftige Muskulatur der großen Brustflossen befestigt. Mit Hilfe rascher Flossenschläge vermögen die Fische an der Wasserobefläche im Gleitflug mehrere Meter zu überwinden. Sie sind typische an der Wasseroberfläche lebende Schwarmfische mit oberständigem Maul.

1 Schwarzschwingen-Beilbauchfisch
Carnegiella marthae marthae, MYERS, 1929 — Beilbauchfische / *Gasteropelecidae*

Vorkommen: Von Venezuela bis zum oberen Amazonas in Peru und Brasilien. Gesamtlänge: 3,5 cm. Nahrung: Lebendfutter, vor allem feines Zooplankton, Obstfliegen, Blattläuse. Becken: Wie für *C. strigata*. Sexualdimorphismus: Monomorphe Art. Verhältnis der Geschlechter: Die Fische werden in größeren Gruppen gehalten. Zuchtbedingungen: 24–26 °C; pH 6,5; dKH 0°; dGH ca. 5°, über Torfmull gefiltert. Eier: Inkubationsdauer? Über die Aufzucht gibt es keine Angaben. Ersteinfuhr: 1935.

2 Marmorierter Beilbauchfisch
Carnegiella strigata (GÜNTHER, 1864) — Beilbauchfische / *Gasteropelecidae*

Syn.: *C. vesca, Gasteropelecus strigatus*

Vorkommen: Guyana, Kolumbien, Brasilien (Amazonas). Gesamtlänge: 4 cm. Nahrung: Lebendfutter (wir füttern mit kleinen Landinsekten zu). Längliches Gesellschaftsbecken. Zuchtbecken: 100 l, gut abgedeckt, Pflanzeninseln an der Wasseroberfläche, Umwälzfilter, gedämpfte Beleuchtung. Sexualdimorphismus: Monomorphe Art. Verhältnis der Geschlechter: Laichen im Schwarm. Zuchtbedingungen: 25 °C; pH 5,5–6,5; dKH 0, über Torfmull gefiltert. Eier: Inkubationsdauer 30 Stunden. Anfüttern der Brut: *Paramecium caudatum* oder Wasserflöhe, später Nauplien von *Cyclops* oder *Artemia*. Ersteinfuhr: 1910, F. Meyer, Hamburg.

3 Silberbeilbauchfisch
Gasteropelecus levis (EIGENMANN, 1909) — Beilbauchfische / *Gasteropelecidae*

Vorkommen: Unterer Amazonas. Gesamtlänge: 6 cm. Nahrung: Lebendfutter, vor allem Zooplankton, Obstfliegen usw. Becken: wie für *Carnegiella strigata*. Sexualdimorphismus: Monomorphe Art. Verhältnis der Geschlechter: Wir halten die Fische im Schwarm. Zuchtbedingungen: 26 °C (während der Nachtstunden wird ein leichtes Absenken der Temperatur empfohlen); pH 5,5–6,5; dKH 0°; dGH < 10°, über Torfmull gefiltert. Eier? (bisher nicht vermehrte Art). Ersteinfuhr: 1933.

4 Gemeiner Silberbeilbauchfisch
Gasteropelecus sternicla (LINNAEUS, 1758) — Beilbauchfische / *Gasteropelecidae*

Syn.: *G. coronatus, Clupea sternicla, Salmo gasteropelecus*

Vorkommen: Trinidad, peruanischer Amazonas mit den Zuflüssen Maranón und Ucayali, auch das Gebiet von Mato Grosso in Brasilien; Wasserläufe, auch in Gräben und Sümpfen. Gesamtlänge 6,5 cm. Nahrung: Lebendfutter, vor allem feines Zooplankton. Becken: Wie für *Carnegiella strigata*. Sexualdimorphismus: Monomorphe Art. Verhältnis der Geschlechter: 1 : 1 (wir halten die Fische in einem größeren Schwarm). Zuchtbedingungen: pH 6,5–7,0; dKH 0°, dGH < 10°, über Torfmull gefiltert, wir simulieren mit Hilfe des Filters mäßige Strömung. Rogen: Inkubationszeit 30–36 Stunden. Anfüttern der Brut: *Paramecium caudatum*, später die Nauplien von *Artemia* oder *Cyclops,* Springschwänze. Ersteinfuhr: 1912, J. S. Kropac, Hamburg.

Gasteropelecidae

Familie *Cyprinidae* — Karpfenfische

Die sehr artenreiche Familie der Karpfenfische ist in den Süßgewässern der gesamten Erde verbreitet. Die Fische besitzen keine Fettflosse. Das Maul ist mehr oder weniger ausstülpbar, die Kiefer sind zahnlos. An den Schlundknochen befinden sich jedoch Zahnreihen, die der Nahrungszerkleinerung dienen. Die Größe der einzelnen Arten bewegt sich zwischen 2 cm und über 2 m. Die Gattung *Barbus,* die 1816 von Cuvier und Cloquet festgelegt wurde, umfaßt zahlreiche, unterschiedliche Arten. 1822 verwendete Hamilton das erste Mal den Gattungsnamen *Puntius* und 1957 revidierte L. P. Schultz die Gattung *Barbus* und unterteilte sie in vier Gattungen: *Barbus, Barbodes, Capoeta* und *Puntius.*

1 Zebrabärbling
Brachydanio rerio (HAMILTON-BUCHANAN, 1822)
Syn.: *Cyprinus rerio, Perilampus striatus, Danio rerio*

Vorkommen: Östlicher Teil Vorderindiens. Gesamtlänge: 6 cm. Nahrung: Lebendes und künstliches Futter. Gesellschaftsbecken. Zuchtbecken: Wenigstens 6 l, mit Schutzgitter, hell bis sonnig. Sexualdimorphismus: Das Männchen ist schlank, das Weibchen ausgeprägt fülliger. Verhältnis der Geschlechter: 2 Männchen: 1 Weibchen. Zuchtbedingungen: 22–24 °C; pH 7,0; dKH bis 2°, frisch. Eier: Inkubationsdauer 62 Stunden/27 °C, mit absinkender Temperatur verlängert sich diese Zeit. Anfüttern der Brut: 5–7 Tage *Paramecium caudatum,* Rädertierchen, wässrige Suspension von Brutfutter, dann Nauplien von *Artemia* und *Cyclops.* Ersteinfuhr: 1905, P. Matte, Lankwitz.

Vor dem Laichen trennen wir für 7–14 Tage die Männchen von den Weibchen. Das Laichen erfolgt in den Morgenstunden. Das Weibchen legt bis zu 2000 Eier. Nach dem Laichen fangen wir die Elternfische heraus, entfernen das Schutzgitter, wechseln 50 Prozent des Wassers gegen Frischwasser aus und behandeln die Eier mit Methylenblau. Die Jungfische wachsen gut und schnell in seichteren, flachen Becken heran.

2 *Brachydanio rerio* — Schleierform

Anscheinend in den siebziger Jahren in der einstigen UdSSR veredelt, genetisch aber nicht vollkommen stabilisiert.

3 Leopard-Danio
Brachydanio frankei MEINKEN, 1963
Syn.: *Danio frankei*

Vorkommen: Unbekannt. Gesamtlänge: 5 cm. Sonst siehe *B. rerio.* Ersteinfuhr: 1962 in die ehemalige ČSSR und DDR.

Bei der Beschreibung der Art wurde Dr. Meinken von dem Bremer Importeur H. Espe unterrichtet, daß er diese Fische aus Kambodscha eingeführt habe. Ein ähnlicher Import hat sich aber niemals wiederholt und unter den Aquarianern wurde die Meinung diskutiert, daß *B. frankei* eigentlich eine Mutation von *B. rerio* ist, die im Aquarium entstand, denn *B. frankei* kreuzt sich fruchtbar mit der Art *B. rerio* und auch die folgenden Generationen sind fruchtbar. Aus den Studien von Meinken (1963, 1967) und Frank (1966) geht jedoch hervor, daß *B. frankei* in morphologisch-anatomischer Hinsicht viel stärker mit den Arten *B. tweediei* und *B. nigrofasciatus* (HAMILTON-BUCHANAN, 1822) verwandt ist als mit der Art *B. rerio.*

4 *Brachydanio frankei* — Schleierform

Gleichzeitig mit der Schleierform *B. rerio* tauchte auch die Schleierform *B. frankei* auf. Die ursprüngliche Zucht erfolgte wahrscheinlich ebenfalls in der ehem. UdSSR in den siebziger Jahren.

Cyprinidae

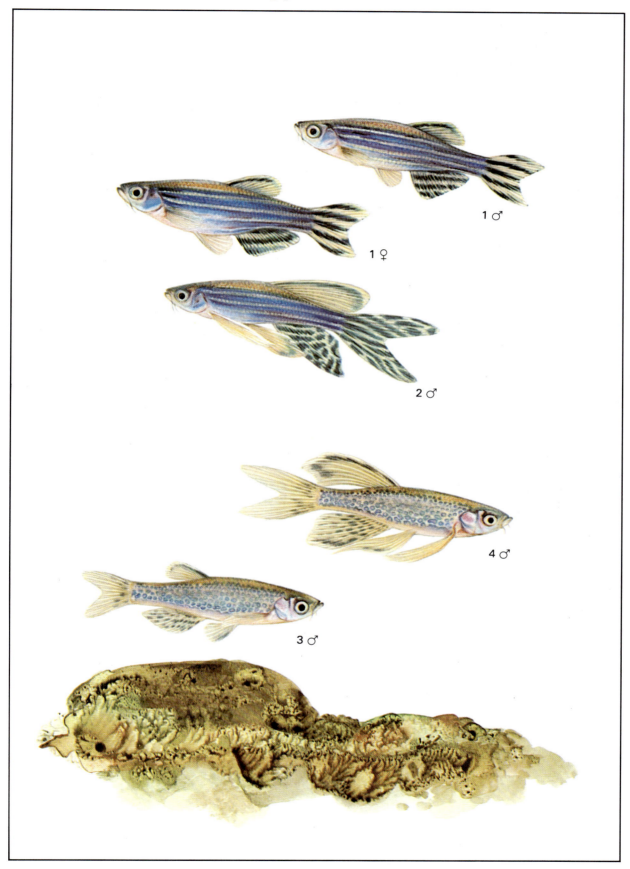

1 Purpurkopfbarbe
Barbus nigrofasciatus GÜNTHER, 1868

Karpfenfische
Cyprinidae

Syn.: *Puntius nigrofasciatus*

Vorkommen: Südliches Sri Lanka. Seichte, langsamfließende, reich bewachsene Gewässer. Gesamtlänge: 6,5 cm. Nahrung: Lebendes und künstliches Futter. Gemeinschaftsbecken. Zuchtbecken: 10 l mit Schutzgitter, zartblättrige Pflanzen, gedämpftes Licht. Sexualdimorphismus: Das Männchen ist hochrückiger, größer und intensiver gefärbt. Verhältnis der Geschlechter: 1 : 1. Zuchtbedingungen: 24 °C; pH 6,5–7,0; dKH bis 1°; dGH 8–10°. Eier: Inkubationsdauer 24 Stunden. Anfüttern der Brut: Nauplien von *Cyclops* oder *Artemia*, künstliches Brutfutter. Ersteinfuhr: 1935, Frl. Wagner, Hamburg.

Friedliebende Schwarmfische, die nur in beengten Räumen untereinander unverträglich sind. In zu stark beleuchteten Becken mit hellem Boden sind die Fische scheu und farblos. Sie laichen meistens in den Morgenstunden im Pflanzenwuchs. Der Laichakt dauert ungefähr 2 Stunden, dann fangen wir die Generationsfische ab. Die endogene Ernährung der Brut dauert 7 Tage. Manche Züchter empfehlen, die Fische bei niedrigeren Temperaturen von 14–16 °C zu überwintern. Die so überwinterten Fische sind im Frühling schon bei Temperaturen von 18–22 °C bereit zu laichen. Die ständig bei hohen Temperaturen gezüchteten Fische sind weniger gefärbt und wollen nicht laichen.

2 Sonnenfleckbarbe
Barbus ticto stoliczkanus (DAY, 1871)

Karpfenfische
Cyprinidae

Syn.: *Puntius stoliczkanus, Barbus stoliczkanus*

Vorkommen: Südburma, Stromgebiet des Irawadi. Gesamtlänge: 6 cm. Nahrung: Lebendes und künstliches Futter. Gesellschaftsbecken. Zuchtbecken: 10 l mit Schutzgitter, zartblättrige Pflanzen. Sexualdimorphismus: Die Rückenflosse des Männchens ist rot und trägt in der Mitte einen dunklen sichelförmigen Fleck oder ist mit mehreren dunklen Flecken versehen, ihr oberer Rand ist schwarz gesäumt; die Rückenflosse des Weibchens ist nur rötlich, die anderen Flossen sind transparent, das Weibchen ist in der Bauchpartie fülliger. Verhältnis der Geschlechter: 1 : 1. Zuchtbedingungen: 24–26 °C; pH 6,5–7,0; dKH < 2°. Eier: Durchmesser 1–1,2 mm, bräunlich oder graugelb, klar, Inkubationsdauer 24–30 Stunden. Anfüttern der Brut: 3–4 Tage *Paramecium caudatum* oder *Cyclops*-Nauplien, dann *Artemia*-Nauplien. Ersteinfuhr: 1925.

An Hand einer ganzen Reihe von Quellen können wir feststellen, daß diese Art in der Nomenklatur nicht fest verankert ist. *B. ticto stoliczkanus* unterscheidet sich von der Nominatform *B. ticto ticto* (HAMILTON-BUCHANAN, 1822), die eine Gesamtlänge von 10 cm erreicht und in den Gewässern Indiens und Sri Lankas verbreitet ist, nur durch die Anzahl der Schuppen in der Querreihe. Es ist deshalb nicht ausgeschlossen, daß es sich lediglich um einen Ökotyp der Art *B. ticto* handelt. Die geschlüpften Larven sind klein und glasig durchsichtig. Die endogene Ernährung dauert 5 Tage. Die Brut wächst rasch, erreicht nach 3 Monaten eine Gesamtlänge von 4 cm und beginnt sich nach Geschlechtern zu differenzieren. Die Geschlechtsreife ist nach 7 Monaten erreicht. *B. ticto stoliczkanus* lebt ähnlich wie *B. conchonius* im Schwarm, mit dieser Art kreuzt sie sich auch unter künstlichen Bedingungen.

Cyprinidae

1 Prachtbarbe
Barbus conchonius (HAMILTON-BUCHANAN, 1822)

Karpfenfische
Cyprinidae

Syn.: *Cyprinus conchonius, Systomus conchonius, Puntius conchonius*

☐ Vorkommen: Nordindien, Bangladesch, Assam, in Flüssen, Teichen und Tümpeln; es ist nicht ausgeschlossen, daß die Art auch außerhalb ihres ursprünglichen Verbreitungsgebiets eingeführt wurde. Gesamtlänge: 15 cm. Nahrung: Lebendes und künstliches Futter, wir füttern Pflanzenmaterial zu. Gesellschaftsbecken. Zuchtbecken: Von 20 bis 100 l (in Abhängigkeit von der Größe und Anzahl der Fische) mit Schutzgitter. Sexualdimorphismus: Das Männchen ist purpurrot, seine Rücken-, Bauch und Afterflossen sind schwarz, das Weibchen ist weniger bunt gefärbt und in der Bauchpartie fülliger. Verhältnis der Geschlechter: 1 : 1, wir können die Fische im Schwarm ablaichen lassen, wobei die Männchen schwach in der Überzahl sind. Zuchtbedingungen: 24 °C; pH 7,0; dKH bis 2°. Eier: Glasig, stark klebend, Inkubationsdauer 24 Stunden. Anfüttern der Brut: Nauplien von *Artemia* oder *Cyclops* und künstliches Brutfutter. Ersteinfuhr: 1903, H. Stüve, Hamburg.

Die Aquarienpopulationen dieser Fische sind gewöhnlich zierlicher. Viele Populationen sind wegen der langandauernden verwandtschaftlichen Kreuzung und ungünstiger Lebensbedingungen verkümmert und erreichen ihre Geschlechtsreife schon mit einer Gesamtlänge von 4 cm. Nach dem Ablaichen fangen wir die Generationsfische aus dem Becken und wechseln die Hälfte des Wassers gegen frisches aus. Die Eier werden mit Methylenblau behandelt. Die freischwimmende Brut füttern wir intensiv 3–4 mal täglich. Während der ersten Woche verabreichen wir auch nachts bei schwacher Beleuchtung eine Portion. Die Jungfische wachsen in geräumigen Becken rasch, und wir können sie, wenn sie 1 cm groß sind, in Gartenbassins aussetzen (Juni–September). Sie überstehen kurzfristiges Absinken der Temperatur auf 10 °C ohne Schaden. Die in Bassins gehaltenen Jungfische haben die Voraussetzung, optimale Größen zu erreichen.

2 *Barbus conchonius* – Schleierform

☐ Diese Mutation wurde Ende der sechziger Jahre in der UdSSR erzüchtet und genetisch stabilisiert. Im Hinblick auf die zuchtbedingte Inzucht sind diese Fische verkümmert und wachsen nur bis zu einer maximalen Länge von 5 cm heran.

3 *Barbus conchonius* – xanthische (goldene) Form

☐ Diese Form wurde in der DDR und Tschechoslowakei erzüchtet und genetisch stabilisiert. Sie wächst nur bis zu einer maximalen Länge von 5 cm heran. Diese Fische sind wärmeliebend.

4 *Barbus conchonius* – xanthische (goldene) Schleierform

☐ Zu Beginn der siebziger Jahre gelang es, durch Kreuzung der Schleierform mit der kurzflossigen goldenen Form diese attraktiven Fische zu erzüchten. Sie wurden durch Auslese in der ehemaligen UdSSR, DDR und Tschechoslowakei weiter gezüchtet. Es scheint, daß es bisher nicht gelungen ist, die Langflossigkeit genetisch vollkommen zu stabilisieren. Maximale Länge 5 cm, wärmeliebende Fische.

Wir kreuzen keine der veredelten Formen mit der ursprünglichen Wildform, da deren Merkmale dominieren.

Cyprinidae

1 Schwarzfleckbarbe
Barbus filamentosus (CUVIER et VALENCIENNES, 1844)

Karpfenfische
Cyprinidae

Syn.: *B. mahecola, Leuciscus filamentosus, Puntius filamentosus, Systomus assimilis*

Vorkommen: Süd- und Südwestindien, Sri Lanka, Gebirgsflüsse. Gesamtlänge: 15 cm. Nahrung: Lebendes und künstliches Futter. Gesellschaftsbecken mit größeren und beweglicheren Fischarten. Zuchtbecken: 100–200 l mit Schutzgitter. Sexualdimorphismus: Markant; das Männchen besitzt in der Rückenflosse kammartig verlängerte Strahlen, auf seiner Oberlippe bildet sich ein Laichausschlag. Wir lassen die Fische bei einem Geschlechterverhältnis von 1 : 1 oder bei schwacher Überzahl der Weibchen im Schwarm laichen (auch künstliches Ablaichen ist möglich). Zuchtbedingungen: 26 °C; pH 7,0; dKH bis 1°. Eier: Klein, gelblich, schwach klebrig, Inkubationsdauer 48 Stunden. Anfüttern der Brut: *Artemia*- oder *Cyclops*-Nauplien. Ersteinfuhr: 1950.

Die Generationsfische sind im Alter von ca. 1,5 Jahren geschlechtsreif. Das Laichen erfolgt zwischen den Pflanzen in Nähe der Wasseroberfläche; es geschieht sehr lebhaft. Während des recht kurzen Laichakts drückt sich das Männchen an das Weibchen und umschlingt dieses leicht mit der Schwanzflosse. Da *B. filamentosus* ein robuster Fisch ist, kann auch künstliches Ablaichen vorgenommen werden. Hierbei gilt als Grundsatz, daß mit dem Fisch äußerst sorgsam verfahren wird, und alle Hilfsmittel absolut sauber sein müssen. Das künstliche Laichen nach der Trockenmethode muß ruhig, schnell, routiniert und ohne dem Fisch Schaden zuzufügen, durchgeführt werden. Wir beginnen damit immer zu Anfang der natürlichen Laichzeit. Vor der Verbindung beider Geschlechtsprodukte darf das Ei nicht mit Wasser in Berührung kommen (der Vorgang des künstlichen Befruchtung wird bei der Art *Carassius auratus* beschrieben).

Die Eier sind sehr zahlreich. Nach dem Ablaichen fangen wir die Generationsfische ab und tauschen 50 Prozent Wasser gegen Frischwasser gleicher Zusammensetzung und Temperatur aus. Das Wasser wird schwach mit Methylenblau gefärbt. Wegen der großen Anzahl von Jungfischen müssen wir darauf achten, daß genügend Futter und frisches Wasser vorhanden sind. Um ein gleichmäßiges und schnelles Wachstum zu erzielen, sortieren wir die Fische später entsprechend der Größe. Die Jungen weisen eine typische Juvenilfärbung auf, die völlig von der der erwachsenen Fische abweicht. Im Alter von ungefähr 7 Monaten verschwindet diese Färbung und der dritte Querstreifen verwandelt sich in einen tropfenförmigen Fleck.

Cyprinidae

1 Schwarzbandbarbe
Barbus lateristriga CUVIER et VALENCIENNES, 1844

Karpfenfische
Cyprinidae

Syn.: *B. zelleri, Puntius lateristriga, Systomus lateristriga*

◻ Vorkommen: Südostasien — Thailand, Singapur, Sumatra, Jawa, Borneo und andere malaiische Inseln, — saubere fließende Gewässer und Teiche. Gesamtlänge: 20 cm. Nahrung: Lebendes und künstliches Futter, wir geben Pflanzenmaterial zu. Gesellschaftsbecken mit Fischen ähnlicher Eigenschaften und Größe. Zuchtbecken: 100—200 l mit Schutzgitter und Pflanzendickichten, Wasserstandshöhe 25—30 cm. Sexualdimorphismus: Das Männchen ist schlanker und intensiver gefärbt. Verhältnis der Geschlechter: 1 : 1, das Laichen kann auch in mehreren Paaren gemeinsam erfolgen. Zuchtbedingungen: 26—28 °C; pH 6,5—7,0; dKH < 2°, dGH bis 10°. Eier: Klebrig, Inkubationsdauer 48 Stunden. Anfüttern der Brut: Nauplien von *Artemia*, fein gesiebtes Zooplankton. Ersteinfuhr: 1914, J. Wolmer, Hamburg.

Lebhafte, anspruchslose und robuste Fische. Jungfische bilden Schwärme, ältere Fische leben eher einzelgängerisch. Das Weibchen legt während eines Laichens einige Hundert Eier. Das Laichen erfolgt meistens zeitig am Morgen im Pflanzendickicht, wobei das Männchen das Weibchen intensiv jagt. Nach dem Ablaichen fangen wir die Generationsfische aus dem Becken. Während des Wachstums sortieren wir die jungen Fische entsprechend ihrer Größe und lockern den Beckenbesatz dadurch, daß wir die Tiere auf mehrere Aquarien verteilen. Für die Aufzucht eignen sich sehr gut geräumige, beheizte Bassins.

2 Prachtglanzbarbe, Dreibandbarbe
Barbus arulius (JERDON, 1849)

Karpfenfische
Cyprinidae

Syn.: *Puntius arulius*

◻ Vorkommen: Südöstliches und südliches Indien. Gesamtlänge: 12 cm. Nahrung: Lebendes und künstliches und als Ergänzung pflanzliches Futter. Gesellschaftsbecken. Zuchtbecken: 100 l pro Paar, mit Schutzgitter, zartblättrige Pflanzen, diffuse Beleuchtung. Sexualdimorphismus: Das Männchen ist schlanker, etwas kleiner und trägt in der Rückenflosse fächerartig verlängerte Strahlen, in der Umgebung seines Mauls zeigt sich Laichausschlag. Verhältnis der Geschlechter: 1 : 1 (die Fische laichen auch im Schwarm). Zuchtbedingungen: 24—26 °C; pH 6,5—7,0; dKH < 2°. Eier: Schwach klebrig, teefarben, Durchmesser 1,5 mm, Inkubationsdauer: 36 Stunden/26 °C. Anfüttern der Brut: Nauplien von *Cyclops* oder *Artemia*. Ersteinfuhr: 1954.

Lebhafter Schwarmfisch. Die Laichaktivität liegt in der Dämmerung. Das Laichen erfolgt am Boden im Kontakt mit den Pflanzen aber auch im freien Wasser. Bei unzureichendem Raum kann das Männchen das Weibchen erschlagen. Während der endogenen Ernährung sind die Embryonen an dunkleren Stellen an den Pflanzen und Beckenwänden aufgehängt. 7 Tage nach dem Freischwimmen erreicht die Brut eine Gesamtlänge von 3,5 mm. Sie wächst verhältnismäßig schnell.

Cyprinidae

1 Eilandbarbe
Barbus oligolepis (BLEEKER, 1853)

Karpfenfische
Cyprinidae

Syn.: Capoeta oligolepis, Puntius oligolepis, Systomus oligolepis

Vorkommen: Gewässersysteme Sumatras. Gesamtlänge: 5 cm. Nahrung: Lebendes und künstliches Futter. Gesellschaftsbecken. Zuchtbecken: 10–50 l (der Anzahl der Generationsfische entsprechend) mit Schutzgitter, zartblättrige Pflanzen. Sexualdimorphismus: Das Männchen ist schlanker, hat ziegelrote, schwarz gesäumte Flossen, die Rücken- und Afterflosse sind markant gesäumt, das Weibchen ist in der Bauchpartie fülliger. Verhältnis der Geschlechter: 1 : 1 (die Fische laichen in der Gruppe). Zuchtbedingungen: 24 °C; pH 6,5; dKH < 2°. Eier: Inkubationsdauer 36 Stunden. Anfüttern der Brut: *Artemia*-Nauplien. Ersteinfuhr: 1923, Jonny Wolmer, Hamburg.

Wir halten die Fische im Schwarm. Die Aufzucht ist nicht schwierig. Einigen Quellen zufolge wurde eine ganze Reihe von Hybriden erzielt, die durch die Kreuzung von *B. oligolepis* mit *B. conchonius*, *B. dunckeri*, *B. semifasciolata*, *B. ticto stoliczkae*, *B. ticto ticto*, *P. vittatus*, *Brachydanio albolineatus*, *B. rerio* und *Danio aequipinnatus* entstanden. Nach H. Frey treten Fische mit einem oder zwei Bartelpaaren auf. In Aquarienzuchten wurde die goldene Form dieser Art veredelt und genetisch stabilisiert.

2 Bitterlingsbarbe
Barbus titteya (DERANIYAGALA, 1929)

Karpfenfische
Cyprinidae

Syn.: B. frenatus, Puntius titteya

Vorkommen: Schattige Bäche und Niederungsflüsse Sri Lankas. Gesamtlänge: 5 cm. Nahrung: Kleines lebendes und künstliches Futter, gelegentlich Pflanzenfutter. Artenbecken mit größerem Inhalt. In Gesellschaftsbecken sind die Fische scheu und verhalten sich unnatürlich. Zuchtbecken: 10 l mit Schutzgitter, zartblättrige Pflanzen, dunkler Boden, mit Hilfe schwimmender Pflanzen diffuse Beleuchtung, Wasserstandshöhe ca. 10–15 cm. Sexualdimorphismus: Das Männchen ist rot, das Weibchen bräunlich und mit einem deutlichen Längsstreifen versehen. Verhältnis der Geschlechter: 1 : 1. Zuchtbedingungen: 25–27 °C; pH 6,5–7,5; dKH < 2°. Eier: Die Eier sind mit Hilfe einer Faser an Pflanzen befestigt, teefarben, Inkubationsdauer 24 Stunden. Anfüttern der Brut: Nauplien von *Artemia* oder *Cyclops*. Ersteinfuhr: 1936, Fa. W. Odenwald, Hamburg.

Die Populationen der Fische aus der Natur und der Aquarienzucht sind farblich variabel. Friedliebende Art, die eher zerstreut als in Schwärmen lebt. Die Männchen sind untereinander rauflustig. Das Laichen dauert ca. 3 Stunden, das Weibchen legt bei jedem Laichakt 1–2 Eier, im ganzen bis zu 300 Stück ab. Während der endogenen Ernährung liegen die Larven meistens auf dem Boden. Wenn die Brut freischwimmt, senken wir die Wasserstandshöhe auf ca. 5 cm und erhöhen sie dann allmählich im Verlauf des Wachstums der Jungfische wieder.

Cyprinidae

1 Messingbarbe, Hongkongbarbe
Barbus semifasciolatus GÜNTHER, 1868

Karpfenfische
Cyprinidae

Syn.: *Capoeta guentheri, Puntius guentheri, P. semifasciolatus*

○
◑

Vorkommen: Südostchina von Hongkong bis zur Insel Hainan. Gesamtlänge: 10 cm. Nahrung: Lebendes und künstliches Futter. Gesellschaftsbecken. Zuchtbecken: 10–50 l (der Anzahl der Generationsfische entsprechend) mit Schutzgitter, feinblättrige Pflanzen. Sexualdimorphismus: Das Männchen ist farbiger und schlanker, das Weibchen ist robuster und in der Bauchpartie deutlich fülliger. Verhältnis der Geschlechter: 1 : 1 (wir können die Fische in mehreren Paaren auf einmal ablaichen lassen). Zuchtbedingungen: 24 °C; pH 6,5–7,0; dKH bis 2°. Eier: Klebrig, Inkubationsdauer 30–36 Stunden. Anfüttern der Brut: Nauplien von *Artemia* oder *Cyclops*. Ersteinfuhr: 1909 aus Hongkong durch die Fa. Vereinigte Zierfischzüchtereien, Berlin – Conradshöhe.

Die Laichaktivität der Fische fällt vor allem in die Morgenstunden. Das Laichen erfolgt sehr heftig, das Weibchen legt ungefähr 300 Eier. Nach dem Laichen fangen wir die Generationsfische ab und behandeln die Eier mit Methylenblau. Den schützenden Laichrost entfernen wir erst, wenn die Brut freischwimmt. Die Aufzucht ist einfach.

2 Brokatbarbe
Barbus semifasciolatus ‚schuberti'

Karpfenfische
Cyprinidae

Im Handel unter der Bezeichnung *Capoeta* ‚schuberti', *Puntius* ‚schuberti'.

○
◑

Die Haltung und Aufzucht stimmen mit denen der Art *B. semifasciolatus* überein.

1868 beschrieb Günther die Art *B. semifasciolatus* und 1923 Ahl die Art *Puntius sachsi*. Beide Arten unterscheiden sich voneinander fast nicht. Wir unterscheiden sie nur nach ihrer Herkunft und veränderlichen Färbung; *B. semifasciolatus* trägt ein Paar Barteln, *P. sachsi* ist bartellos. *B. s.* ‚schuberti' wurde als xanthische Form beider angegebenen Arten angesehen. In Wirklichkeit gibt es aber 3 Formen von *B.* ‚schuberti'. Die erste Form ist nicht typisch xanthisch, denn sie weist schwarze Tupfen auf (Abbildung), die zweite Form stammt aus den Populationen, die in Europa in der Gefangenschaft gezüchtet wurden, sie ist gelborange und tupfenlos, ihre Augen sind dunkel, es ist also eine typische xanthische Form. Die dritte Form weist rote Augen auf und stellt somit eine Albinoform dar. Es wurde festgelegt, daß es sich in allen drei Fällen um farbige Abweichungen (Mutationen) der Art *B. semifasciolatus* handelt, in keinem Fall aber um Aberrationen der Art *Puntius sachsi*.

Cyprinidae

1 Sumatrabarbe, Viergürtelbarbe
Barbus tetrazona tetrazona (BLEEKER, 1855)

Karpfenfische
Cyprinidae

Syn.: *Puntius tetrazona, Capoeta tetrazona*

○ Vorkommen: Indonesien – Sumatra, Borneo. Gesamtlänge: 7 cm. Nahrung: Lebendes und
◐ künstliches Futter. Gesellschaftsbecken (nicht mit ruhigen und auch nicht mit langflossigen Fischarten). Zuchtbecken: 10 l für ein Paar, Schutzgitter, zartblättrige Pflanzen. Sexualdimorphismus: Das Männchen trägt Bauchflossen, die bis zum Rand sattrot sind, der obere Teil seiner Schnauze ist rötlich, seine Rückenflosse weist einen intensiven roten Saum auf; das Weibchen ist fülliger, hat mattere Farben und an den Bauchflossenrändern einen transparenten Saum. Verhältnis der Geschlechter: 1:1 Zuchtbedingungen:: 26 °C; pH 6,5–7,0; dKH < 1°, wir können Torfextrakt zusetzen. Eier: Durchmesser 1 mm, klebrig, Inkubationsdauer 36 Stunden. Anfüttern der Brut: Nauplien von *Artemia* oder *Cyclops*. Ersteinfuhr: 1935.

Die Männchen sind beim Laichen aggressiv und können bei beengten Verhältnissen unreife Weibchen erschlagen. Werden die Fische im Schwarm und in großen Becken gehalten, tritt diese Erscheinung nicht auf. Wenn deshalb das Generationspaar in kleineren Zuchtbecken innerhalb von 24 Stunden nicht laicht, ist es besser, die Fische abzufangen und später erneut zum Laichen anzusetzen. Der Zuchterfolg hängt hier wie auch bei anderen Arten von der Karbonathärte des Wassers ab; ist die dKH < 1°, steigt auch die Sterblichkeit der Eier. Die Weibchen sind produktiv. Das gilt vor allem für die Tiere, die regelmäßig ablaichen. Die Jungfische wachsen schnell, erreichen nach 14 Tagen eine Gesamtlänge von 1 cm und sind deutlich gestreift. Diese Art ist gegenüber verschiedenen Krankheiten empfindlich.

2 Moosbarbe
Barbus tetrazona – Moosform

Karpfenfische
Cyprinidae

○ 1975 führte die Fa. Gustav Struck, Manching, BRD, unter der Bezeichnung „Moosbarbe" eine
◐ interessante Mutation ein. Dank der Freundlichkeit Herrn G. Strucks gelangten auch einige Exemplare in die Tschechoslowakei. Die Elterngeneration stammt wahrscheinlich aus asiatischen Züchtereien und war genetisch nicht vollkommen stabilisiert, was sich nach dem ersten Ablaichen zeigte. Die Nachkommen der eingeführten Fische waren sehr unterschiedlich gefärbt (ungleiche Erbanlagen) – sie reichten von den wilden Formen über atypisch gestreifte Exemplare, Albinoformen und xanthische Formen vom Typ Hongkong bis zu den am langsamsten wachsenden Moosformen. Im Verlauf länger anhaltender Auslesezucht, die in der einstigen DDR und der ehemaligen Tschechoslowakei durchgeführt wurde, hat sich die Reinheit der Population erheblich verbessert. Bei der Auswahl der Generationsfische müssen wir konsequent alle atypisch oder schlecht gefärbten Exemplare ausmustern, denn schwarze Farbtöne haben ständig rezessiven Charakter (sie werden bei den Nachkommen unterdrückt und weichen leicht der dominanten, wilden Färbung). Haltung und Aufzucht entsprechen denen der wilden Formen, die Weibchen legen jedoch weniger Eier und die Jungfische wachsen im Vergleich mit den Wildformen wesentlich langsamer.

Cyprinidae

1 *Carassius auratus* var. *bicaudatus* – ‚Rotkappe' Karpfenfische
Cyprinidae

☐ Die historischen Anfänge dieser Form liegen in China, wahrscheinlich in den Jahren 1547–1643. Die gegenwärtigen „Rotkappen" haben einen beschuppten, eiförmigen Rumpf, die Rückenflosse fehlt, die Afterflosse ist doppelt, die Schwanzflosse ist gabelförmig und vierteilig. Die Fische sind silbrigweiß gefärbt und glänzen metallisch, die Flossen sind matt bis transparent. Auf dem Kopf befindet sich eine orange bis rote Farbfläche, die die Form einer Kappe hat und die dem Fisch zu seinem Namen verhalf. Die Rumpflänge liegt zwischen 70 und 80 mm, die Länge der Schwanzflosse beträgt 50–70 mm und mehr. Aus Japan werden ähnlich gefärbte Fische mit vollentwickelter Rückenflosse eingeführt. Sie werden längere Zeit auch schon in Europa gezüchtet.

2 *Carassius auratus* var. *bicaudatus* – rote Form Karpfenfische
Cyprinidae

☐ Mit der Veredelung roter Fische, die gabelförmige Schwanzflossen aufweisen, begann man wahrscheinlich nach 1644 in China. Die rote Färbung tritt bei den Schleierschwänzen sehr oft auf, sowohl bei den klassischen Formen wie auch bei einer ganzen Reihe weiterer Züchtungen.

Ernährung, Becken, Wasser und Haltungsweise gleichen denen von *C. auratus auratus.*

3 *Carassius auratus* var. *bicaudatus* – ‚Kaliko' Karpfenfische
Cyprinidae

☐ Die sogenannten ‚Tigerfische' tauchten in China wahrscheinlich zwischen 1547 und 1643 auf. Die ersten Berichte über diese Fische stammen aus dem Jahr 1900 aus Japan. Hier tauchten wieder ‚Tigerfische' auf, die auch ‚Kaliko' (Shubunkin) genannt wurden. Diese Form züchtete in Tokio ein Goldfischhändler durch die Kreuzung der Form ‚Wakin' und der Form ‚Hibuna' des ‚Kaliko'-Teleskopfischs. ‚Wakin' ist eine mächtige, 30 cm große, abgehärtete Form mit einfacher Schwanzflosse und steht dem ursprünglichen Goldfisch am nächsten. Sie tritt rot, rotweiß und weiß auf. ‚Hibuna' ist eine scharlachrote, gestreckte Form mit einfacher Schwanzflosse. ‚Kaliko' (Shubunkin) sind schuppenlose Fische und besitzen eine einfache schleierartige Schwanzflosse. Sie sind unregelmäßig gefleckt in der Kombination der klassischen Farben rot, gelb und schwarz mit den Farben Grau und Blau. Unter der Bezeichnung ‚Shubunkin' sind aber auch ein- oder mehrfarbige Fische bekannt, die zum Beispiel blau, braun-rot, schwarz-weiß, rot-schwarz, schwarz-weiß-rot, schwarz-weiß-golden, rot-schwarz-blau usw. sind. Sie werden als geeignetste Formen für Gartenbassins und -teiche angesehen.

Der abgebildete Fisch ‚Kaliko' (Shubunkin), der aus Japan eingeführt wird, hat die klassische Form eines Schleierschwanzes. Ähnlich gefärbt ist auch ‚Azuma Nishiki' (Holländischer ‚Kaliko') mit ‚Löwenkopf'-Gestalt, ein um 1920 in Japan erzüchteter Fisch.

Cyprinidae

1 *Carassius auratus* var. *bicaudatus* − Teleskop Karpfenfische
Cyprinidae

Die Schleierschwänze mit Teleskopaugen wurden in den Jahren 1547−1643 in China erzüchtet. In Japan wurde diese Form häufig in verschiedenen Formen veredelt. Man züchtete rote und verschieden gescheckte Fische (Kaliko), einschließlich von Fischen mit transparenten Schuppen. Charakteristisch für die Teleskopfische sind die vorstehenden, in Richtung der optischen Achse stark vergrößerten Augen. Sie müssen auf beiden Seiten gleichmäßig hervortreten. Diese Augenform ist eine Folge der Degeneration der Netzhaut (Retina), die durch Sekretion von Schilddrüsenhormonen hervorgerufen wird. Der Rumpf ist verhältnismäßig kurz; die ursprünglich ebenfalls kurze Schwanzflosse wurde in den letzten Jahren durch Veredlung verlängert. Der Schwarze Teleskop wurde in der Zeit von 1848−1925 in China gezüchtet und ist auch in Japan sehr verbreitet.

Nahrung, Becken, Wasser und Haltungsweise gleichen denen von *C. auratus auratus*.

2 *Carassius auratus* var. *bicaudatus* − Himmelsgucker Karpfenfische
Cyprinidae

Diese Form entstand um 1895 in China und wurde in Japan weiter gezüchtet.

3 *Carassius auratus* var. *bicaudatus* − Oranda Karpfenfische
Cyprinidae

Oranda, der sogenannte Holländische Löwenkopf, ist eine der größten Schleierschwanzformen. Sie erreicht eine Gesamtlänge von 60 cm, wobei die Schwanzflosse genauso lang ist wie Kopf und Rumpf zusammen. Alle Flossen sind lang. Der Holländische Löwenkopf wurde offensichtlich im 17. Jahrhundert von holländischen Händlern aus China nach Japan (Nagasaki) eingeführt und hier weiter veredelt. Im Unterschied zu dem wahrscheinlich um 1846 in China gezüchteten Chinesischen Löwenkopf, der keine Rückenflosse hat und einen eiförmigen Rumpf aufweist, ist bei dieser Form die Rückenflosse ausgebildet und die Schwanzflosse tief gabelförmig ausgeschnitten und kann vierteilig oder quastenförmig sein. Die schwammigen Auswüchse auf dem Kopf beginnen sich erst im zweiten Lebensjahr zu entwickeln. Oranda wurde als gelbe, orange und verschieden rot und schwarz schattierte Form gezüchtet.

Cyprinidae

1 Feuerschwanz-Fransenlipper
Epalzeorhynchus bicolor (SMITH, 1931)

Karpfenfische
Cyprinidae

Syn.: *Labeo bicolor*

☐ Vorkommen: Thailand, schnellfließende Menam-Zuflüsse. Gesamtlänge 12 cm. Nahrung:
● Lebendes und künstliches Futter, wir geben Pflanzenkost bei. Artenbecken. Zuchtbecken: Wenigstens 200 l mit Schlupfwinkeln und Pflanzendickichten, mit Hilfe eines Umwälzfilters simulieren wir fließendes Wasser. Sexualdimorphismus: Das Männchen ist schlanker und hat eine intensiv rote Schwanzflosse; das Weibchen ist größer und vor dem Laichen voller, seine Schwanzflosse ist weniger ausdrucksvoll gefärbt. Verhältnis der Geschlechter: 1:1. Zuchtbedingungen: 22–24 °C; pH 6,5–7,0; dKH bis 1°. Rogen: Nicht klebend, Inkubationsdauer 14 Stunden/22 °C. Anfüttern der Brut: *Paramecium caudatum*, später feine *Cyclops*-Nauplien und dann *Artemia*-Nauplien. Ersteinfuhr: 1952, Fa. Aquarium Hamburg. Erste Vermehrung: Ende der siebziger Jahre durch A. Nosnov, ehem. UdSSR.

Aggressive und territoriale Fische. Die Vermehrung in der Gefangenschaft gelang erst nach der Applikation von Karpfenhypophyse, die den Zuchtfischen injiziert wurde (2 mg Hypophyse je 100 g Lebendgewicht). Die Hypophyse muß in der Zeit appliziert werden, in der die Reife der Fische ihren Höchststand erreicht hat. Bei erfolgreicher Hypophysation tritt das Laichen zuverlässig innerhalb von 24 Stunden ein. Zuerst imponieren beide Fische voreinander und suchen stark strömendes Wasser auf. Nach einigen Stunden laichen sie dann ab. Das Weibchen legt ungefähr 1000 Eier. Diese schweben frei im Wasser. Eier, die zu Boden sinken, entwickeln sich nicht weiter. Wir saugen die Eier mit Hilfe eines Schlauches ab, übertragen sie in ein selbständiges Becken und halten sie hier durch starke Luftzufuhr in ständiger Bewegung. Die geschlüpften Embryonen sind klein und blaugrau. Sie gehen nach 24 Stunden auf exogene Ernährung über. Sobald sie einen Monat alt sind, füttern wir den jungen Fischen regelmäßig Pflanzenkost zu.

2 Grüner Fransenlipper
Epalzeorhynchus frenatus (FOWLER, 1934)

Karpfenfische
Cyprinidae

Syn.: *Labeo frenatus*

☐ Vorkommen: Nordthailand. Gesamtlänge: 15 cm. Nahrung: Lebendes und künstliches Fut-
● ter, wir fügen Pflanzenkost bei. Sonst siehe *E. bicolor*. Sexualdimorphismus: Das Männchen ist schlanker, seine Afterflosse ist schwarz gesäumt; das Weibchen ist fülliger und hat keinen schwarzen Saum an der Afterflosse. Ersteinfuhr: 1953. Anfang der achtziger Jahre zum ersten Mal erfolgreich fortgepflanzt, ehem. Tschechoslowakei.

Im Unterschied zu *E. bicolor* sind diese Fische verträglich. Auch hier müssen wir die Hypophysation durchführen, wenn wir wollen, daß die Fische ablaichen. Die Hypophyse entnehmen wir ohne Rücksicht auf das Geschlecht vom Markt- oder besser noch von ausgesonderten Zuchtkarpfen. Vor der Anwendung zerreiben wir die Hypophyse auf einer Porzellanschale zu Pulver und verdünnen sie mit physiologischer Lösung (0,65 g NaCl/100 cm^3 destilliertes Wasser, oder 6,5 g NaCl/1 l destilliertes Wasser werden 20 Minuten in einem Gefäß aus Laborglas gekocht). Eine Hypophyse mischen wir mit 2 ml Lösung. Die Emulsion muß gründlich vermengt werden. Mit der Injektionsnadel spritzen wir die erforderliche Menge unter dem 1.–3. Strahl der Rückenflosse in Richtung zum Kopf hin ein. Alle Hilfsmittel müssen sterilisiert (30 Minuten in kochendem Wasser) und ordentlich abgetrocknet sein. Eine Überdosierung der Hypophyse ist gefährlich, sie äußert sich in Verhärtung des Bauchs, in Wassersucht und durch Absterben der Eier.

Cyprinidae

1 Keilfleckbärbling, Keilfleckrasbora
Rasbora heteromorpha DUNCKER, 1904

Karpfenfische
Cyprinidae

Vorkommen: Südostasien – südöstliches Thailand, Westmalaysia, Singapur, Sumatra. Gesamtlänge: 4,5 cm. Nahrung: Lebendes und künstliches Futter. Gesellschaftsbecken. Zuchtbecken: 6 l mit Schutzgitter, wir setzen Cryptocorynen oder andere großblättrige Pflanzen ein. Sexualdimorphismus: Das Männchen ist schlanker; die vordere untere Spitze des Keils ist bis zur Mittellinie des Bauchs verlängert. Verhältnis der Geschlechter: 1:1 (wir können die Fische im Schwarm ablaichen lassen). Zuchtbedingungen: 26–28 °C; pH 6,5; dKH 0°; dGH 6°, über Torf gefiltert. Eier: Inkubationsdauer 24 Stunden/28 °C. Anfüttern der Brut: Nauplien von *Artemia* oder *Cyclops*. Ersteinfuhr: 1906, Julius Reichelt, Berlin.

Eine in der Gefangenschaft völlig akklimatisierte Art, deren Zucht keine Schwierigkeiten mehr bereitet. Wir können die Fische in geräumigen Becken und großen Schwärmen zum Laichen ansetzen. Vor dem Laichen trennen wir für 10–14 Tage die Männchen von den Weibchen. Die Weibchen kleben ihre Eier an die Blattunterseite der Pflanzen, ein Teil davon fällt zu Boden. Die geschlüpften Embryonen sind verhältnismäßig groß (4 mm). Die endogene Ernährung dauert 5 Tage. Die Aufzucht der Brut führen wir anfangs bei einer Wasserstandshöhe von ca. 5–10 cm durch. Allmählich füllen wir übliches Wasser nach und gewöhnen die Jungen so an eine größere Wasserhärte. Nach 14 Tagen tauchen in der Färbung der Jungen die ersten Anzeichen der Keile auf. Im Alter von 3 Monaten sind die Fische 3 cm groß. Sie werden oft von Geißeltierchen der Gattung *Oodinium* befallen.

2 Schönflossenrasbora, Schönflossenbärbling
Rasbora kalochroma (BLEEKER, 1850)

Karpfenfische
Cyprinidae

Syn.: *Leuciscus kalochroma*

Vorkommen: Halbinsel Malakka, Sumatra und Borneo. Gesamtlänge: 5 cm (10 cm?). Nahrung: Lebendes und künstliches Futter. Gesellschaftsbecken. Diese Art wurde in der Gefangenschaft bis jetzt nicht fortgepflanzt. Angenommene Parameter des Zuchtbeckens: 20–50 l, gestreckt und mit Schutzgitter versehen, ergänzt durch zart- und großblättrige Pflanzen, diffus beleuchtet. Sexualdimorphismus: Das Männchen ist schlanker und ausdrucksvoller gefärbt. Verhältnis der Geschlechter: 1:1. Annahmen für die Zuchtbedingungen: 26–28 °C; pH 6,0–6,5; dKH 0° (1°); dGH 5–10°, über Torf gefiltert. Ersteinfuhr: 1965, Heinrich Espe, Bremen.

Friedliebender Fisch, Jungtiere bilden Schwärme, ältere Exemplare leben eher vereinzelt. Nach Meinken bilden die einzelnen Fische kleine Reviere, deren Umkreis 30–35 cm mißt und aus denen sie andere Fische, einschließlich der Artgenossen, vertreiben. Eine ähnliche, weniger stark gefärbte Art ist *Rasbora elegans* VOLZ, 1903.

Cyprinidae

1 Zwergbärbling
Rasbora maculata DUNCKER, 1904

Karpfenfische
Cyprinidae

○
●
Vorkommen: Hinterindien, Malaiische Halbinsel, Sumatra, Singapur, fließende und stehende Gewässer, Weiher und kleine Gräben. Gesamtlänge: 2,5 cm. Nahrung: Lebendes und künstliches Futter. Artenbecken (oder zusammen mit anderen kleinen Fischarten). Zuchtbecken: 3–6 l mit Schutzgitter. Sexualdimorphismus: Das Männchen ist kleiner und schlanker, das Weibchen in der Bauchpartie deutlich fülliger. Verhältnis der Geschlechter: 1:1. Zuchtbedingungen: 26–28 °C; pH 6,5; dKH 0°. Eier: Inkubationsdauer 24 Stunden/28 °C. Anfüttern der Brut: 4–5 Tage *Paramecium caudatum*, dann Nauplien von *Cyclops* oder Rädertierchen, nach sieben Tagen *Artemia*-Nauplien. Ersteinfuhr: 1905, Julius Reichelt, Berlin.

R. maculata gehört zu den kleinsten Vertretern der Familie *Cyprinidae*. Er wurde auf der Malaiischen Halbinsel oft in Gesellschaft großer Schwärme der Art *Barbus tetrazona* beobachtet. Vor dem Laichen trennen wir die Männchen von den Weibchen und füttern sie ausgiebig. Sobald sich die Weibchen mit Rogen füllen, setzen wir 1–2 Paare zum Laichen an. Die Fische laichen bei gedämpfter Beleuchtung in zartblättrigen Pflanzen ab. Das Weibchen legt hierbei 30–200 Eier. Nach dem Laichen fangen wir die Generationsfische ab. 4 Tage nach dem Schlüpfen schwimmt die Brut frei, sie ist lichtscheu, hält sich in Bodennähe auf und wird von uns leicht übersehen. Die jungen Fische wachsen schnell und sind im Alter von 2,5 Monaten geschlechtsreif.

2 Schwanzfleckbärbling
Rasbora urophthalma AHL, 1922

Karpfenfische
Cyprinidae

○
●
Vorkommen: Sumatra, möglicherweise auch in Südvietnam bei Saigon. Gesamtlänge: 3,5 cm. Nahrung: Lebendes und künstliches Futter. Artenbecken (oder mit friedlichen Fischen gleicher Größe). Zuchtbecken: 3–6 l mit Schutzgitter, wir bringen Setzlinge von kleinen Cryptocorynen oder anderen Pflanzen, die eine große Blattfläche aufweisen, an; diffuse Beleuchtung. Sexualdimorphismus: Das Männchen ist kleiner, schlanker und intensiver gefärbt, an der Basis seiner Rückenflosse befindet sich ein weißlicher Fleck und darüber ein schwarzer Streifen; das Weibchen ist in der Bauchpartie fülliger, der weißliche Fleck und der schwarze Streifen fehlen. Verhältnis der Geschlechter: 1:1. Zuchtbedingungen: 26–28 °C; pH 6,5; dKH 0°; frisch über Torf gefiltert. Eier: Inkubationsdauer 48 Stunden. Anfüttern der Brut: *Paramecium caudatum*, kleinste Nauplien von *Artemia* oder *Cyclops*. Ersteinfuhr: 1913, Fa. Scholze und Pötzschke, Berlin.

Die Generationsfische werden in größeren Schwärmen in gut bewachsenen Aquarien gehalten. Vor dem Laichen trennen wir die Männchen von den Weibchen solange, bis sich die Weibchen deutlich mit Rogen füllen. Das Weibchen legt während des Laichens 50 Eier an der Blattunterseite der Pflanzen ab. Nach dem Laichen fangen wir die Generationsfische aus dem Becken. Die freischwimmende Brut ist lichtscheu und wird von uns leicht übersehen. Die jungen Fische wachsen verhältnismäßig schnell.

Cyprinidae

1 Kardinalfisch, „Arbeiterneon"
Tanichthys albonubes LIN SHU-YEN, 1932

Karpfenfische
Cyprinidae

Syn.: *Aphyocypris pooni*

○ Vorkommen: Südchina, Bäche in der Umgebung von Kanton und Hongkong. Gesamtlänge: 4 cm.
◐ Nahrung: Lebendes und künstliches Futter. Gesellschaftsbecken. Zuchtbecken: 50—100 l, Pflanzendickichte. Sexualdimorphismus: Das Männchen ist schlanker, seine Rücken- und Afterflosse sind mächtiger, es ist ausdrucksvoller gefärbt. Verhältnis der Geschlechter: 1:1, oder im Schwarm mit leichtem Übergewicht der Männchen. Zuchtbedingungen: 20—22 °C; pH 7,0; dKH 2°. Eier: Klein, gelblich, Inkubationsdauer 72 Stunden. Anfüttern der Brut: *Paramecium caudatum*, später Nauplien von *Artemia* oder *Cyclops*, künstliches Brutfutter. Ersteinfuhr: 1938, Aquarium Hamburg.

Wir belassen die Generationsfische in den Becken und fangen nur die größere Brut heraus. In den Becken dürfen sich keine Schnecken, Hydren und Planarien befinden. Die Jungfische weisen eine charakteristische Juvenilfärbung mit dem leuchtenden Neonlängsstreifen auf, der den Fischen die Bezeichnung „Falscher Neon" („Arbeiterneon") einbrachte. Die Fische eignen sich für die Sommerhaltung in Gartenbassins.

2 *Tanichthys albonubes* — Schleierform

○ In der zweiten Hälfte der sechziger Jahre wahrscheinlich in Polen veredelt und genetisch stabilisiert. Langandauernde und ungeeignete Kreuzungen mit Wildformen, niedrige Preise und eine geringe Nachfrage im Handel sind die Ursache dafür, daß genetisch stabile Stämme gegenwärtig nur sporadisch auftreten oder überhaupt nicht mehr existieren. Die Haltung und Zucht der Schleierform entspricht denen der Wildform. Während der Zucht werden unbedingt alle kurzflossigen Exemplare ausgesondert.

Familie *Gyrinocheilidae* — Algenfresser

Charakteristisches Merkmal dieser Familie ist der angewachsene Hautsaum des Kiemendeckels, so daß am oberen Deckelrand eine Eintrittsöffnung und am unteren Rand eine Austrittsöffnung für das die Kiemen umströmende Wasser gebildet wird. Die Fische haben keine Schlundzähne. Das Maul hat die Form einer Saugscheibe und ist mit breiten Lippen und rauhen Leisten versehen. Es dient zum Abweiden der Algenbestände oder zur Befestigung der Fische an der Unterlage.

3 Siamesische Saugschmerle
Gyrinocheilus aymonieri (TIRANT, 1883)

Algenfresser
Gyrinocheilidae

Syn.: *G. kaznakovi?*, *Psilorhynchus aymonieri*

□ Vorkommen: Thailand. Gesamtlänge: 27 cm.
● Nahrung: Lebendes, künstliches und pflanzliches Futter. Artenbecken. Diese Art wurde bis jetzt in der Gefangenschaft nicht fortgepflanzt. Sexualdimorphismus: Das Männchen trägt auf dem Kopf Laichwarzen, das Weibchen ist größer und stärker. Das optimale Verhältnis der Geschlechter ist nicht bekannt. Wasser: 20—25 °C; pH 6,5—7,0; dKH bis 2°; dGH bis 10°. Ersteinfuhr: 1956; Fa. A. Werner, München.

Die Fische sind territorial und aggressiv. Wir halten sie im Schwarm, wobei Voraussetzung besteht, sie über einen großen Raum verteilt halten zu können. In der Systematik der Gattung *Gyrinocheilus* gibt es eine ganze Anzahl von Unklarheiten. Gegenwärtig unterscheiden wir 4 Arten: *G. kaznakovi* BERG, 1906, *G. aymonieri* (TIRANT, 1883), *G. pustulosus* VAILLANT, 1902 und *G. pennocki* FOWLER, 1937. Angeblich wird nur die Art *G. kaznakovi* in großen Mengen importiert. In verschiedener Literatur der Gegenwart wird jedoch angeführt, daß *G. kaznakovi* das Synonym zu *G. aymonieri* ist.

Cyprinidae Gyrinocheilidae

Familie *Cobitidae* — Schmerlen, Dorngrundeln

Die Vertreter dieser Familie sind über ganz Eurasien verbreitet. Es sind nahe Verwandte der Familie *Cyprinidae*. Sie leben am Grund fließender und stehender Gewässer. Manche Arten wühlen sich in den schlammigen Boden ein, manche graben sich unter Steine und Äste. Die Fische werden in der Dämmerung aktiv. Ihr Körper ist entweder nackt oder mit kleinen, tief in die Haut eingesenkten Schuppen versehen. Das Maul kann meistens ausgestülpt werden und wird von 6–12 Barteln umgeben. Unter den Augen befinden sich manchmal aufrichtbare Dornen, die der Abwehr dienen. Bei einigen Arten hat sich eine zusätzliche Darmatmung entwickelt.

1 Prachtschmerle
Botia macracantha (BLEEKER, 1852)   — Schmerlen, Dorngrundeln / *Cobitidae*

Syn.: *Cobitis macracanthus, Hymenophysa macracantha*

Vorkommen: Sumatra, Borneo, in fließenden und stehenden Gewässern. Gesamtlänge: 30 cm. Nahrung: Lebendes und künstliches Futter. Artenbecken mit 300–500 l Inhalt und genügend Unterschlupfmöglichkeiten. Über die Vermehrung und den Sexualdimorphismus ist nichts bekannt. Wasser – hypothetische Zusammensetzung für die Entwicklung der Eier: 24–26 °C; pH 6,5–7,0; dKH bis 10°, frisch, gut mit Sauerstoff versorgt. Ersteinfuhr: 1935.

Nach mündlichen Mitteilungen gelang in der ehemaligen UdSSR die Aufzucht dieser Art. Die Ergebnisse wurden jedoch nicht publiziert. In der Natur laichen die Fische zu Beginn der Regenzeit in schnellfließenden, schäumenden Bächen. Die jungen Fische schließen sich zu großen Schwärmen zusammen und wachsen im ruhigeren Wasser, dort, wo die Bäche in Flüsse münden, auf. Die erwachsenen Fische bilden nur kleine Gruppen.

2 Netzschmerle
Botia lohachata CHAUDHURI, 1912   — Schmerlen, Dorngrundeln / *Cobitidae*

Vorkommen: Nordindien. Gesamtlänge: 10 cm. Nahrung: Vor allem Lebendfutter (Würmer), wir können auch künstliche Kost beifügen. Artenbecken, geräumig mit genügend Schlupfwinkeln. Über die Vermehrung und den Sexualdimorphismus ist nichts bekannt. Ersteinfuhr: 1956, Fa. Tropicarium, Frankfurt/M.

Schwarmfisch mit Nachtaktivität, der sich jedoch im Gegensatz zu den anderen Arten der Gattung *Botia* nicht so stark verbirgt und sich auch tagsüber zeigt.

3 Zwergschmerle, Schachbrettschmerle
Botia sidthimunthi KLAUSEWITZ, 1959   — Schmerlen, Dorngrundeln / *Cobitidae*

Vorkommen: Nördliches Thailand; in kleinen schlammigen Gewässern. Gesamtlänge: Maximal bis 6 cm. Nahrung: Lebendes und künstliches Futter. Artenbecken, Inhalt ca. 200 l, Wasserstandshöhe 30 cm, freier Raum und genügend Unterschlupfmöglichkeiten. Über die Fortpflanzung und den Sexualdimorphismus ist nichts bekannt. Ersteinfuhr: 1959, A. Werner, München.

Die schachbrettartige Färbung der Fische ist variabel. Dunkel oder schmutzigbraune gefärbte Fische befinden sich in schlechtem Gesundheitszustand. Eingeführte Jungfische sind oft unterernährt und von dem Wimpertierchen *Ichthyophthirius multifillis* befallen und sterben bald. Gesunde Fische können wir in der Gefangenschaft einige Jahre halten. Das Licht und dessen Intensität, Wasserchemismus und -temperatur und deren Schwankungen, eine bestimmte Nahrungszusammensetzung usw. sind Faktoren, die wir bis jetzt noch nicht so in Übereinstimmung bringen können, um eine erfolgreiche Fortpflanzung dieser Art in der Gefangenschaft zu gewährleisten.

Cobitidae

1 Myers Dornauge
Acanthophthalmus myersi HARRY, 1949

Schmerlen, Dorngrundeln
Cobitidae

○
◐

Vorkommen: Thailand, Westmalaysia, Singapur, Sumatra, Jawa, Borneo. Gesamtlänge: 12 cm. Nahrung: Lebendfutter (Würmer), wir können auch künstliche Kost zufüttern. Gesellschaftsbecken. Zuchtbecken: 150–200 l, länglich, mit Schutzgitter, diffuse Beleuchtung, Inseln aus Schwimmpflanzen. Sexualdimorphismus: Das Männchen ist schlank, das Weibchen ist zur Reifezeit in der Bauchpartie deutlich fülliger, und die grünlichen Eierstöcke scheinen durch die Körperwand. Verhältnis der Geschlechter: 1:1 (wir können auch mehrere Fische ansetzen). Zuchtbedingungen: 26 °C; pH 6,5; dKH bis 1°; dGH bis 10°. Eier: Durchmesser 1 mm, grünlich, Inkubationsdauer 24 Stunden. Anfüttern der Brut: *Artemia*-Nauplien, später zerkleinerte Bachröhrenwürmer. Ersteinfuhr: 1909? Zum ersten Mal 1975 durch Lew Gudkow, ehem. UdSSR, fortgepflanzt.

Nach Klausewitz handelt es sich um eine Unterart von *A. kuhlii*, die richtige Bezeichnung würde dann *A. kuhlii myersi* lauten.

Das Ablaichen der Fische wurde durch intramuskuläre Injektionen unter Applikation synthetischen Gonadotropins provoziert. Es wird auch empfohlen, das Männchen mit natürlicher Karpfenhypophyse zu hypophysieren. Das muß dann geschehen, wenn das Weibchen völlig reif ist, was sich an der starken Vergrößerung der Bauchhöhle und dem unruhigen Schwimmen entlang der Aquarienwände zeigt. Manche Weibchen laichen bei langsamem Durchschwimmen der Pflanzendickichte allein ab. Absinkender atmosphärischer Druck unterstützt die Aussicht auf ein erfolgreiches Ablaichen der Fische. Die Fische schwimmen beim Laichen mit gleitenden Bewegungen Seite an Seite nebeneinander so schnell unter der Wasseroberfläche dahin, daß Wirbel und Wellen entstehen. Nach dem Ausstoßen der Geschlechtsprodukte sinken sie in einem heftigen Manöver auf den Grund ab und reißen dabei zahlreiche Luftblasen mit. Dieser Vorgang wiederholt sich 2–4 Stunden in Intervallen von 5–10 Minuten. Die Weibchen geben mehr als 1000 Eier ab. Nach dem Laichen fangen wir die Generationsfische aus dem Becken. Die geschlüpften Larven tragen äußere strauchartige Kiemen, die innerhalb von 14 Tagen verschwinden.

2 Sumatradornauge
Acanthophthalmus kuhlii sumatranus FRASER-BRUNNER, 1940

Schmerlen, Dorngrundeln
Cobitidae

○
◐

Vorkommen: Sumatra. Gesamtlänge: 8 cm. Übriges siehe *A. myersi*. Ersteinfuhr: 1909.

Dämmerungsfische mit Nachtaktivität, die sich tagsüber verbergen. Sie kreuzen sich mit der Art *A. myersi* fruchtbar.

3 Borneodornauge
Acanthophthalmus shelfordii POPTA, 1901

Schmerlen, Dorngrundeln
Cobitidae

○
◐

Vorkommen: Borneo, Sarawak (Ostmalaysia). Gesamtlänge: 8 cm. Übriges siehe *A. myersi*. Ersteinfuhr: 1939.

Auch diese Art wird zur Gruppe ‚kuhlii' gerechnet, deren Vertreter größer sind – *A. kuhlii, A. semicinctus, A. myersi* und *A. shelfordii*. Im Gegensatz hierzu sind die Vertreter der Gruppe ‚cuneovirgatus' kleiner und unterscheiden sich von der ersten Gruppe durch die Form der Schuppen – *A. cuneovirgatus, A. robiginosus*. Bei der Gruppe ‚kuhlii' sind die Schuppen fast rund und an den Rändern breiter; bei der Gruppe ‚cuneovirgatus' sind sie elliptisch und an den Rändern verjüngt.

Cobitidae

Familie *Callichthyidae* — Schwielenwelse

Kleine dämmerungsaktive Welse, die in den Tropen und Subtropen Südamerikas verbreitet sind. Die Bauchseite des Körpers ist flach, die Rückenseite ist gewölbt. Hinter der Rückenflosse befindet sich eine charakteristische Fettflosse. Die Brustflosse hat mit ihrem ersten, zu einem mächtigen scharfen Stachel umgewandelten Strahl eine wichtige Funktion bei der Fortpflanzung. Die Seiten des Fisches werden von dachziegelartig angeordneten Knochenplatten bedeckt. Diese Panzerung finden wir auch auf Kopf und Rücken. Entsprechend der unterschiedlichen Panzerung und der Körperform unterteilen wir die Fische in zwei Gruppen:
1. Die Gattungen *Callichthys, Cascadura, Dianema* und *Hoplosternum*,
2. Die Gattungen *Aspidoras, Brochis, Chaenothorax* und *Corydoras*.

Ein weiteres charakteristisches Merkmal dieser Familie sind die Barteln, von denen sich ein Paar am Oberkiefer und ein bis zwei Paar am Unterkiefer befinden. Die Augen sind bis auf einige Ausnahmen groß und sehr beweglich. Diese Welse sind am Grunde lebende Fische. Die Gattung *Corydoras* ist am artenreichsten (fast 100 Arten). Ihre einzelnen Arten lassen sich oft aber nur schwierig bestimmen, denn die Unterschiede zwischen ihnen sind nur gering und die Variabilität der einzelnen Merkmale ist erheblich. Nahe verwandt ist die Gattung *Brochis,* die zwei Arten umfaßt, und die sich in der Anzahl der in der Rückenflosse enthaltenen Strahlen unterscheiden.
Die Vertreter der Familie *Callichthyidae* sind, damit sie in sauerstoffarmen Gewässern überleben können, mit einer zusätzlichen Darmatmung ausgestattet. Hierbei wird atmosphärische Luft geschluckt und schnell bis in den Enddarm gedrückt. Mit Hilfe der stark durchbluteten Schleimhaut wird der Sauerstoff in den Blutkreislauf aufgenommen. Alle Vertreter dieser Familie sind Schwarmfische.

1 Punktierter Panzerwels
Corydoras punctatus (BLOCH, 1794)

Schwielenwelse
Callichtyidae

Syn.: *C. geoffroy, C. punctatus julii, Cataphractus punctatus*

Vorkommen: Orinoko, Essequibo, Amazonas. Gesamtlänge: 6 cm. Nahrung: Lebendes und künstliches Futter. Gesellschaftsbecken. Zuchtbecken: 50 l und mehr, Beleuchtung gedämpft. Sexualdimorphismus: Das Männchen ist schlanker und kleiner. Verhältnis der Geschlechter: 2–3 Männchen : 1 Weibchen. Über die Zucht in der Gefangenschaft gibt es keine Angaben. Wasser: 24–28 °C; pH 6,00–7,0; dKH bis 2°; dGH bis 10°. Ersteinfuhr: 1935.

Das Fleckenmuster der Fische ist sehr variabel. *C. punctatus* ist der Art *C. julii* nahe verwandt, der dunkle Fleck auf der Rückenflosse ist jedoch größer. Bei beiden Arten ist das Muster auf der Seitenlinie betont.

2 Kopfbinden-Panzerwels, Diagonal-Panzerwels
Corydoras melini LÖNNBERG et RENDAHL, 1930

Schwielenwelse
Callichthyidae

Vorkommen: Nordwestliches Becken des Rio Negro, dann weiter stromaufwärts an den Stellen, an denen der Fluß Vaupés die Grenze zwischen Brasilien und Kolumbien bildet. Gesamtlänge: 6 cm. Nahrung: Lebendes und künstliches Futter. Gesellschaftsbecken. Sexualdimorphismus: Unbekannt. Wasser: 22–26 °C; pH 6,0–7,0; dKH bis 2°; dGH bis 10°. Über die Aufzucht in der Gefangenschaft gibt es keine Angaben, bei einer eventuellen Entwicklung der Eier sollte die Karbonathärte dKH wahrscheinlich niedriger sein, d.h. dKH < 1°; Gesamthärte dGH < 10°. Ersteinfuhr: ?

Sehr ähnlich und leicht verwechselbar mit der Art *C. metae.* Das veranlaßte 1952 Hoedeman dazu, *C. melini* als Unterart von *C. metae* anzusehen, was er später aber berichtigte.

Callichthyidae

1 Netz-Panzerwels
Corydoras reticulatus Fraser-Brunner, 1938

Schwielenwelse
Callichthyidae

○
◐
Vorkommen: Stromgebiet des Amazonas in Monte Allegre. Gesamtlänge: 7 cm. Nahrung: Lebendes und künstliches Futter. Gesellschaftsbecken. Zuchtbecken: 50 l und mehr, gedämpfte Beleuchtung. Sexualdimorphismus: Das Männchen ist farbiger, es hat eine hohe, spitze Rückenflosse mit schwarzen Streifenreihen, die Bauchflossen sind auffallend lang und spitz ausgezogen; das Weibchen ist dunkler, seine Rückenflosse ist niedriger und besitzt keine Zeichnung, die Bauchflossen sind kürzer und breiter. Verhältnis der Geschlechter: 2 Männchen : 1 Weibchen. Zuchtbedingungen: 26 °C; pH 6,5–7,0 dKH bis 2°. Eier: Inkubationsdauer 3 Tage. Anfüttern der Brut: *Artemia*-Nauplien. Ersteinfuhr: 1938 ?

Die Männchen säubern die Unterseiten der Blätter. Beim Laichakt saugt sich das Weibchen mit dem Maul eine Weile am Männchen über den Bauchflossen fest. Wenn es sich wieder löst, gibt es die Eier in die taschenförmig zusammengelegten Bauchflossen ab. Danach befestigt das Weibchen die stark klebenden Eier an den Blättern. Wir übertragen die Stengel und Blätter der Pflanzen mit den Eiern in ein Aufzuchtbecken. Die Brut entwickelt sich rasch, vor allem während der ersten drei Wochen in Durchflußaquarien mit großer Bodenfläche und niedrigem Wasserstand.

2 Bänder-Panzerwels
Corydoras schwartzi Rössel, 1963

Schwielenwelse
Callichthyidae

○
◐
Vorkommen: Flußmündungen in den Amazonas (Brasilien). Gesamtlänge: 6,5 cm. Nahrung: Lebendes und künstliches Futter. Gesellschaftsbecken mit gedämpfter Beleuchtung. Zuchtbecken: 50–100 l. Sexualdimorphismus: Das Männchen ist schlanker und kleiner. Verhältnis der Geschlechter: 2–3 Männchen : 1 Weibchen. In der Gefangenschaft bisher nicht fortgepflanzte Art. Wasser: 22–26 °C; pH 6,0–7,0; dKH bis 2°. Ersteinfuhr: ?

Sehr variable Art.

3 Zwergpanzerwels
Corydoras pygmaeus Knaak, 1966

Schwielenwelse
Callichthyidae

Syn.: *C. hastatus australe*

○
◐
Vorkommen: Brasilien: Rio Madeira und Zuflüsse. Gesamtlänge: 2,5 cm. Nahrung: Lebendes und künstliches Futter. Gesellschaftsbecken (nur mit kleinen Fischarten). Zuchtbecken: 10–50 l. Sexualdimorphismus: Das Männchen ist zierlicher und zarter. Verhältnis der Geschlechter: 2–3 Männchen : 1 Weibchen. Zuchtbedingungen: 24 °C; pH 6,5–7,0; dKH bis 2°. Eier: Durchmesser 1,2 mm, milchig trüb, klebrig, Inkubationsdauer 6 Tage. Anfüttern der Brut: Frisch geschlüpfte *Artemia*-Nauplien. Ersteinfuhr: 1912.

Gehört zu den kleinsten Arten der Panzerwelse und ist der Art *C. hastatus* sehr ähnlich; beide Arten haben auch die Laichweise gemeinsam. Das auffälligste Unterscheidungsmerkmal zwischen beiden Arten ist der markante Längsstreifen an der Körperseite von *C. pygmaeus* und der kleinere Fleck in der Schwanzflosse ohne helle Tupfen. Im Unterschied zu anderen Arten schwimmen diese Welse zeitweilig im Schwarm in den mittleren Wasserschichten umher.

Die geschlüpften Embryonen sind klein und glasig. Wir saugen sie mit einem Schlauch von 3 mm Durchmesser ab und übertragen sie in ein Aufzuchtbecken. Die Mortalität der Brut senken wir durch Zusatz von 1 Teelöffel NaCl je 10 l Wasser und durch Absenken des Wasserstands auf 1 cm. Während der kritischen Zeit (erste 10 Tage) können wir die Brut auch auf großen, von unten mit Nylongewebe bespannten Holzrahmen halten. Diese Rahmen mit der Brut lassen wir auf der Wasserfläche großer Becken schwimmen. Nach 10 Tagen beginnen wir, den Wasserstand allmählich zu erhöhen, und die Jungfische wachsen schnell und problemlos.

Callichthyidae

1 Schraffierter Panzerwels
Corydoras elegans STEINDACHNER, 1877

Schwielenwelse
Callichthyidae

Syn.: *C. pestai, Gastrodermus elegans*

○
◑ Vorkommen: Stromgebiet des mittleren Amazonas. Gesamtlänge: 6 cm. Nahrung: Lebendes und künstliches Futter. Gesellschaftsbecken. Zuchtbecken: 50 l, Beleuchtung stark gedämpft. Sexualdimorphismus: Beim Männchen ist der Streifen unter der Rückenlinie intensiv metallisch grün, beim Weibchen ist dieser Streifen schwarzgrün, das Weibchen ist in der Bauchpartie fülliger. Verhältnis der Geschlechter: 2–3 Männchen : 1 Weibchen. Zuchtbedingungen: 20–24 °C; pH 6,5–7,0; dKH bis 2°. Eier: Inkubationsdauer 4 Tage. Anfüttern der Brut: Nauplien von *Artemia.* Ersteinfuhr: 1938.

Zu der Haltung und Aufzucht dieser Art gibt es nur wenige Angaben. Sie stimmen mit der Art *C. paleatus* überein (s. Seite 212).

2 Stromlinien-Panzerwels
Corydoras arcuatus ELWIN, 1939

Schwielenwelse
Callichthyidae

○
◑ Vorkommen: Brasilien – mittlerer Amazonas, in der Umgebung von Tefé. Gesamtlänge: 5 cm. Nahrung: Lebendes und künstliches Futter. Gesellschaftsbecken; Beleuchtung gedämpft. Zuchtbecken: 50–100 l. Sexualdimorphismus: Das Männchen ist kleiner, die Rückenflosse ist zugespitzt. Verhältnis der Geschlechter: 2–3 Männchen : 1 Weibchen. Über die Aufzucht gibt es keinerlei Angaben. Wasser: 25–28 °C; pH 6,0–7,0; dKH bis 2°; dGH bis 10°. Ersteinfuhr: 1938.

Scheuer und schreckhafter Kleinwels, der auf Absinken der Temperatur empfindlich reagiert. Es ist auch ein farblich völlig abweichender Typ dieser Art bekannt, bei dem der dunkle Streifen in Tupfen zerfällt und auch die Schwanzflosse gesprenkelt ist. Die entscheidenden Faktoren bei der Fortpflanzung dieser Fische sind nicht nur die richtige Zusammensetzung und Temperatur des Wassers, sondern auch die Jahreszeit, der Wechsel des Luftdrucks, allmähliche Veränderungen im Chemismus des Wassers, der Wechsel der Wassertemperatur, die Zusammensetzung der Nahrung usw. Bei weniger variablen Arten, zu denen *C. arcuatus* gehört, sind diese Bedingungen fest verankert, und es ist sehr schwer, sie in Gefangenschaft zu erfüllen. Deshalb gelang es uns bei einer ganzen Reihe von Arten noch nicht, sie erfolgreich fortzupflanzen. Wenn wir dieses Hindernis überwinden, besteht die Hoffnung, daß eine allmähliche Akklimatisation der Arten und ihre Anpassung an das neue Milieu eintreten.

3 Rosafarbener Panzerwels, Axelrods Panzerwels
Corydoras axelrodi RÖSSEL, 1962

Schwielenwelse
Callichthyidae

○
◑ Vorkommen: Rio Meta in Kolumbien. Gesamtlänge: 5 cm. Nahrung: Lebendes und künstliches Futter. Gesellschaftsbecken. Wenig bekannte Art, über deren Fortpflanzung in der Gefangenschaft keine Angaben bestehen. Die Fische werden in der Gruppe gehalten. Wasser: 22–26 °C; pH 6,0–7,0; dKH < 2°; dGH < 10° (hypothetische Angaben für die Entwicklung der Eier, für die Haltung erwachsener Fische können die Werte für dKH und dGH etwas höher liegen). Ersteinfuhr: ?

Das Erkennungsmerkmal, das diese Art von den anderen Arten unterscheidet, ist ein schräger Längsstreifen, der zum Rückenrand parallel läuft. Dieser Streifen zieht sich vom Rand des Rumpfs zum unteren Ende der Schwanzflossenbasis und setzt sich in den unteren Flossenstrahlen fort.

Callichthyidae

1 Metall-Panzerwels
Corydoras aeneus (GILL, 1858)

Syn.: *C. macrosteus, C. microps, C. venezuelanus, C. schultzei, Hoplosternum aeneum, Callichthys aeneus*

Schwielenwelse
Callichthyidae

○
◐

Vorkommen: Stromgebiet Venezuelas, auf der Insel Trinidad, kleine Amazonaszuflüsse in Brasilien und weiter südlich bis zum La Plata in Argentinien. Gesamtlänge: 7 cm. Nahrung: Lebendes und künstliches Futter. Gesellschaftsbecken. Zuchtbecken: 50 l und mehr, Beleuchtung gedämpft. Sexualdimorphismus: Das Männchen ist schlanker und kleiner. Verhältnis der Geschlechter: 2–3 Männchen : 1 Weibchen sind eine Zuchteinheit; wir können auch im Schwarm ablaichen lassen. Zuchtbedingungen: 20–24 °C; pH 7,0; dKH bis 2 °. Eier: Durchmesser 1,5 mm, Inkubationsdauer 4 Tage. Anfüttern der Brut: *Artemia*-Nauplien. Ersteinfuhr: 1933.

Farblich variable Art, wobei vor allem die Breite des dunklen Streifens abweicht. Das war auch der Grund dafür, daß *C. aeneus* lange als selbständige Art angesehen wurde. Von asiatischen Züchtern wurde eine Albinoform und auch eine Form mit verlängerter Rücken- und Afterflosse veredelt. Die Laichzeit läßt sich schwer schätzen. Der Stimulus zum Laichen besteht in der Regel im Absinken des Luftdrucks mit anschließendem Regen. Wir können den Impuls durch die Zugabe von frischem, kühlerem Wasser geben, so daß die Temperatur um ungefähr 5 °C absinkt. Das eigentliche Laichen erfolgt genauso wie bei den anderen Arten der Gattung *Corydoras* (siehe *C. paleatus*). Die Weibchen legen ihre stark klebenden Eier meistens im oberen Teil des Beckens unter der Wasseroberfläche ab. Nach dem Schlüpfen der Brut senken wir die Wassertiefe auf ca. 10 cm. Die Zugabe von freischwebendem Zooplankton ist nicht geeignet, da es von der Brut nur schwer bewältigt wird. Wir füttern deshalb mit gefrorenem oder mit warmem Wasser abgetötetem Zooplankton. Die Brut nimmt ihr Futter nicht nur am Grund, sondern auch an der Wasserfläche auf, wobei sie mit dem Bauch nach oben schwimmt. Wenn es unvermeidlich ist, können wir die Eier mit Hilfe einer Klinge von den Seitenwänden des Aquariums abstreichen, von abgerundeten Gegenständen entfernen wir sie mit Daumen und Zeigefinger. Sie sind stumpf und widerstandsfähig. Die abgenommenen Eier können wir mit einem leichten Fingerdruck so an die Seitenwände des Zuchtbeckens kleben, daß kein Ei das andere berührt. Dann führen wir die Belüftung ein und färben das Wasser schwach mit Methylenblau. Durch die Zugabe von 1 Teelöffel NaCl/50 l Wasser senken wir die Sterblichkeit der Eier und Brut. Das regelmäßige (wöchentliche oder vierzehntägige) Auswechseln von 2/3 des Wassers gegen Frischwasser unterstützt das Wachstum der Jungfische. Die Brut ist jedoch auf manches, in Wasserwerken aufbereitete Wasser empfindlich. Um eine stärkere Sterblichkeit zu verhindern, verwenden wir deshalb frisches Wasser erst 24 Stunden nach dem Abzapfen.

Callichthyidae

1 Rostpanzerwels
Corydoras rabauti LA MONTE, 1941

Schwielenwelse
Callichthyidae

Syn.: *C. myersi, C. zygatus*

○
◐

Vorkommen: Zuflüsse des Amazonas oberhalb der Mündung des Rio Negro. Gesamtlänge: 6 cm. Nahrung: Lebendes und künstliches Futter. Gesellschaftsbecken. Zuchtbecken: 50 l und mehr, stark gedämpfte Beleuchtung. Sexualdimorphismus: Das Männchen ist kleiner und schlanker, das Weibchen ist größer und robuster. Verhältnis der Geschlechter: 2–3 Männchen : 1 Weibchen. Zuchtbedingungen: 24 °C; pH 6,5–7,0; dKH bis 2°. Eier: Grau-trüb, Inkubationsdauer 4 Tage. Anfüttern der Brut: *Artemia*-Nauplien. Ersteinfuhr: 1948.

Die Vermehrung dieser Art in der Gefangenschaft ist deshalb problematisch, weil die Fische nur selten oder gar nicht laichen. Eine beobachtete Gruppe von Fischen, die 1976 geschlechtsreif waren, laichte zum ersten Mal erst 1977 bei einem plötzlichen Abfall des Luftdrucks ab. 4 Weibchen legten ca. 200 Eier an die Seitenwände des Aquariums. Die befruchteten Eier wurden mit Methylenblau behandelt, 9 Tage nach dem Ablaichen ging die Brut auf exogene Ernährung über und wurde ohne Probleme aufgezogen. Nach 3 Monaten erreichten die Jungfische eine Gesamtlänge von 2,5 cm. Die Gruppe der 6 Männchen und 4 Weibchen laichte erneut nach einer dreimonatigen Unterbrechung, wobei ungefähr gleichviel Eier abgegeben wurden. Von dieser Zeit an laichten die Fische bis 1984 überhaupt nicht mehr, obwohl die Weibchen ständig mit Eier gefüllt waren, aber offensichtlich keine Reproduktionsfähigkeit mehr besaßen. Es wird manchmal angegeben, daß die trächtigen Weibchen ohne Beteiligung der Männchen unbefruchtete Eier abgeben. Zu dieser Erscheinung kam es bei der beobachteten Gruppe nicht.

2 Schwarzrücken-Panzerwels, Metapanzerwels
Corydoras metae EIGENMANN, 1914

Schwielenwelse
Callichthyidae

○
◐

Vorkommen: Kolumbien, Fluß Meta. Gesamtlänge: 5,5 cm. Nahrung: Lebendes und künstliches Futter. Gesellschaftsbecken. Zuchtbecken: 50 l, gedämpfte Beleuchtung. Sexualdimorphismus: Das Männchen ist schlanker und kleiner. Verhältnis der Geschlechter: 2–3 Männchen : 1 Weibchen. Wasser: 23–26 °C; pH 6,0–7,0; dKH bis 2°; dGH bis 10°. Die Aufzucht in der Gefangenschaft ist wahrscheinlich noch nicht gelungen. Ersteinfuhr: 1963.

6 Jahre lang wurde eine Gruppe dieser Fische beobachtet. Man hat ihr Milieu, die Wassertemperatur, den Chemismus des Wassers und die Intensität der Beleuchtung verändert. Alles blieb jedoch ohne Ergebnis. Auch die Hypophysation verfehlte ihre Wirkung, die Fische laichten nicht. Am Ende dieser 6-jährigen Beobachtungen wurden mehrere Fische seziert. Bei den kleineren Tieren wurden männliche Geschlechtsdrüsen festgestellt, die größeren Fische waren geschlechtlich indifferent und es handelte sich wahrscheinlich um Weibchen, die aus unbekannten Gründen in der Gefangenschaft die Geschlechtsreife nicht erreichten.

Laichvorgang bei der Gattung *Corydoras*

Callichthyidae

1 Sichelfleck-Panzerwels
Corydoras hastatus EIGENMANN et EIGENMANN, 1888

Schwielenwelse
Callichthyidae

Syn.: *C. australe, Microcorydoras hastatus*

○ Vorkommen: Brasilien. Gesamtlänge: 3 cm. Nahrung: Lebendes und künstliches Futter. Gesellschaftsbecken (nur mit kleinen Fischarten). Zuchtbecken: 10–50 l (der Anzahl der Fische entsprechend). Sexualdimorphismus: Das Männchen ist kleiner und zarter. Verhältnis der Geschlechter: 2–3 Männchen : 1 Weibchen. Zuchtbedingungen: 24 °C; pH 6,5–7,0; dKH bis 2°. Eier: Klein, milchig trüb, Inkubationsdauer 6 Tage. Anfüttern der Brut: *Artemia*-Nauplien. Ersteinfuhr: 1912. Diese Fische laichen meistens zur Abenddämmerung im ganzen Schwarm.

Die Männchen schwimmen dabei mit flatternden Bewegungen der Schwanzflosse um die Weibchen herum. Unmittelbar vor dem Laichakt biegt sich das Männchen seitlich bogenförmig so, daß sich die Außenseite dieses Bogens unmittelbar vor dem Maul des Weibchen befindet, danach folgt die Gegenbewegung, jetzt befindet sich das Maul des Weibchens an der Bogeninnenseite. Sobald das Männchen mit den Brustflossen die Barteln des Weibchens erfaßt und an seinen Körper drückt, biegt es sich S-förmig durch. Das Weibchen gibt in die Tasche, die die Brustflossen bilden, ein Ei ab, das sofort befruchtet wird. Nach einer kurzen Pause klebt das Weibchen dieses Ei auf den Grund, an die Seitengläser, auf Steine oder Pflanzen. Dieser Prozeß wiederholt sich so lange, bis das Weibchen abgelaicht hat. Sobald der Fischschwarm aufhört zu laichen, wird er in ein anderes, ähnliches Becken umgesiedelt. Das geschlüpfte Fischlein ist recht groß, es mißt 4,8 mm. Während der ersten 10 Zuchttage, darf die Wassertiefe 2 cm nicht übersteigen. Die Brut wächst rasch und gleichmäßig. Diese Fische sind der Art *C. pygmaeus* sehr ähnlich; das auffallendste Unterscheidungsmerkmal ist der Schwanzfleck. *C. hastatus* weist im schwarzen Fleck der Schwanzflosse zwei kleine helle Tupfen auf.

2 Leopard-Panzerwels
Corydoras julii STEINDACHNER, 1906

Schwielenwelse
Callichthyidae

○ Vorkommen: Oberes Amazonasgebiet, einschließlich der Zuflüsse. Gesamtlänge: 6 cm. Nahrung: Lebendes und künstliches Futter. Gesellschaftsbecken. Zuchtbecken: 50–100 l. Sexualdimorphismus: Das Männchen ist kleiner und schlanker. Geschlechterverhältnis: 2–3 Männchen : 1 Weibchen. Wasser: 25–28 °C; pH 6,0–7,0; dKH bis 2°; dGH bis 10°. (Wahrscheinlich ist die Aufzucht in der Gefangenschaft bisher nicht gelungen). Ersteinfuhr: 1933.

Scheue, an höhere Temperaturen gebundene Art, die oft mit der farbig sehr variablen Art *C. trilineatus* verwechselt wird.

3 Schwarzbinden-Panzerwels
Corydoras melanistius melanistius REGAN, 1912

Schwielenwelse
Callichthyidae

○ Vorkommen: Französisch-Guayana. Gesamtlänge: 6 cm. Nahrung: Lebendes und künstliches Futter. Gesellschaftsbecken; Zuchtbecken: 50–100 l. Sexualdimorphismus: Das Männchen ist zierlicher, schlanker. Geschlechterverhältnis: 2–3 Männchen : 1 Weibchen. Wasser: 25–28 °C; pH 6,0–7,0; dKH bis 2°; dGH bis 10°. Über die Aufzucht in der Gefangenschaft gibt es keine Angaben. Ersteinfuhr: 1934.

Sehr variable Art. 1974 beschrieb Fraser-Brunner die Unterart *C. melanistius brevirostris* (syn.: *C. wotroi*).

Callichthyidae

1 Marmorierter Panzerwels
Corydoras paleatus (JENYNS, 1842)

Schwielenwelse
Callichthyidae

Syn.: *C. marmoratus, C. maculatus, C. punctatus* var. *argentina, C. microcephalus, Callichthys paleatus*

○ ◐ Vorkommen: Südostbrasilien und Uruguay. Gesamtlänge: 7 cm. Nahrung: Lebendes und künstliches Futter. Gesellschaftsbecken. Zuchtbecken: 50 l und mehr, gedämpfte Beleuchtung. Sexualdimorphismus: Das Männchen ist schlanker, der Strahl der Rückenflosse ist verlängert, das Weibchen ist robuster. Verhältnis der Geschlechter: 2–3 Männchen : 1 Weibchen. Zuchtbedingungen: 20–24 °C; pH 6,5–7,0; dKH bis 2°. Eier: Inkubationsdauer 4 Tage. Anfüttern der Brut: *Artemia*-Nauplien. Ersteinfuhr: 1878, Paris (und noch im gleichen Jahr von Carbonnier fortgepflanzt).

Vor dem Laichen schwimmen die Welse nervös im Aquarium umher. Unmittelbar vor dem eigentlichen Akt sinkt das Weibchen auf den Grund, es wird von mehreren Männchen verfolgt. Eines der Männchen nimmt am Kopf des Weibchens Seitenlage ein und drückt mit den Brustflossen dessen Barteln an seinen Leib. Die Fische bilden in dieser Stellung ein T. Unter starkem Beben stößt das Männchen sein Sperma aus und das Weibchen gibt die Eier in die Tasche ab, die es mit den Bauchflossen bildet. Diese Tasche hat eine Öffnung, durch die die männlichen Samen zu den Eiern gelangen. Die befruchteten Eier werden vom Weibchen an eine geeignete Stelle im Becken geklebt. Das Weibchen betastet zuvor diese Stelle mit den Barteln und säubert sie, dann öffnet es die Flossentasche und befestigt die Eier unter schaukelnden Körperbewegungen. Nach einer kurzen Unterbrechung wiederholt sich der Laichakt. Die Laichzeit zieht sich oft über mehrere Wochen hin. Das Weibchen gibt täglich bis zu 50 Eier ab.

2 Schabracken-Panzerwels
Corydoras barbatus (QUOY et GAIMARD, 1824)

Schwielenwelse
Callichthyidae

Syn.: *C. eigenmanni, C. kronei, Callichthys barbatus, Scleromystae barbatus, S. kronei*

○ ◐ Vorkommen: Gebiet zwischen Rio de Janeiro und São Paulo. Gesamtlänge: 12 cm. Nahrung: Lebendes und künstliches Futter. Gesellschaftsbecken. Über die Aufzucht in der Gefangenschaft und den Sexualdimorphismus gibt es keine Angaben. Die Fische werden in der Gruppe gehalten. Wasser: 22–26 °C; pH 6,0–7,0; dKH bis 2°; dGH bis 10°. Ersteinfuhr: ?

C. barbatus hat einen auffallend schlanken Körper und langgestreckten Kopf. Seine Zeichnung ist sehr variabel, sie unterscheidet sich bei jungen und alten Fischen und bei den Fischen verschiedener Lokalitäten.

3 Grüner Panzerwels, Smaragd-Panzerwels
Brochis splendens (DE CASTELNAU, 1855)

Schwielenwelse
Callichthyidae

Syn.: *B. coeruleus, B. dipterus, Callichthys splendes, Chaenothorax bicarinatus, Ch. semiscutatus*

○ ◐ Vorkommen: Ecuador, Peru, Brasilien. Gesamtlänge: 8 cm. Nahrung: Lebendes und künstliches Futter. Gesellschaftsbecken. Zuchtbecken: 50–100 l. Sexualdimorphismus: ? Verhältnis der Geschlechter: 2–3 Männchen : 1 Weibchen. Wasser: 22–28 °C; pH 6,0–7,0; dKH bis 2°; dGH bis 10°. Die Aufzucht in der Gefangenschaft ist offensichtlich noch nicht gelungen. Ersteinfuhr: 1938; Münchener Tierpark AG, Hellabrunn.

Die Gattung *Brochis* ist der Gattung *Corydoras* nahe verwandt, sie unterscheidet sich jedoch dadurch, daß das Maul der Fische mit knöchernen Platten versehen ist, und daß die Rückenflosse eine längere Basis und mehr Strahlen hat. *B. splendens* ist farblich variabel. Die farblichen Abweichungen werden durch die unterschiedlichen pH-Werte, die an den einzelnen Lokalitäten festgestellt wurden, hervorgerufen.

Callichthyidae

1 Schrot-Schwielenwels, Langbärtiger Panzerwels
Dianema longibarbis COPE, 1871

Schwielenwelse
Callichthyidae

Syn.: *Callichthys adspersus, Decapogon adspersus*

○ Vorkommen: Kolumbien, Peru und Brasilien. Gesamtlänge: 9 cm. Nahrung: Lebendes und künstliches Futter. Gesellschaftsbecken. Zuchtbecken: Wenigstens 50 l, gedämpfte Beleuchtung; an der Wasseroberfläche bringen wir eine umgekehrte Schale an, die die Fläche eines Blattes simuliert. Sexualdimorphismus: Das Männchen ist schlanker und kleiner, die ersten Flossenstrahlen sind ein wenig größer, das Weibchen ist robuster. Verhältnis der Geschlechter: Größerer Schwarm mit leichter Überzahl der Weibchen. Zuchtbedingungen: 24 °C; pH 7,0; dKH bis 2°. Eier: Gelblich, Durchmesser 1,5 mm, Inkubationsdauer 5 Tage. Anfüttern der Brut *Artemia*-Nauplien. Ersteinfuhr: ?

Das Männchen baut an der Blattunterseite von Wasserpflanzen ein Schaumnest. Das Laichen erfolgt gewöhnlich bei abfallendem Luftdruck. Das Weibchen gibt ungefähr 300 Eier in das Nest ab. Das Nest wird vom Männchen versorgt. Das Schaumnest enthält Schutzstoffe, die für die anfängliche Entwicklung der Eier wichtig sind. Sobald sich die Eier dunkel verfärben, übertragen wir sie mit der Schale in ein anderes Zuchtaquarium. Die Embryonen schlüpfen innerhalb von 24 Stunden aus. Während der ersten Lebenstage wird die Brut von parasitischen Schimmeln befallen und stirbt oft in großen Mengen ab. Das Auftreten der Schimmel schränken wir durch Methylenblau ein, das wir schon bei der Eipflege verwenden, setzen dem Wasser darüber hinaus 1 Teelöffel NaCl/10 l zu und halten eine konstante Temperatur. Während der ersten zwei Wochen halten wir den Wasserstand 2–3 cm hoch. Nach Überwinden der kritischen Zeit wächst die Brut schnell.

2 Schwanzstreifen-Panzerwels
Dianema urostriata MIRANDA RIBEIRO, 1912

Schwielenwelse
Callichthyidae

Syn.: *Decapogon urostriatum*

○ Vorkommen: Brasilien – Amazonas und dessen Zuflüsse in der Umgebung von Manaus. Gesamtlänge: 10 cm. Nahrung: Lebendes und künstliches Futter. Gesellschaftsbecken. Zuchtbecken: Wie für *D. longibarbis*. Sexualdimorphismus: ? Die Aufzucht in der Gefangenschaft ist offensichtlich noch nicht gelungen. Ersteinfuhr: 1963 USA, 1972 Holland.

Friedliebender Schwarmfisch, der nur vereinzelt importiert wird.

3 Gemalter Panzerwels, Getüpfelter Schwielenwels
Hoplosternum thoracatum (CUVIER et VALENCIENNES, 1840)

Schwielenwelse
Callichthyidae

Syn.: *H. thorae, H. longifilis, Callichthys thoracatus, C. longifilis, C. personatus, C. exaratus*

○ Vorkommen: Insel Trinidad, Guyana, Martinique, Venezuela, Brasilien, Peru, Paraguay, in flachen, reichlich verkrauteten Gewässern. Gesamtlänge: 18 cm. Nahrung: Lebendes und künstliches Futter. Gesellschaftsbecken. Zuchtbecken: Wie für *D. longibarbis*. Sexualdimorphismus: Beim Männchen ist der untere Teil des Körpers grauviolett und die ersten Strahlen der Brustflossen sind in mächtige knöcherne Dornen umgewandelt, die mit feinen Zähnchen besetzt sind. Beim Weibchen ist der untere Teil des Körpers weiß und mit rundlichen dunklen Tupfen versehen. Verhältnis der Geschlechter: 1:1, oder mehrere Exemplare mit leichtem Übergewicht der Weibchen. Zuchtbedingungen: 24 °C; pH 6,5–7,0; dKH bis 2°. Eier: Durchmesser ca. 2,5 mm, schwach gelblich, Inkubationsdauer 3–5 Tage. Anfüttern der Brut: *Artemia*-Nauplien. Ersteinfuhr: 1911, Vereinigte Zierfischzüchtereien in Conradshöhe bei Berlin.

Das Männchen baut an der Unterseite von Blättern, die auf der Wasserfläche schwimmen, ein großes Schaumnest. Das Weibchen kann bis zu 1000 Eier abgeben. Das Männchen verteidigt den Laichplatz hartnäckig. Die Embryonen sind 6 mm lang, weisen entwickelte Flossen und Barteln auf und verzehren ihren Dottersack schnell. Nach 48 Stunden schwimmt die Brut frei; sie ist lichtscheu und sucht Schlupfwinkel auf.

Callichthyidae

Familie *Loricariidae*   Harnischwelse

Die Heimat dieser Fische sind die Gebirgsflüsse Südamerikas. Kaum ein erfahrener Fachmann ist in der Lage, die einzelnen Arten zu unterscheiden. Einige Arten weisen zum Beispiel eine typische Färbung auf, die mit verschiedenen Juvenilfärbungen anderer Arten verwechselt werden kann, oder es handelt sich um Fische einer Art, die in unterschiedlichen Biotopen leben und auch verschieden gefärbt sind. Deshalb sind die Farb- und Zeichnungsmerkmale nicht ausschlaggebend, und die Unterscheidung kann nur auf Grund morphologisch-anatomischer Kennzeichen erfolgen. Einige dieser Merkmale sind zum Beispiel die Anordnung der knöchernen Platten auf der Bauchseite, die Anordnung und Form der Rücken- und Afterflosse usw. Bis auf einige Ausnahmen ist der Körper dieser Welse dorsoventral gedrückt. Der Hautpanzer ist bei manchen Arten vollständig, bei anderen läßt er die Bauchseite frei und bei einigen Gattungen fehlt er ganz. Das Maul ist unterständig und von dicken Lippen umgeben, die mit hornigen Papillen versehen sind. Das ermöglicht den Fischen, am Untergrund angewachsene Beläge abzuschaben. Viele Arten leben in der Strömung und ihr Maul ist deshalb mit einem Saugapparat ausgestattet. Die Kiemenspalten sind wegen des abgeflachten Körpers an dessen Unterseite angebracht. Mit Ausnahme der Schwanzflosse befinden sich in allen Flossen starke Dornen.

1 Borstiger Antennenwels
Ancistrus multispinis (REGAN, 1912)
Syn.: *Xenocara multispinis*

Harnischwelse
Loricariidae

Vorkommen: Stromschnellenreiche Gewässer Brasiliens und Guyanas. Gesamtlänge: 15 cm. Nahrung: Lebendes und pflanzliches Futter, wir können künstliche Nahrung zufüttern (Flocken). Gesellschaftsbecken. Zuchtbecken: 50–100 l, auf dem Boden Dränröhren mit ca. 40 mm Durchmesser, diffuse Beleuchtung. Sexualdimorphismus: Das Männchen trägt auf dem Kopf und um den Oberkiefer verzweigte Auswüchse (Tentakel), die beim Weibchen nur wenig entwickelt sind oder fehlen. Verhältnis der Geschlechter: 1:1, eventuell leichtes Übergewicht der Weibchen. Zuchtbedingungen: 24 °C; pH 7,0; dKH 2°; dGH 10°. Eier: Durchmesser: 3 mm, gelb bis orange, klebrig, Inkubationsdauer 6 Tage. Anfüttern der Brut: Nauplien von *Artemia* und grünes Rondo der Fa. Tetra. Ersteinfuhr: 1934. Erste Fortpflanzung 1977, wahrscheinlich in der einstigen Tschechoslowakei.

Dämmerungsfische. Sie verbergen sich am Tag in Hohlräumen, Spalten und Löchern, die sie unter Steinen auswühlen und wo sie ihre Laichplätze finden, die dann von den Männchen hartnäckig verteidigt werden. Das Gelege wird vom Männchen versorgt. Die Weibchen kleben ihre Eier zu Trauben zusammen, von denen jede 50–100 Eier enthält. Wir entnehmen die einzelnen Gelegetrauben und inkubieren sie getrennt.

2 Tüpfelantennenwels
Ancistrus leucostictus (GÜNTHER, 1864)

Harnischwelse
Loricariidae

Vorkommen: Selten vorkommender Wels, von Guyana bis zum Rio Paraguay. Gesamtlänge: 8 cm. Nahrung: Lebendes und künstliches Futter, wir fügen Pflanzenkost zu. Becken: In Hinblick auf die Seltenheit dieser Fische Artenbecken mit gedämpfter Beleuchtung und genügend Unterschlupfmöglichkeiten. Zuchtbecken: Wie das Artenbecken. Sexualdimorphismus: Das Männchen weist auf dem Kopf mehrere längere Tentakel auf. Verhältnis der Geschlechter: 1:1, eventuell leichtes Übergewicht der Weibchen. Wasser: 20–24 °C; pH 7,0; dKH 2°, geringe Abweichungen können vernachlässigt werden. Über die Fortpflanzung dieser Fische gibt es keine Angaben. Ersteinfuhr: ? Selten eingeführte Art (USA).

Nachtaktive Fische. Sie gehören zu den farbigsten Arten dieser Gattung.

Loricariidae

1 Blauer Antennenwels
Ancistrus dolichopterus KNER, 1854

Harnischwelse
Loricariidae

Syn.: *A. cirrhosus* (nicht VALENCIENNES), *A. temminckii* (nicht VALENCIENNES), *Chaetostomus dolichopterus, Xenocara dolichopterus*

Vorkommen: Guyana, Amazonasgebiet und Mato Grosso, schnellfließende Bäche. Gesamtlänge: 13 cm. Nahrung: Lebendes und pflanzliches Futter, wir können auch künstliche Kost zufüttern. Gesellschaftsbecken. Zuchtbecken: 50–100 l, auf dem Boden mit Drän- oder PVC-Röhren, diffuse Beleuchtung. Sexualdimorphismus: Das Männchen ist heller, es trägt auf dem Kopf und um den Oberkiefer mächtige Auswüchse (Tentakel), von denen einige verzweigt sein oder andere wieder gabelförmig abschließen können; beim Weibchen sind diese Auswüchse nur wenig entwickelt und in einer Reihe um das Maul angeordnet. Verhältnis der Geschlechter: 1:1 (eventuell 1 Männchen : 2–3 Weibchen). Zuchtbedingungen: 24 °C; pH 7,0; dKH 2° (kleinere Abweichungen spielen keine Rolle). Eier: Die Inkubation dauert 5 Tage. Anfüttern der Brut: Nauplien von *Artemia*, pflanzliches Flockenfutter, zum Beispiel grünes Rondo, ein Erzeugnis der Fa. Tetra, nach einer Woche auch Spinatpüree. Ersteinfuhr: 1911, Hamburg.

Nachtaktiver Fisch, der sich tagsüber verbirgt. Die Tiere laichen in Hohlräumen, die sie unter Steinen oder Holzstücken auswühlen. Das Männchen kümmert sich um die Eier, sein Beisein ist aber nicht notwendig. *A. dolichopterus* frißt im Becken wie eine ganze Reihe von Vertretern dieser Gattung organische Reste und Algen.

2 *Panaque nigrolineatus* (PETERS, 1877)

Harnischwelse
Loricariidae

Syn.: *Cochliodon nigrolineatus, Chaetostomus nigrolineatus*

Vorkommen: Kolumbien, Brasilien und Venezuela. Gesamtlänge: im Aquarium 25 cm. Nahrung: Lebende und pflanzliche Kost, wir können auch künstliche Nahrung zufüttern. Gesellschaftsbecken (nur mit ruhigen Fischarten). Zuchtbecken: 500 l und mehr, genügend Schlupfwinkel und diffuse Beleuchtung. Sexualdimorphismus: ? Verhältnis der Geschlechter: 1:1. In der Gefangenschaft kommt es nur zufällig zum Ablaichen, wie zum Beispiel 1974 im Schauaquarium der Großhandelsfirma Gustav Struck in Manching. Nähere Informationen über die Bedingungen zur Fortpflanzung fehlen jedoch. Wasser: 24 °; pH 6,5–7,5; dKH 2°; dGH bis 15°. Ersteinfuhr: 1974 (?), Heiko Bleher, Frankfurt.

Fische mit nächtlicher Aktivität. Sie sind farblich variabel. Die Grundfärbung reicht von gräulichen bis zu bräunlichen und grünbräunlichen Tönen, meistens sind die Fische aber farblich nicht besonders attraktiv. Auffallend sind ihre rotbraunen oder ganz roten Augen. Die Fische beseitigen in den Becken die Algenbeläge. Im Gesellschaftsbecken verlieren sie ihre angeborene Scheu. Sie besitzen ihr Territorium und verteidigen dieses gegen die Angehörigen der eigenen Art. Sie werden nur wenig importiert.

Loricariidae

1 Gestreifter Saugwels
Otocinclus affinis STEINDACHNER, 1877
Syn.: *Otocinclus arnoldi*

Harnischwelse
Loricariidae

☐ Vorkommen: Südostbrasilien bei Rio de Janeiro, saubere, schnellfließende Bäche mit Wasserpflanzen- und Algenwuchs. Gesamtlänge: 4 cm. Nahrung: Lebendes, künstliches und pflanzliches Futter (Algenbestände und die in ihnen enthaltenen benthischen Organismen). Gesellschaftsbecken. Zuchtbecken: 50 l und mehr, zum Teil gut, zum Teil gedämpft beleuchtet. Sexualdimorphismus: Das Männchen ist schlanker und kleiner, das Weibchen größer und in der Bauchpartie fülliger. Verhältnis der Geschlechter: Wir halten die Fische mit Überzahl der Männchen im Schwarm. Zuchtbedingungen: 20–23 °C; pH 6,5; dKH < 2°; dGH bis 10°, frisch, gut mit Sauerstoff versorgt, der Umwälzfilter mit Aktivkohle simuliert fließendes Wasser. Eier: Klein, klebrig, Inkubationsdauer 2–3 Tage/20 °C. Anfüttern der Brut: *Paramecium caudatum* und frisch geschlüpfte *Artemia*-Nauplien. Ersteinfuhr: 1920.

Dämmerungsfisch, der auch tagsüber aktiv ist. Die Weibchen sind nicht besonders produktiv, sie kleben ihre Eier an Pflanzen, Steine und die Seitenwände des Aquariums. Wir saugen die geschlüpften Embryonen mit einem Schlauch, dessen Durchmesser 3 mm beträgt, ab und übertragen sie in ein anderes, flaches Zuchtbecken mit einem Wasserstand von 3–5 cm. Die jungen Fische suchen fließendes Wasser auf.

2 *Otocinclus vittatus* REGAN, 1904

Harnischwelse
Loricariidae

☐ Vorkommen: Mato-Grosso-Gebiet und Stromgebiet des Rio Paraguay, fließendes Wasser. Gesamtlänge: 5,5–6 cm. Nahrung: Lebendes, künstliches und pflanzliches Futter (Algen und kleine benthische Organismen). Gesellschaftsbecken. Zuchtbecken: 50 l mit dunkleren Bodenpartien und Pflanzendickichten. Sexualdimorphismus: Das Männchen ist schlanker, das Weibchen in der Bauchpartie fülliger. Verhältnis der Geschlechter: Wir halten die Fische im Schwarm, wobei die Männchen in der Überzahl sind. Zuchtbedingungen: 20–23 °C; pH 6,5; dKH < 2°; dKH bis 10°, mit Hilfe eines Aktivkohle-Umwälzfilters simulieren wir fließendes Wasser. Eier: Klein, klebrig, Inkubationsdauer 2–3 Tage. Anfüttern der Brut: Sehr kleine lebende und künstliche Nahrung (*Paramecium caudatum*; zarte, zum Beispiel südamerikanische *Artemia*-Nauplien). Ersteinfuhr: 1921.

Fische mit nächtlicher Aktivität, die sich aber auch tagsüber zeigen. Sie mögen fließendes Wasser und reiche Algenbestände. Das Weibchen klebt die Eier an die Seitenwände des Aquariums und an Pflanzen. Die endogene Ernährung dauert 3 Tage. Die freischwimmende Brut lebt im Verborgenen.

Bisher wurden 20 Arten der Gattung *Otocinclus* beschrieben, von denen sich einige sehr ähnlich sind und oft verwechselt werden. Nur wenige Populationen stammen aus Aquarienzuchten. Die Fische werden überwiegend aus der Natur eingeführt, wie zum Beispiel die Arten *O. flexilis* COPE, 1894; *O. maculicauda* STEINDACHNER, 1876; *O. maculipinnis* REGAN, 1912; *O. nigricauda* BOULENGER, 1891. Die einzelnen Arten können äußerlich schlecht unterschieden werden, und die in den Geschäften angegebenen Namen sind meistens nicht zutreffend, weshalb wir in vielen Fällen nicht wissen, welche Art wir im Becken haben.

Loricariidae

1 Kleiner Nadelwels
Farlowella gracilis (REGAN, 1904)

Harnischwelse
Loricariidae

Vorkommen: Kolumbien (Flüsse Caqueta, Cauca und Japurá). Gesamtlänge: 20 cm. Nahrung: In der Natur weiden die Fische Algenbestände und die darin enthaltenen Organismen ab, in den Aquarien füttern wir mit Spinatpüree, FD-Tabletten und lyophilisierten Flockenfuttermitteln. Artenbecken 100–200 l, gut mit Schwimmpflanzen bewachsen und mit dunklem Grund. Zuchtbecken: Gleicht dem Artenbecken. Sexualdimorphismus: Unbekannt. Verhältnis der Geschlechter: Wir halten die Fische in einer kleineren Gruppe. Wasser: 22–26 °C; pH 6,5–7,0; dKH bis 2°; dGH bis 10°, frisch, aber abgestanden, mit Sauerstoff angereichert und über Torf gefiltert. Die Aufzucht in der Gefangenschaft ist offensichtlich bisher noch nicht gelungen. Ersteinfuhr: 1954.

Einige Arten der Gattung *Farlowella* wurden schon erfolgreich fortgepflanzt und aufgezogen. *F. gracilis* ist jedoch eine gegenüber Milieuveränderungen empfindliche Art, die zur Akklimatisation lange Zeit benötigt. Es sind friedliebende, auf dem Grund lebende Fische mit einem sehr schlanken Körper. Sie ähneln der Art *F. acus* (KNER, 1853), haben aber ein längeres Rostrum. Ein weiteres Unterscheidungsmerkmal der einzelnen Arten sind die Plattenreihen auf der Bauchseite. Die Vertreter der Gattung *Farlowella* unterscheiden sich von der Gattung *Dasyloricaria* durch die Lage der Rückenflosse. Bei der Gattung *Farlowella* befindet sich die Rückenflosse gegenüber der Afterflosse, bei der Gattung *Dasyloricaria* liegt sie weiter vorn.

2 Zwerg-Harnischwels
Dasyloricaria filamentosa (STEINDACHNER, 1878)

Harnischwelse
Loricariidae

Syn.: *Loricaria filamentosa*

Vorkommen: Rio Magdalena (Kolumbien). Gesamtlänge: 25 cm. Nahrung: Lebendes und künstliches Futter. Gesellschaftsbecken. Zuchtbecken: 30–50 l, auf dem Boden Kunststoffröhren mit ca. 30 mm Durchmesser. Sexualdimorphismus: Das Männchen hat an den Brustflossen Borsten. Verhältnis der Geschlechter: 1:1. Zuchtbedingungen: 24 °C; pH 7,0; dKH 2°; frisch. Eier: Durchmesser 2 mm, Inkubationsdauer 9 Tage. Anfüttern der Brut: *Artemia*-Nauplien, Ersteinfuhr: 1938.

Die einzelnen Arten dieser Gattung lassen sich nur schwer bestimmen. Als Leitfaden dient hier die Anordnung der knöchernen Platten in der Bauchpartie. Bei *D. filamentosa* ist der obere Strahl der Schwanzflosse fadenartig verlängert, demgegenüber ist bei einigen anderen Arten auch der untere Strahl oder aber keiner von beiden verlängert. Die Fische beginnen nach der Dämmerung aktiv zu werden, tagsüber verbergen sie sich. Die Haupt- und oft einzige Laichzeit liegt in den Wintermonaten. Das Zuchtpaar sucht zum Laichen enge Hohlräume auf. Das Männchen versorgt die Eier. Wir können sie auch mit Hilfe eines Röhrchens in ein anderes Zuchtbecken übertragen. Wenn die Brut freischwimmt, fangen wir das Männchen ab. Die freischwimmende Brut ist 7 mm groß und sehr empfindlich gegen Eiweißstoffe im Wasser. Wir müssen deshalb unbedingt über Aktivkohle filtern und jeden zweiten Tag das Wasser gegen frisches Wasser auswechseln, das die gleiche Zusammensetzung und Temperatur aufweist. Gewöhnlich reicht einfaches Leitungswasser. Am Anfang halten wir den Wasserstand auf etwa 10 cm. Die Brut wächst schnell und allmählich verschwindet auch ihre Empfindlichkeit gegenüber der Wasserverschmutzung.

Loricariidae

Familie *Atherinidae* — Ährenfische

Die meisten Vertreter dieser Familie bewohnen die seichten Küstengewässer warmer Meere. Nur einige Arten leben im Brackwasser und in Flußmündungen. Charakteristisch für diese Schwarmfische ist die doppelte Rückenflosse. Die Eier sind groß und mit klebrigen Fasern versehen, mit denen sie sich an den Pflanzen verfangen.

Der Ichthyologe Munro unterteilte diese ursprünglich umfangreiche Familie in vier selbständige Familien: *Atherinidae, Melanotaeniidae, Telmatherinidae* und *Pseudomugilidae*. Die Fachleute haben jedoch verschiedene Ansichten über die Berechtigung dieser Unterteilung.

1 Madagaskar-Ährenfisch, Rotschwanz-Ährenfisch
Bedotia geayi PELLEGRIN, 1907

Ährenfische
Atherinidae

○
●

Vorkommen: Madagaskar. Gesamtlänge: 12–15 cm. Nahrung: Lebendes (Obstfliegen, kleine Fische) und künstliches Futter. Artenbecken mit dunklem Boden. Zuchtbecken: Wenigstens 100 l, mit Pflanzendickichten. Sexualdimorphismus: Das Männchen ist größer und farbiger. Verhältnis der Geschlechter: 1:1 oder in einer kleinen Gruppe mit leichter Überzahl der Weibchen. Zuchtbedingungen: 25–28 °C; pH 7,0–7,5; dKH bis 3°. Eier: Durchmesser 1,4 mm, hellgelb, mit einem Faserbüschel versehen, Inkubationsdauer 6–8 Tage. Anfüttern der Brut: Nauplien von *Artemia* oder *Cyclops*. Ersteinfuhr: 1958, Aquarium Westhandel, Amsterdam.

Die Fische laichen, abgesehen von kürzeren Unterbrechungen, fast fortwährend. Das geschieht sowohl im Pflanzenwuchs wie auch im freien Wasser. Die geschlüpften Larven schwimmen im freien Wasser schräg mit dem Kopf nach oben und füllen gleichzeitig ihre Schwimmblase. 24 Stunden nach dem Schlüpfen jagen sie aktiv ihre Nahrung. Nach einer Woche übertragen wir die Generationsfische in ein anderes Zuchtbecken oder entnehmen regelmäßig die Pflanzen mit den darin befindlichen Eiern.

Familie *Melanotaeniidae* — Regenbogenfische

Alle Vertreter der Familie leben überwiegend in Schwärmen in den Flüssen, Seen und Sümpfen von Neuguinea und Nordaustralien. Obwohl diese Familie ungefähr 40 Arten umfaßt, wird eine ganze Reihe von ihnen unrichtig allgemein mit *Melanotaenia fluviatilis* oder *M. maccullochi* bezeichnet.

2 Großer Regenbogenfisch
Melanotaenia nigrans (RICHARDSON, 1843)

Regenbogenfische
Melanotaeniidae

Syn.: *Nematocentris nigrans*

○
◐

Vorkommen: Ost- und Nordaustralien. Gesamtlänge: 10 cm. Nahrung: Lebendes und künstliches Futter. Gesellschaftsbecken. Zuchtbecken: 60–100 l, schwimmende, zartblättrige Pflanzen. Sexualdimorphismus: Das Männchen ist schlank, größer und bunter. Verhältnis der Geschlechter: 1 Männchen : 2 Weibchen. Zuchtbedingungen: 20–24 °C; pH 7,0–7,5; dKH bis 2° (1 Teelöffel NaCl je 10 l Wasser). Eier: Inkubationsdauer 7–10 Tage. Anfüttern der Brut: *Paramecium caudatum*, später Nauplien von *Artemia* oder *Cyclops*. Ersteinfuhr: 1927?

Das Laichen erfolgt in den zartblättrigen Pflanzen. Die Elternfische fressen nur selten die Eier, und wir fangen sie deshalb erst in dem Augenblick ab, wenn wir feststellen, daß die Brut frei schwimmt.

Atherinidae Melanotaeniidae

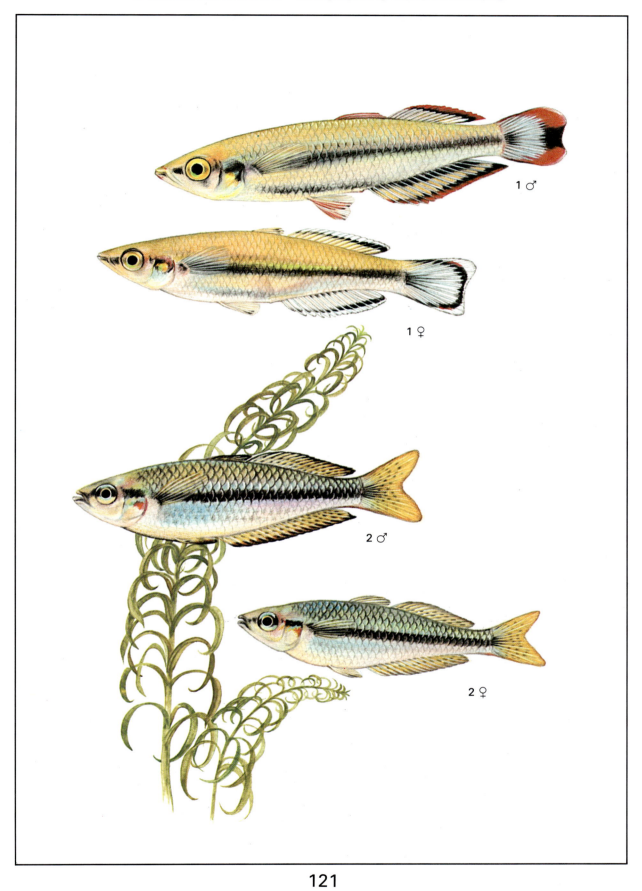

1 Zwergregenbogenfisch
Melanotaenia macculiochi (OGILBY, 1915)
Syn.: *Nematocentris macculiochi*

Regenbogenfische
Melanotaeniidae

○
◐

Vorkommen: Süßgewässer von Nordostaustralien, im Süden bis nach Sydney. Gesamtlänge: 7 cm. Nahrung: Lebendes und künstliches Futter. Gesellschaftsbecken. Zuchtbecken: 50 l und mehr, entsprechend der Zuchtfischzahl, gut beleuchtet bis sonnig, mit Pflanzendickichten. Sexualdimorphismus: Das Männchen ist schlanker und farbiger. Verhältnis der Geschlechter: 1 Männchen : 2 Weibchen (wir lassen die Fische in einer kleineren Gruppe ablaichen). Zuchtbedingungen: 23–25 °C; pH 7,5; dKH bis 3°, wir setzen einen Eßlöffel NaCl/10 l Wasser oder 1 l Meerwasser/50 l Wasser zu. Eier: Inkubationsdauer 7–10 Tage. Anfüttern der Brut: Frischgeschlüpfte *Artemia*-Nauplien. Ersteinfuhr: 1934, Aquarium Hamburg.

Das Weibchen legt während des Laichens ungefähr 200 Eier, die mit kurzen Fasern an den Pflanzen befestigt sind. Auch die geschlüpfte dunkle Brut hängt sich an die Beckenwände oder Pflanzen. Nach einigen Tagen schwimmt die Brut frei und wir finden sie dicht unter der Wasseroberfläche. Sie ist in unermüdlicher Bewegung. Durch das regelmäßige Übertragen von Pflanzenbüscheln in ein Aufzuchtbecken erhalten wir viele Jungfische.

2 Australischer Perlmutterregenbogenfisch
Melanotaenia fluviatilis CASTELNAU, 1878
Syn.: *Nematocentris fluviatilis*

Regenbogenfische
Melanotaeniidae

○
◐

Vorkommen: Nordaustralien – Queensland und südliches Gebiet von Neuguinea. Gesamtlänge: 10 cm. Nahrung: Lebendes und künstliches Futter. Gesellschaftsbecken, nur mit Arten, die ähnliche Anforderungen an die Zusammensetzung des Wassers stellen. Zuchtbecken: 60 l und mehr, gut beleuchtet (Morgensonne), Büschel feinblättriger Pflanzen. Sexualdimorphismus: Das Männchen ist bunter gefärbt, seine Rücken- und Afterflosse sind zugespitzt und weisen dunkle Enden auf, beim Weibchen sind diese Flossen rundlicher und schließen nicht dunkel ab. Verhältnis der Geschlechter: 1 Männchen : 2–3 Weibchen (wir können die Fische auch in einem größeren Schwarm ablaichen lassen). Zuchtbedingungen: 22–25 °C; pH 7,0–7,5; dKH bis 2°; dGH bis 10°, sauber, frisch, sauerstoffreich, wir können einen Teelöffel NaCl/10 l Wasser zusetzen. Eier: Inkubationsdauer 7–10 Tage/25 °C. Anfüttern der Brut: 4–5 Tage Monokultur des Wimpertierchens *Paramecium caudatum*, Rädertierchen, kleinste *Cyclops*-Nauplien, dann frisch geschlüpfte *Artemia*-Nauplien. Ersteinfuhr: 1961, Fa. Tropicarium Frankfurt/M.

Diese Art wurde lange mit *M. nigrans* verwechselt. Die Rücken- und Afterflosse und die Bauchflossen haben einen auffallenden schwarzen Saum, auf den Kiemendeckeln befindet sich ein orangeroter Fleck. Durch die große geographische Verbreitung der Art können die einzelnen Populationen der Fische farblich voneinander abweichen. Einige Fische können während des Laichens rötlich, andere bläulich sein. Wir halten sie immer in einem größeren Schwarm. Das Laichen erfolgt in den oberen Wasserschichten. Stimulus zum Laichen, das sich über mehrere Tage hinzieht, ist die Morgensonne. Das Weibchen legt einige Hundert Eier ab. Die Fische laichen mit mehr oder weniger langen Unterbrechungen das ganze Jahr. An jedem fünften Tag übertragen wir die Pflanzen mit den Eiern in ein gesondertes Becken.

Melanotaeniidae

1 Roter Guinea-Regenbogenfisch
Glossolepis incisus WEBER, 1908

Regenbogenfische
Melanotaeniidae

Lachsroter Regenbogenfisch, Kammschuppen-Regenbogenfisch

Vorkommen: Nördliches Neuguinea (Irian), Sentani-See. Gesamtlänge: 15 cm. Nahrung: Lebendes und künstliches Futter. Artenbecken. Zuchtbecken: 200 l, kompakte Pflanzendickichte. Durch die Ausbildung eines Labyrinths aus verschiedenen Hindernissen (zum Beispiel gewelltes Nylongewebe) und der gleichzeitigen Erhaltung eines genügend großen Bewegungsraumes für die Generationsfische schützen wir einen großen Teil der Eier vor dem Kannibalismus der Eltern. Sexualdimorphismus: Das Männchen ist größer und rot gefärbt, im Alter von 2–3 Jahren weist es einen auffallend hohen Körper und einen kleinen und schmalen, wie von oben und unten gedrückten Kopf auf. Verhältnis der Geschlechter: Gruppe mit geringer Überzahl der Weibchen. Zuchtbedingungen: 24 °C; pH 7,0–7,5; dKH 2–3° (1 Eßlöffel NaCl/50 l Wasser). Eier: Durchmesser 1,3 mm, mit 8–16 Fasern versehen, die aus einer kleinen Fläche an einem der Eihüllenpole entspringen. Sobald das Ei eine Unterlage berührt, verankern sich die Fasern, ziehen sich zusammen und befestigen so das Ei direkt an der Unterlage. Inkubationsdauer 6 Tage. Anfüttern der Brut: Bestimmte Gattungen von Rädertierchen: *Keratella, Filinia, Brachionus, Polyarthra*. Man kann auch einige Brutfuttermittel verwenden; gut bewährt hat sich das mit Wasser fein zerriebene Clark, ein Futtermittel für Forellenbrut. Nach 20 Tagen nimmt die Brut *Artemia*-Nauplien an. Ersteinfuhr: 1973, Werner und Frech.

Das Weibchen legt verhältnismäßig wenige Eier ab (bis 70 Stück). Bevor die Eier eine Unterlage finden, schweben sie eine bestimmte Zeit frei im Wasser, wo sie dem Kannibalismus der Elternfische ausgesetzt sind. Wir gestalten deshalb das Becken nach oben angegebener Weise. Die Generationsfische belassen wir ungefähr eine Woche im Becken und siedeln sie dann in ein anderes, ähnlich eingerichtetes Aquarium um. Nach 10 Tagen beginnt die erste freischwimmende Brut aufzutauchen. Die Aufzucht der Brut ist schwierig, das Wachstum sehr langsam. Im Alter von einem Jahr sind die Fische geschlechtsreif.

2 Lake Wanam-Regenbogenfisch
Glossolepis wanamensis ALLEN et KAILOLA, 1979

Regenbogenfische
Melanotaeniidae

Zur Art *Glossolepis incisus* hat sich eine neue, grünlich glitzernde Art gesellt, die von Allen entdeckt wurde. Die Fische stammen aus Papua-Neuguinea, vom Wanam-See in der Nähe der Stadt Lae im Südosten der Insel. Allen beschrieb 1979 gemeinsam mit Kailola diese Art. Sie nannten sie *G. wanamensis*. Vom aquaristischen Standpunkt aus handelt es sich zwar um herrliche, attraktive Fische, die jedoch völlig unbekannt sind und von denen wir nur hoffen können, daß sie weiter verbreitet werden. Einstweilen nehmen wir an, daß ihre Haltung und Aufzucht mit denen der ähnlichen Art *G. incisus* übereinstimmen.

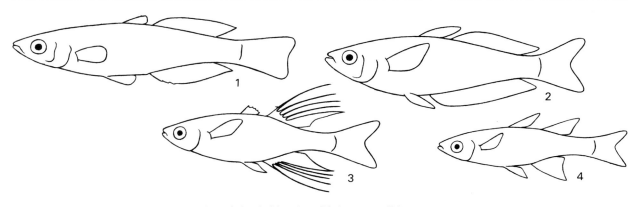

1 – *Atherinidae* 2 – *Melanotaeniidae*
3 – *Telmatherinidae* 4 – *Pseudomugilidae*

Melanotaeniidae

Familie *Pseudomugilidae*

Diese sekundären Süßwasserfische leben in Brack- und Süßgewäsern im Norden und Osten Australiens, auf Neuguinea und auf den Aruinseln (südwestlich von Neuguinea). Die Männchen weisen längere Flossen und eine ausdrucksvollere Färbung als die Weibchen auf, was vor allem für die Laichzeit zutrifft. Diese Fische werden in ihrer Heimat gern dort künstlich ausgesetzt, wo sich Moskitos konzentrieren, denn sie vertilgen deren Larven und Puppen in riesigen Mengen. Die Laichperiode der Fische dauert bis zu 2 Monaten. Die Weibchen geben täglich ungefähr 20 große Eier ab. Die Eier sind mit einem Schleimfaden versehen, mit dem sie sich an Pflanzen befestigen.

1 Schmetterlingsährenfisch
Pseudomugil signifer KNER, 1864 — *Pseudomugilidae*

Syn.: *P. signatus, Atherina signata*

Vorkommen: Australien – nördliches und östliches Queensland. Gesamtlänge: 4,5 cm. Nahrung: Lebendes und künstliches Futter. Artenbecken. Zuchtbecken: 50 l, zartblättrige Pflanzen. Sexualdimorphismus: Das Männchen ist farbiger als das Weibchen. Verhältnis der Geschlechter: 1 Männchen : 2–3 Weibchen (wir halten die Fische in einem größeren Schwarm). Zuchtbedingungen: 24–26 °C; pH 7,0–8,5; dKH 2°; dGH 11–15°. Wir setzen je 10 l Wasser einen Eßlöffel NaCl zu. Eier: Inkubationsdauer 16–20 Tage. Anfüttern der Brut: *Artemia*-Nauplien. Ersteinfuhr: 1936, Fritz Mayer, Hamburg.

Die Fische laichen mit kleinen Unterbrechungen das ganze Jahr über im zartblättrigen Pflanzenwuchs. Die freischwimmende Brut hält sich in unmittelbarer Nähe des Wasserspiegels auf und versammelt sich mit Vorliebe im strömenden Wasser. Sie bewegt sich unaufhörlich in einer besonderen, „kriechenden" Weise. Wir fangen sie in ein selbständiges Becken ab. Sie wächst langsam. Im Alter von 8 Monaten beginnt der Sexualdimorphismus deutlich zu werden, nach einem Jahr sind die Fische geschlechtsreif.

Familie *Telmatherinidae*

Die Fische leben im australisch-malaiischen Gebiet, einschließlich der indonesischen Insel Sulawesi (Celebes). Die Fauna und Flora dieses Gebiets unterscheidet sich von der der indomalaiischen Zone und weist gemeinsame Elemente mit der Natur Neuguineas und Australiens auf. Alle Vertreter der angeführten Familie sind sekundäre Süßwasserfische. Die einzige gut bekannte Art ist *Telmatherina ladigesi*.

2 Celebes Sonnenstrahlfisch, Celebes Segelfisch
Telmatherina ladigesi AHL, 1936 — *Telmatherinidae*

Vorkommen: Im Landesinneren der Insel Sulawesi (Celebes). Gesamtlänge: 8 cm. Nahrung: Lebendes und künstliches Futter. Artenbecken. Zuchtbecken: 50 l mit Dickichten zartblättriger Pflanzen. Sexualdimorphismus: Das Männchen besitzt schmetterlingsartig verlängerte Strahlen in der zweiten Rücken- und in der Afterflosse. Verhältnis der Geschlechter: 1 Männchen : 2 Weibchen (im Schwarm). Zuchtbedingungen: 24–26 °C; pH 7,5–8,5; dKH 2°; dGH ca. 11°, wir filtern über Marmorkies und setzen je 10 l Wasser einen Eßlöffel NaCl zu. Eier: Gelblich, Inkubationsdauer 10 Tage. Anfüttern der Brut: *Artemia*-Nauplien. Ersteinfuhr: 1933, Otto Winkelmann, Altona.

Die Fische laichen mit kurzen Unterbrechungen das ganze Jahr über im zartblättrigen Pflanzenwuchs. Die freischwimmende Brut bewegt sich ständig in Wasserspiegelnähe. Wir fangen sie regelmäßig ab und sammeln sie in einem Aufzuchtbecken. Auch bei regelmäßiger und ausgiebiger Fütterung wachsen die Jungfische nur langsam. Sie sind im Alter von 7 Monaten geschlechtsreif.

Pseudomugilidae Telmatherinidae

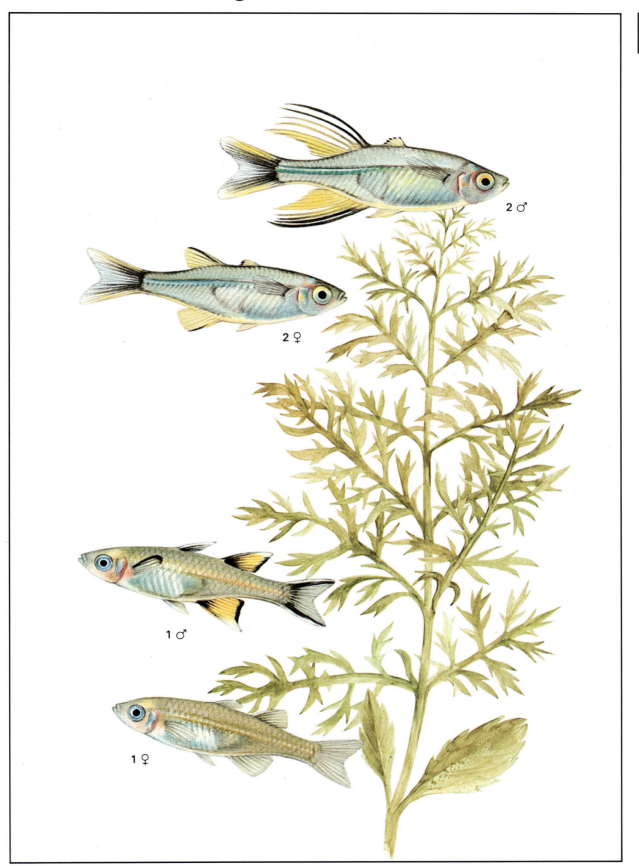

1 Prachtregenbogenfisch
Iratherina werneri MEINKEN, 1974 *Telmatherinidae*

◁
● Vorkommen: Neuguinea, in der Nähe der Stadt Merauke (Irian) nördlich bis zum Fly River und im Osten bis Daru (Papua-Neuguinea), in Australien auf der Halbinsel Kap York im Stromgebiet des Jardin. Gesamtlänge: 5 cm. Nahrung: Kleines Lebendfutter (mit Vorliebe Nauplien von *Cyclops*). Artenbecken. Zuchtbecken: 20–50 l, zartblättrige Pflanzen. Sexualdimorphismus: Das Männchen trägt eine hohe erste Rückenflosse, der vierte Strahl der zweiten Rückenflosse und der fünfte Strahl der Afterflosse sind langgezogen, die Randstrahlen der Schwanzflosse sind leierartig verlängert, beim Weibchen sind alle Flossen kürzer. Verhältnis der Geschlechter: 1:1 (eventuell in einem großen Schwarm mit leichter Überzahl der Weibchen). Zuchtbedingungen: 25 °C; pH 7,5–8,5; dKH 3°; dGH 15°, wir filtern über Marmorkies. Eier: Durchmesser 1 mm, glasig durchsichtig, mit klebrigen Fasern versehen, Inkubationsdauer 7 Tage. Anfüttern der Brut: Rädertierchen, notfalls auch *Paramecium caudatum*; verschiedene Kunstfuttermittel. Ersteinfuhr: 1973, Werner und Frech.

Gemeinsam mit der Art *Glossolepis inicisus* eingeführt. Die Fische werden gegenwärtig nur selten importiert, im Handel werden nur Weibchen angeboten. Die Tiere laichen zwischen zartblättrigen Pflanzen. 5 Tage nach dem Ablaichen sind an den Eiern die Augen der Embryonen erkennbar, nach 7 Tagen schlüpft die Brut und beginnt sofort, ihre Nahrung aktiv zu jagen. Sie wächst schnell und nach 8 Wochen können wir das Geschlecht der jungen Fische unterscheiden.

Familie *Hemirhamphidae*   Halbschnäbler

Die Vertreter dieser Familie sind in Südostasien, im Süß-, Brack- und Seewasser verbreitet. Sie sind den Fischen der Familie *Belonidae* nahe verwandt, denen sie auch in der Körperform sehr ähneln. Der Unterkiefer ist wesentlich länger als der bewegliche Oberkiefer. Einige Gattungen sind lebendgebärend. Das Kopulationsorgan der Männchen unterscheidet sich deutlich vom Gonopodium und wird hier Andropodium genannt. Der funktionelle Teil des Andropodiums entstand durch die Umwandlung der vier ersten Afterflossenstrahlen.

2 *Nomorhamphus celebensis* WEBER et DE BEAUFORT, 1922
Halbschnäbler
Hemirhamphidae

◁

Vorkommen: Insel Sulawesi (Celebes) – Poso-See und einige Bäche bei Lappa Kanru. Gesamtlänge: Männchen 8 cm, Weibchen 12 cm. Nahrung: Lebendfutter. Artenbecken. Zuchtbecken: 100 l, länglich, mit Inseln von Schwimmpflanzen. Sexualdimorphismus: Der Unterkiefer des Männchens ist zu einem fleischigen, hakenförmig gebogenen Auswuchs verlängert, die Rücken-, Bauch- und Afterflosse sind schwarz gesäumt. Verhältnis der Geschlechter: 1 Männchen: 2 Weibchen. Wasser: 25 °C; pH 6,5–7,5; dKH bis 10°. Lebendgebärende Art, Periode zwischen den Würfen 28 Tage. Anfüttern der Brut: Fein gesiebtes Zooplankton. Ersteinfuhr: ?

Die Fische leben meistens an der Wasseroberfläche, sammeln sich von Zeit zu Zeit aber auch in den mittleren und unteren Wasserschichten, wo sie ebenfalls gewandt nach Nahrung jagen. Die reifen Weibchen erkennen wir am vergrößerten Körperumfang. Das Weibchen gebiert 8–16 Junge, die 2–2,5 cm groß sind und deren Geschlecht schon erkennbar ist. Wir verwenden einen Brutkäfig oder fangen die Jungen rechtzeitig ab. Die Jungfische bevorzugen gröbere Bissen, sie wachsen schnell.

Telmatherinidae Hemirhamphidae

1 Hechtköpfiger Halbschnäbler
Dermogenys pusillus VAN HASSELT, 1823

Halbschnäbler
Hemirhamphidae

Syn.: *Hemirhamphus fluviatilis*

◁
◐

Vorkommen: Thailand, Malaysia, Singapur, Indonesien; im Süß- und Brackwasser. Gesamtlänge: Männchen 6 cm, Weibchen 7 cm. Nahrung: Lebendfutter (ein Oberflächenfisch, der sich vor allem von anfliegenden Insekten ernährt); wir verabreichen Obstfliegen, die Imagines von *Chironomus*-Mücken, Blattläuse, Wasserflöhe, *Cyclops*, Rote und Schwarze Mückenlarven, einmal wöchentlich setzen wir Vitamin D zu. Gesellschaftsbecken. Zuchtbecken: 100–200 l, seicht, langgestreckt, mit breiter, freier Wasserfläche. An den Beckenrändern hängen wir in Wasserspiegelnähe Pflanzen auf (Unterschlupf für die Brut). Sexualdimorphismus: Das Männchen ist kleiner, seine Afterflosse ist in ein Adropodium umgewandelt. Verhältnis der Geschlechter: Wir halten die Fische mit Übergewicht der Weibchen in einem größeren Schwarm. Wasser: 26–28 °C; pH 7,0–8,0; dKH bis 10°, wir setzen je 10 l Wasser einen Eßlöffel NaCl zu. Mit Hilfe des Filters simulieren wir fließendes Wasser. Lebendgebärende Art, die Periode zwischen den Würfen beträgt 6–8 Wochen. Anfüttern der Brut: Nauplien von *Artemia*, fein gesiebtes Zooplankton. Ersteinfuhr: 1905, J. Reichelt, Dresden.

Die Fische sind in der Natur intensiver Sonnenstrahlung ausgesetzt, die im Organismus die Bildung von Vitamin D unterstützt. Bei dessen Mangel kommt es zu Störungen in der Entwicklung der Keimlinge im Körper des Weibchens. Bei der Aufzucht können wir keine Brutkäfige verwenden, in denen sich die Weibchen die Schnäbel abbrechen; das geschieht auch in zu kleinen Becken. Ein Weibchen gebiert ungefähr 50 Junge. Wir fangen die Brut regelmäßig in selbständige Becken ab. Die Jungfische wachsen schnell. In Gesellschaftsbecken halten wir diese Art in der Gemeinschaft mit am Grunde lebenden Fischen.

2 Zahnleistenhalbschnäbler
Hemirhamphodon pogonognathus BLEEKER, 1853

Halbschnäbler
Hemirhamphidae

◁
●

Vorkommen: Thailand, Malaysia, Indonesien, kleine flache Bäche ohne Pflanzenwuchs. Gesamtlänge: 9 cm. Nahrung: Lebendfutter, vor allem anfliegende Insekten, Obstfliegen, Larven und Puppen von Mücken usw. Wir füttern Zooplankton zu. Artenbecken, niedrig und mit breiter, freier Wasserfläche. Sexualdimorphismus: Das Männchen besitzt ein Andropodium. Das Wasser an den natürlichen Lokalitäten ist weich und schwarz (großer Gehalt humoser Stoffe, die von der faulenden Vegetation des Grundes stammen). Die Wassertemperatur liegt offensichtlich höher: 26–28 °C. Über die Fortpflanzung der Fische in der Gefangenschaft gibt es keine Angaben. Lebendgebärende Art. Die Einfuhr aus der Natur wird von Privatpersonen unternommen.

D. Vogt führt an, daß es an der Lokalität in der Umgebung von Palembang (Sumatra) eine große Menge von Moskitos gibt, die wahrscheinlich die Grundnahrung dieser Fische bilden. *H. pogonognathus* ist farbiger als *Dermogenys pusillus*. Wir geben den Fischen einen genügend großen Lebensraum (lockerer Beckenbesatz), weil sie sonst aggressiv sind und sich beißen. Sie können an den Folgen dieser Bisse eingehen.

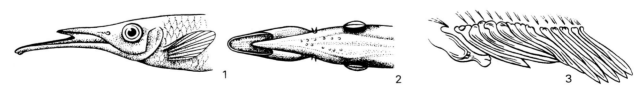

Dermogenys pusillus
1 – der schnabelförmige Kopf von der Seite
2 – der schnabelförmige Kopf von oben
3 – Andropodium des Männchens

Hemirhamphidae

Familie *Cyprinodontidae*
Killifische, Eierlegende Zahnkarpfen

Die Fische dieser Familie treten mit Ausnahme Australiens auf allen Kontinenten auf. Am häufigsten werden sie in Regenwasserlachen, Gräben und auf überschwemmten Wiesen gefunden.

Im Unterschied zu den Karpfenfischen, denen sie ähnlich sind, haben sie mit Zähnen besetzte Kiefer, ein ausstülpbares Maul, keine Barteln und auch keine Fettflosse. Einige Arten überstehen die Trockenheit in den Eiern, die erwachsenen Fische sterben. Entsprechend der Embryonalenentwicklung teilen wir diese Fische ein in:

a) Arten mit kontinuierlicher (ununterbrochener) Entwicklung, die dort leben, wo auch während der Trockenzeit Wasser vorhanden ist.

b) Arten mit diskontinuierlicher (unterbrochener) Entwicklung, die in sogenannten periodischen Gewässern leben. Während der Entwicklung der Eier dieser Fische treten zwei Ruhezeiten auf, sogenannte Diapausen. Die erste Diapause tritt unmittelbar nach der Befruchtung ein und dauert bis zu dem Augenblick, in dem der Boden ausgetrocket ist. Stimulus der Keimentwicklung ist die Erhöhung des Sauerstoffgehalts. Die zweite Diapause tritt automatisch ein, sobald die Entwicklung des Embryos abgeschlossen, das Substrat aber nicht überschwemmt ist. Sobald der Boden mit Wasser überflutet wird (der Gehalt an O_2 sinkt markant ab), endet die zweite Diapause, und die Brut schlüpft aus.

c) Arten mit intermediärer Entwicklung (Übergangsgruppe), die in Biotopen leben, deren Wasser zeitweilig mehr oder weniger austrocknet. Diese Arten neigen stärker zu der einen oder anderen Art der Eientwicklung.

1 Martinique-Bachling
Rivulus cryptocallus HUBER et SEEGERS, 1980

Killifische, Eierlegende Zahnkarpfen
Cyprinodontidae

Vorkommen: Insel Martinique im Karibischen Meer. Gesamtlänge: Männchen 7,5 cm, Weibchen 6,5 mm. Nahrung: Lebendfutter. Artenbecken, abgedeckt. Zuchtbecken: 10 l, zartblättrige Pflanzen (Javamoos). Sexualdimorphismus: Das Männchen ist bunter gefärbt, das Weibchen ist schlank, eher braun und trägt auf dem oberen Abschnitt der Schwanzwurzel einen schwarzen Fleck. Verhältnis der Geschlechter: 1 Männchen: 2 Weibchen. Zuchtbedingungen: 20–25 °C; pH 6,5; dKH < 2°; dGH < 10 °. Eier: Durchmesser 1,8–2,0 mm, gelbbraun, Inkubationsdauer 2–3 Wochen. Anfüttern der Brut: Nauplien von *Artemia* oder *Cyclops*. Ersteinfuhr: 1976.

Wir lassen die Zuchtgruppe eine Woche lang ablaichen. Ein Weibchen gibt ca. 40 Eier ab. Die Eier entwickeln sich in untergetauchtem Zustand, überleben aber auch im feuchten Torfmull und können deshalb per Post verschickt werden. Die Fische sind innerhalb von 6 Monaten erwachsen.

2 Kuba-Bachling
Rivulus cylindraceus POEY, 1861

Killifische, Eierlegende Zahnkarpfen
Cyprinodontidae

Syn.: *Rivulus marmoratus*

Vorkommen: Kuba, Gebirgsbäche. Gesamtlänge: 5,5 cm. Nahrung: Lebendfutter. Artenbecken, gut abgedeckt. Zuchtbecken: 10 l, zartblättrige Pflanzen. Sexualdimorphismus: Das Männchen ist bunter, das Weibchen ist wenig größer und trägt auf der Wurzel der Schwanzflosse einen schwarzen, hell umrandeten Fleck. Verhältnis der Geschlechter: 1 Männchen: 2 Weibchen. Zuchtbedingungen: 23–24 °C; pH 7,0; dKH < 2°. Eier: Durchmesser ca. 3 mm, Inkubationsdauer 12–14 Tage. Anfüttern der Brut: Nauplien von *Artemia*. Ersteinfuhr: 1930 Fa. Fritz Mayer, Hamburg.

Bissiger Fisch. Wir lassen die Generationsfische 5–7 Tage ablaichen, dann trennen wir sie für 14 Tage und können anschließend das Laichen wiederholen. Die jungen Fische sind innerhalb von 3 Monaten erwachsen.

Cyprinodontidae

1 Goldfasan-Prachtkärpfling
Roloffia occidentalis CLAUSEN, 1965

Killifische, Eierlegende Zahnkarpfen
Cyprinodontidae

Syn.: *Aphyosemion occidentalis* (diese Art wurde lange unrichtig als *A. sjoestedti* bezeichnet)

Vorkommen: Die Dschungel- und Savannengebiete von Sierra Leone. Gesamtlänge: 9 cm. Nahrung: Lebendfutter. Artenbecken. Zuchtbecken: 20–50 l, auf dem Boden mit einer Torfschicht, diffuse Beleuchtung. Sexualdimorphismus: Das Männchen ist bunt gefärbt, das Weibchen ist rotbraun, seine Flossen sind transparent. Verhältnis der Geschlechter: 1 Männchen: 2 Weibchen. Zuchtbedingungen: 22–24 °C; pH 6,5; dKH < 2°, dGH < 10°. Eier: Durchmesser 1,5 mm, die Entwicklung der Eier verläuft diskontinuierlich mit einer markanten Diapause. Bei den verschiedenen Populationen von *R. occidentalis* weicht die Entwicklungsdauer stark voneinander ab, sie beträgt 4–9 Monate. Es ist deshalb notwendig, die Eier während ihrer Entwicklung zu kontrollieren. Anfüttern der Brut: Nauplien von *Artemia*. Ersteinfuhr: 1911.

Sehr aggressive Art, die Fische sind tuberkuloseanfällig.

Außer der Nominatform beschrieb Clausen eine intensiver blaugefärbte Unterart mit abweichender Zeichnung auf Körper und Flossen *R. occidentalis toddi*, die gegenwärtig aber als selbständige Art *Aphyosemion toddi* (Clausen, 1966) angesehen wird.

2 Blauer Prachtkärpfling
Aphyosemion sjoestedti (LOENNBERG, 1895)

Killifische, Eierlegende Zahnkarpfen
Cyprinodontidae

Syn.: *A. coerule, Fundulus sjoestedti, Fundulopanchax sjoestedti, Nothobranchius sjoestedti*

Vorkommen: Westafrika von Westkamerun und Südnigeria bis nach Ghana. Die Lokalitäten befinden sich in überschwemmten Gruben, die periodisch austrocknen können, aber nicht müssen. Gesamtlänge: 12 cm. Nahrung: Gröberes Lebendfutter einschließlich kleiner Fische. Artenbecken. Zuchtbecken: 20 l, auf dem Boden eine 2 cm starke Schicht aus faserigem Torf, Wasserstandshöhe 20–30 cm, diffuse Beleuchtung. Sexualdimorphismus: Das Männchen ist größer und farbiger. Verhältnis der Geschlechter: 1 Männchen: 2–3 Weibchen. Wasser: 23–25 °C; pH 6,5; dKH bis 2°; dGH bis 12°, wir setzen dem Wasser 1/4 Teelöffel NaCl zu. Eier: Bernsteinfarben, zäh, die Entwicklung der Eier verläuft diskontinuierlich 8–10 Wochen oder kontinuierlich innerhalb von 19–21 Tagen. Diese Angaben gelten für den Sommer. Im Frühling und Herbst verlängert sich die Inkubationszeit um ungefähr 5 Tage. Anfüttern der Brut: *Artemia*-Nauplien oder fein gesiebtes Zooplankton. Ersteinfuhr: 1909, J. Wolmer, Hamburg.

Aggressiver, farblich sehr variabler Fisch. Wir lassen die Fische 10 Tage lang in einem abgedeckten Becken ablaichen. Danach drücken wir den Torf leicht aus und lagern ihn, in Kunststoffbeuteln verpackt, an einer dunklen Stelle bei Temperaturen von 18–20 °C ein. Nach 8–10 Wochen begießen wir den Torfmull mit weichem Wasser. Das Austrocknen und Befeuchten können wir in einwöchigen Abständen bis zum völligen Schlüpfen aller Embryonen mehrmals wiederholen. Wenn wir anstelle des Torfmulls feinen Sand verwenden, spülen wir diesen über einem Sieb ab. Der Sand wird weggeschwemmt und die Eier verbleiben im Sieb. Wir lagern diese dann auf feuchtem Schaumstoff oder auf Torf. Die Fische sind nach zwei Monaten erwachsen.

In den USA wurde eine blaue Form mit verlängerten Flossen erzüchtet.

Cyprinodontidae

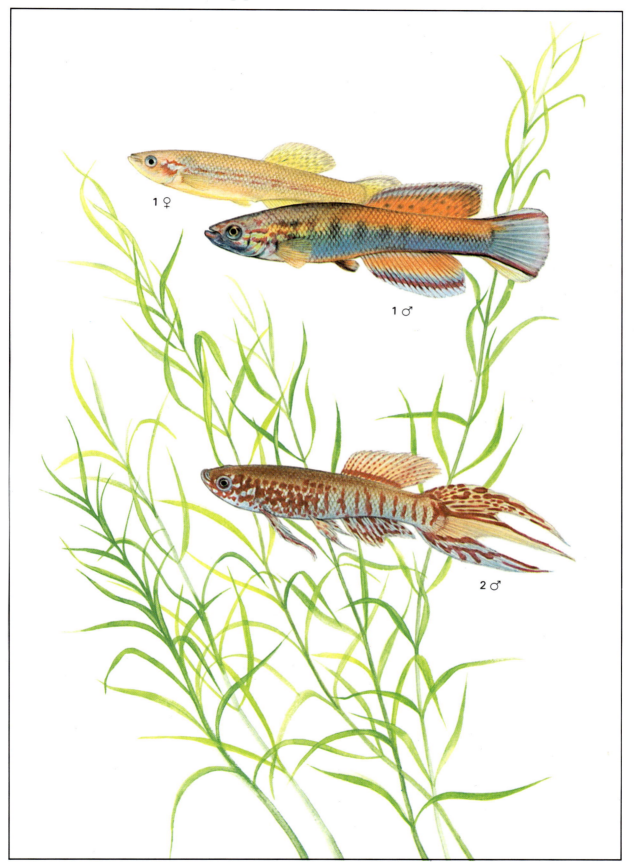

1 Bunter Prachtkärpfling, „Kap Lopez"
Aphyosemion australe (RACHOW, 1921)

Killifische, Eierlegende Zahnkarpfen
Cyprinodontidae

Syn.: Haplochilus calliurus var. australis, H. calliurus, Panchax polychromus, P. australe

○
●
Vorkommen: Westafrika, schlammige Küstengewässer. Gesamtlänge: 6 cm (Männchen). Nahrung: Lebendfutter, wir können künstliche Nahrung zufüttern. Artenbecken. Zuchtbecken: 10–15 l mit Schutzrost. Sexualdimorphismus: Das Männchen ist bunt gefärbt, das Weibchen ist kleiner und unauffällig gefärbt. Verhältnis der Geschlechter: 1 Männchen : 3–4 Weibchen. Wasser: 24 °C; pH 6,5–7,0; dKH < 2°. Eier: Kontinuierliche Entwicklung, Inkubationsdauer 14 Tage. Anfüttern der Brut: *Artemia*-Nauplien. Ersteinfuhr: 1913, J. Wolmer, Hamburg.

Vor dem Laichen trennen wir das Männchen für ungefähr eine Woche von den Weibchen. Die Fische laichen bereitwillig, wir lassen sie eine Woche im Becken. Den Schutzrost entfernen wir erst nach dem Schlüpfen der Brut. Sobald die Jungfische die Größe von 2 cm erreicht haben, siedeln wir sie in ein geräumiges Becken um, wo wir allmählich die Temperatur auf 20 °C senken können. Die Fische sind nach drei Monaten geschlechtsreif.

2 Gebänderter Prachtkärpfling
Aphyosemion bivittatum (LOENNBERG, 1895)

Killifische, Eierlegende Zahnkarpfen
Cyprinodontidae

Syn.: A. bitaeniatum, A. multicolor, A. loennbergi, A. pappenheimi, A. riggenbachi, A. splendopleuris, A. unistrigatum, A. bivittatum holyi, Fundulus bivittatus, Fundulopanchax bivittatum

◁
●
Vorkommen: Westafrika – in Urwald- und Savannengewässern. Gesamtlänge: 5 cm. Nahrung: Lebendfutter. Artenbecken. Zuchtbecken: 15 l mit Schutzrost, zartblättrige Pflanzen, gedämpftes Licht, gut mit Glas abgedeckt. Sexualdimorphismus: Das Männchen ist bunt gefärbt, Schwanz-, Rücken- und Afterflosse sind zipfelig verlängert. Verhältnis der Geschlechter: 1 Männchen : 2 Weibchen. Zuchtbedingungen: 20–24 °C; pH 6,5; dKH bis 1°; dGH bis 8°. Eier: kontinuierliche Entwicklung, Inkubationsdauer 10–20 Tage. Anfüttern der Brut: *Artemia*-Nauplien, Ersteinfuhr: 1908, Fa. Siggelkow, Hamburg.

Friedliebende Fische. Die Männchen imponieren ausdrucksvoll. Die Laichperiode dauert ca. drei Wochen.

3 Walkers Prachtkärpfling, Ghana-Prachtkärpfling
Aphyosemion walkeri walkeri (BOULENGER, 1911)

Killifische, Eierlegende Zahnkarpfen
Cyprinodontidae

Syn.: A. spurelli, A. litoriseboris, Haplochilus walkeri

○
●
Vorkommen: Vom Südosten der Elfenbeinküste bis nach Ghana. Gesamtlänge: 6,5 cm. Nahrung: Lebendes und künstliches Futter. Artenbecken. Zuchtbecken: 6 l, gut abgedeckt, auf dem Boden eine schwache Torfschicht. Sexualdimorphismus: Das Männchen ist größer und bunt. Verhältnis der Geschlechter: 1 Männchen: 2–3 Weibchen. Wasser: 20–24 °C; pH 6,5–7,0; dKH < 1°. Eier: Diskontinuierliche Entwicklung, Inkubationsdauer 6–8 Wochen. Anfüttern der Brut: *Artemia*-Nauplien. Ersteinfuhr: 1952, Sheljuzhko auf Bestellung der Fa. A. Werner, München.

Wir lassen die Zuchtfische 10 Tage zusammen. Der feuchte Torf mit den Eiern wird in einen Kunststoffbeutel gelegt und bei 18–20 °C gelagert. Der Torfmull darf nicht zu stark austrocknen! Nach 6 Wochen zerkrümmeln wir den Torf leicht, geben ihn in ein Gefäß und begießen ihn mit Regenwasser (15 °C; pH 6,5–7,0; dKH 1°). Wir erhöhen die Temperatur allmählich auf 22–24 °C und innerhalb von 24 Stunden schlüpft der größte Teil der Brut. Die Fische sind innerhalb von zwei Monaten erwachsen.

Cyprinodontidae

1 Zimtprachtkärpfling
Aphyosemion cinnamomeum CLAUSEN, 1963

Killifische, Eierlegende Zahnkarpfen
Cyprinodontidae

◁
●

Vorkommen: Hochland von Westkamerun. Gesamtlänge: 5 cm. Nahrung: Lebendfutter. Artenbecken. Zuchtbecken: 10–15 l, auf dem Boden eine Torfschicht, diffuse Beleuchtung, Sexualdimorphismus: Das Männchen ist bunter gefärbt als das Weibchen. Verhältnis der Geschlechter: 1 Männchen : 2 Weibchen. Zuchtbedingungen: 20–24 °C; pH 6,5; dKH bis 1°; dGH bis 8°. Eier: Intermediäre Entwicklung, die Inkubationsdauer untergetauchter Eier beträgt 3–4 Wochen. Anfüttern der Brut: Nauplien von *Artemia*. Ersteinfuhr: 1949.

A. cinnamomeum tritt in einem verhältnismäßig begrenzten Areal in der Gebirgszone Kameruns auf. Diese Art ist keiner anderen Art der Gattung *Roloffia* oder *Aphyosemion* ähnlich. Ihr Körper ist zimtbraun und die abgerundeten blauen Flossen haben einen breiten goldenen Rand. Die Fische laichen im torfigen Boden ab, der ständig vom Wasser überspült sein sollte. Im Unterschied zu anderen Arten wachsen die Jungfische langsamer, reifen später heran und leben länger.

2 Fadenprachtkärpfling
Aphyosemion filamentosum (MEINKEN, 1933)

Killifische, Eierlegende Zahnkarpfen
Cyprinodontidae

Syn.: *Fundulopanchax filamentosus*

◁
●

Vorkommen: Südwestnigeria. Gesamtlänge: 5,5 cm. Nahrung: Lebendfutter. Artenbecken. Zuchtbecken: 6–10 l, gut abgedeckt; auf dem Boden ausgekochter, gewaschener Torfmull; diffuse Beleuchtung, Schwimmpflanzen. Sexualdimorphismus: Im Unterschied zum Weibchen ist das Männchen größer und farbiger, die Strahlen von Schwanz- und Afterflosse sind nicht verlängert. Verhältnis der Geschlechter: 1 Männchen : 3 Weibchen. Zuchtbedingungen: 22–24 °C; pH 6,0–6,5; dKH bis 2°. Eier: Entwicklung diskontinuierlich mit Neigung zu intermediärer Entwicklung. Ständig überschwemmte Eier können sich ohne Diapause schon innerhalb von 4–6 Wochen entwickeln. Es scheint besser, die Eier ständig unter Wasser zu belassen, als daß der Torfmull mit den Eiern zu sehr austrocknet. Im feuchten Torf dauert die Entwicklung der Eier bei 20 °C ca. 3 Wochen. Anfüttern der Brut: *Artemia*-Nauplien. Ersteinfuhr: 1913.

Es bestehen zahlreiche Lokalformen mit verschiedener Färbung, Zeichnung und Flossenform. Die Fische weisen am unteren Teil der Schwanzflosse einen roten Streifen auf, der aber bei manchen Populationen fehlen kann. 1961 wurde eine lokal begrenzte Population *A. filamentosum* eingeführt, die markante rote Flossen aufweist und unter der Handelsbezeichnung „*A. ruwenzori*" angeboten wird.

Cyprinodontidae

1 Stahlblauer Prachtkärpfling,
Aphyosemion gardneri gardneri (BOULENGER, 1911)

Killifische, Eierlegende Zahnkarpfen
Cyprinodontidae

Syn.: *A. nigerianum, Fundulus gardneri, Fundulopanchax gardneri*

○
●
Vorkommen: Ein ziemlich großes Gebiet von Nigeria bis nach Westkamerun. Gesamtlänge: 6 cm. Nahrung: Lebendfutter, wir können auch künstliche Kost beifügen. Artenbecken. Zuchtbecken: 6–10 l, auf dem Boden mit einer Torfschicht, zartblättrige Pflanzen, diffuse Beleuchtung, gut abgedeckt. Sexualdimorphismus: Das Männchen ist bunt, das Weibchen ist kleiner und olivbraun, seine Flossen sind dunkelrot getupft. Verhältnis der Geschlechter: 1 Männchen : 3 Weibchen. Wasser: 22–24 °C; pH 6,5–7,0; dKH bis 2°. Eier: Die Entwicklung ist intermediär, die Inkubationsdauer der untergetauchten Eier beträgt 15–20 Tage. Anfüttern der Brut: *Artemia*-Nauplien. Ersteinfuhr: 1913, Brandt, Leipzig.

Von *A. gardneri* existieren sehr variable Populationen. Das führte zu zahlreichen Irrtümern bei der wissenschaftlichen Beschreibung der einzelnen Arten. Gegenwärtig werden die Unterarten *A. gardneri nigerianum* CLAUSEN, 1963 und *A. gardneri lacustre* RADDA, 1974 anerkannt. Die genannten Unterarten stammen aus Westkamerun. Seit Ende der siebziger Jahre tauchen bei den Züchtern der Killifische bisher nicht beschriebene Tiere auf, die als Unterarten oder Formen von *A. gardneri* angesehen werden. Sie werden nur nach den Fundorten unterschieden: *A. gardneri* ‚Akuré' (Westnigeria in der Umgebung von Akuré) und *A. gardneri* ‚Makurdi' (östliches Nigeria in der Umgebung von Makurdi und dem benachbarten Fluß Benue). *A. gardneri* kreuzt sich mit der Art *A. australe*, die Bastarde sind minderwertig und oft morphologisch abnormal, es kommt vor allem zu Verwachsungen der Rücken-, Schwanz- und Afterflosse.

2 Marmorierter Prachtkärpfling
Aphyosemion marmoratum RADDA, 1973

Killifische, Eierlegende Zahnkarpfen
Cyprinodontidae

○
●
Vorkommen: Westliches Kamerun. Gesamtlänge: 5 cm. Nahrung: Lebendfutter, wir können auch künstliches Futter zugeben. Artenbecken. Zuchtbecken: 6–10 l, auf dem Boden mit einer Torfschicht, zartblättrige Pflanzen, diffuse Beleuchtung, gut abgedeckt. Sexualdimorphismus: Die Männchen sind bunter, die Weibchen sind olivbraun und kleiner. Verhältnis der Geschlechter: 1 Männchen : 3 Weibchen. Wasser: 22–24 °C; pH 6,5–7,0; dKH bis 2°. Eier: Intermediäre Entwicklung. Die Eier entwickeln sich sowohl im Wasser, wie auch im mäßig feuchten Substrat (Torfmull). Die Inkubation ständig untergetauchter Eier dauert 15–20 Tage (die Brut schlüpft nacheinander und es entstehen erhebliche Differenzen in der Größe, die Inkubationsdauer ist von der Wassertemperatur abhängig). Im feuchten Substrat verlängert sich die Inkubationszeit, nach dem Begießen mit Wasser schlüpfen alle Embryonen auf einmal. Anfüttern der Brut: *Artemia*-Nauplien. Ersteinfuhr: 1972, Dr. Alfred Radda, Wien.

Da die Entwicklung der Eier durch eine Diapause unterbrochen sein kann, aber nicht unterbrochen sein muß, können wir bei der Reproduktion dieser Fische drei verschiedene Methoden anwenden:

1. Wir bringen in das Becken Pflanzen und ein Schutzgitter ein.
2. Wir statten das Becken mit einem dichten Gewirr zartblättriger Pflanzen aus.
3. Wir bilden den Beckengrund aus ausgekochtem, gewaschenem Torfmull und ziehen das Wasser nach dem Ablaichen der Fische soweit ab, daß nur ein mäßig feuchtes Substrat verbleibt. Die Brut schwimmt sofort nach dem Schlüpfen frei und nimmt Nahrung auf. Sie wächst schnell und ist nach 2–3 Monaten erwachsen.

Cyprinodontidae

1 Streifenhechtling, Piku
Aplocheilus lineatus (CUVIER et VALENCIENNES, 1846)

Killifische, Eierlegende Zahnkarpfen
Cyprinodontidae

Syn.: *A. affinis, A. rubrostigma, A. vittatus, Haplochilus lineatus, H. lineolatus, Panchax lineatus*

◁
●
Vorkommen: Indien, Sri Lanka. Gesamtlänge: 10 cm. Nahrung: Lebendfutter einschließlich kleiner Fische. Artenbecken. Zuchtbecken: 30–50 l, Wasserstandshöhe ca. 20 cm; zartblättrige, schwimmende Pflanzen, gut mit Glasscheiben abgedeckt. Sexualdimorphismus: Das Männchen ist größer und bunter, seine Rücken- und Afterflosse sind mächtiger, das Weibchen weist im Schwanzabschnitt des Körpers 6–8 markante, dunkle Querstreifen auf. Verhältnis der Geschlechter: 1 : 1, wir können auch eine größere Anzahl von Paaren oder eine Gruppe mit schwachem Übergewicht der Weibchen ansetzen. Zuchtbedingungen: 25 °C; pH 6,5; dKH bis 2°; dGH bis 10°. Eier: Groß, klebrig, Inkubationsdauer 11–14 Tage. Manchmal verläuft die Entwicklung der Eier unregelmäßig und ein Teil der Brut kann erst nach 30 Tagen ausschlüpfen. Anfüttern der Brut: Nauplien von *Artemia* oder *Cyclops*. Ersteinfuhr: 1909, Vereinigte Zierfischzüchtereien, Conradshöhe bei Berlin.

Vor dem Laichen trennen wir das Männchen für ungefähr 14 Tage vom Weibchen. Sobald wir die Fische in das Zuchtbecken eingesetzt haben, laichen sie ab. Das geschieht meistens in den Pflanzen, die sich in Wasserspiegelnähe befinden. Wir belassen die Generationsfische 8 Tage im Zuchtbecken, dann trennen wir das Männchen erneut vom Weibchen und können den gesamten Vorgang nach 14 Tagen wiederholen. Das Weibchen gibt ungefähr 200 Eier ab. Die schnellwachsenden Jungfische sortieren wir im Verlauf ihres Wachstums entsprechend der Größe aus, da es sonst zu Kannibalismus kommen kann.

2 Madrashechtling, Zwergpanchax
Aplocheilus blocki (ARNOLD, 1911)

Killifische, Eierlegende Zahnkarpfen
Cyprinodontidae

Syn.: *A. parvus, Haplochilus panchax* var. *blockii, Panchax panchax* var. *blockii*

◁
●
Vorkommen: Koromandelküste von Vorderindien, Sri Lanka, flache Tümpel und Gräben. Gesamtlänge: 5 cm. Nahrung: Lebendfutter, vor allem Mückenlarven und Insekten (Obstfliegen). Artenbecken. Zuchtbecken: 30–50 l, an den Rändern in Wasserspiegelnähe Pflanzendickichte. Sexualdimorphismus: Das Männchen ist bunt, das Weibchen weniger gefärbt. Verhältnis der Geschlechter: Wir halten die Fische im Schwarm, wobei die Weibchen in leichter Überzahl sind. Zuchtbedingungen: 24–26 °C; pH 7,0–7,5; dKH bis 2°; dGH bis 10°. Eier: Die Inkubationsdauer ist von der Temperatur abhängig und beträgt 12–17 Tage. Anfüttern der Brut: Nauplien von *Cyclops* oder *Artemia*. Ersteinfuhr: 1909, Kapitän Block.

Die kleinste Art der Gattung *Aplocheilus*. Die Fische sammeln sich in den mittleren und oberen Wasserschichten. Sie sind friedlich und gesellig und laichen mehrere Tage hintereinander in den Pflanzen. Das Weibchen gibt täglich 10–20 Eier ab. Die frei schwimmende Brut wird regelmäßig mit einer Glasglocke abgefangen und in ein selbständiges Becken mit niedrigerem Wasserstand (ca. 10 cm) übertragen. Wir können das Wachstum der Jungfische dadurch beschleunigen, daß wir sie entsprechend ihrer Größe sortieren. Die Fische sind auf den Befall mit Geißeltierchen der Gattung *Oodinium* empfindlich.

Cyprinodontidae

1 *Cynolebias alexandri* CASTELLO et LOPEZ, 1974
Killifische, Eierlegende Zahnkarpfen
Cyprinodontidae

◁ Vorkommen: Argentinien, periodische Gewässer. Gesamtlänge: 9 cm. Nahrung: Lebendfutter. Artenbecken. Zuchtbecken: 10 l, auf dem Boden eine tiefe Schale mit Torfmull, auf der Wasserfläche schwimmende Pflanzen. Sexualdimorphismus: Das Männchen ist bunt, vor allem seine Rücken- und Afterflosse. Verhältnis der Geschlechter: 1 Männchen : 2 Weibchen. Wasser: 24 °C; pH 6,5–7,0; dKH bis 2°. Eier: Diskontinuierliche Entwicklung, die Inkubation dauert 3–4 Monate. Anfüttern der Brut: *Artemia*-Nauplien. Ersteinfuhr: 1974.

Vor dem Laichen trennen wir das Männchen für einige Tage von den Weibchen. Zu lange isolierte Weibchen legen ihre Eier ohne Befruchtung. Bei erfolgreichem Ablaichen dringen die Fische wenigstens bis zur Hälfte des Körpers in den weichen Torf ein. Nach einer Woche stecken wir den feuchten, krümeligen Torf in einen Kunststoffbeutel und lagern diesen bei 18–22 °C. Nach 3 Monaten begießen wir das Substrat mit weicherem, 18–22 °C warmem Wasser. Nach 12 Stunden fangen wir die geschlüpfte Brut ab, trocknen den Torf und lagern ihn erneut. Diese Prozedur wiederholen wir in vierwöchigen Intervallen 9 Monate lang. Die Brut wird bei einer niedrigen Wasserstandshöhe angefüttert. Nach 6–8 Wochen sind die Fische erwachsen.

2 *Cynolebias heloplites* HUBER, 1981
Killifische, Eierlegende Zahnkarpfen
Cyprinodontidae

◁ Vorkommen: Nordöstliches Brasilien, in seichten langen Tümpeln. Gesamtlänge: In der Natur 4 cm, im Aquarium 7 cm, das Männchen ist ein wenig kleiner. Nahrung: Lebendfutter. Artenbecken. Zuchtbecken: 15–50 l entsprechend der Anzahl der Fische, auf dem Grund mit einer tiefen Schale voll Torfmull, Schwimmpflanzen. Sexualdimorphismus: Das Männchen besitzt eine verbreiterte und spitze Rücken- und Afterflosse und ist im Rücken höher, die Rücken- und Afterflosse des Weibchens hat 3–6 Strahlen weniger und ist abgerundet. Das Weibchen weist markante senkrechte Streifen und in der Mitte des Körpers 1–3 dunkle Flecken auf, die von einer helleren Zone umgeben sind. Verhältnis der Geschlechter: 1 Männchen : 3 Weibchen. Wasser: 20–24 °C; pH 7,0–7,5; dKH < 2°; dGH < 10°. Eier: Diskontinuierliche Entwicklung, Inkubationsdauer 16–23 Wochen. Anfüttern der Brut: *Artemia*-Nauplien. Ersteinfuhr: 1952?

Die Art der Fortpflanzung in der Gefangenschaft ist der von *C. alexandri* ähnlich.

3 Schwarzer Fächerfisch
Cynolebias nigripinnis REGAN, 1912
Killifische, Eierlegende Zahnkarpfen
Cyprinodontidae

◁

Vorkommen: Argentinien. Gesamtlänge: 5 cm. Nahrung: Lebendfutter. Artenbecken. Zuchtbecken: 50 l, mit einer tieferen, mit Torf gefüllten Schale, Schwimmpflanzen. Sexualdimorphismus: Das Männchen ist größer, blauschwarz bis samtschwarz, mit zahlreichen, kleinen glitzrigen Tupfen, das Weibchen ist bräunlich bis hellgrau und marmoriert gezeichnet. Verhältnis der Geschlechter: 1 Männchen : 2–3 Weibchen, (im Schwarm). Wasser: 22–24 °C; pH 6,5–7,0; dKH bis 2°. Eier: Diskontinuierliche Entwicklung, Inkubationsdauer 6–8 Wochen, die Brut schlüpft auch nach 5 Monaten. Anfüttern der Brut: *Artemia*-Nauplien. Ersteinfuhr: 1908, Fa. Wilhelm Eimeke, Hamburg.

Auf den südamerikanischen Pampas wechselt die Regenzeit (April–Oktober) mit der Trockenzeit (November–März) ab. Während der Regenzeit füllen sich viele Vertiefungen mit Regenwasser und beleben sich anschließend mit einer großen Menge Fischbrut, die rasch heranwächst, innerhalb von 2 Monaten geschlechtsreif wird und ablaicht. Sobald die Regenzeit endet, trocknet die Sonne die Wasserlachen aus, die erwachsenen Fische sterben, und im feuchten Substrat des Bodens verbleiben die abgelegten Eier.

Cyprinodontidae

1 Querbandhechtling
Epiplatys dageti monroviae DAGET et ARNOULD, 1964

Killifische, Eierlegende Zahnkarpfen
Cyprinodontidae

Syn.: *E. chaperi*

◁
●

Vorkommen: Liberia, Savanne an der Küste nördlich der Stadt Monrovia (seichtes und ruhiges Wasser größerer Pfützen, Gräben und Tümpel mit reichlichem Pflanzenwuchs, vor allem mit Seerosen und Wasserschlauch Gesamtlänge: 6 cm. Nahrung: Lebendfutter. Artenbecken. Zuchtbecken: 50 l, gedämpfte Beleuchtung, zartblättrige Pflanzen. Sexualdimorphismus: Das Männchen ist bunt gefärbt und größer, das Weibchen ist kleiner und weniger auffallend gefärbt. Verhältnis der Geschlechter: 1 Männchen : 3−4 Weibchen. Zuchtbedingungen: 24−26 °C; pH 6,5−7,0; dKH bis 2°. Eier: Inkubationsdauer 10 Tage. Anfüttern der Brut: Nauplien von *Artemia* oder *Cyclops*. Ersteinfuhr: C. Siggelkow, Hamburg, 1908.

Die Laichperiode dauert einige Wochen und die Weibchen legen die Eier nacheinander im Pflanzengewirr ab. Die geschlüpfte Brut ist 1,5 mm groß und hält sich unter der Wasseroberfläche auf. Wir fangen die Brut entweder regelmäßig mit einer Glasglocke ab oder wechseln die Pflanzenbüschel einmal in der Woche gegen neue aus. Die Pflanzen mit den Eiern werden in ein selbständiges Becken umgesiedelt. Bei diesem zweiten Verfahren erhalten wir Brut verschiedener Alterskategorien, die wir entsprechend der Größe sortieren müssen, da sonst Kannibalismus eintritt. Die jungen Fische wachsen schnell und nach 8 Wochen beginnen sich die Geschlechter zu unterscheiden. Die Männchen haben eine rote Kehle. Männchen und Weibchen weisen meistens 6, aber auch 5 oder 7 Querstreifen an der Seite auf. Zu den weniger bekannten Fischen gehören der ähnliche *E. dageti dageti* POLL, 1953, weiterhin auch *E. chaperi* (SAUVAGE, 1882) und *E. chaperi sheljuzhkoi* POLL, 1953.

2 Ringelhechtling, Zwerghechtling
Epiplatys annulatus (BOULENGER, 1915)

Killifische, Eierlegende Zahnkarpfen
Cyprinodontidae

Syn.: *Haplochilus annulatus*

◁
●

Vorkommen: Westafrika von Guinea bis zum Niger. Gesamtlänge: 4 cm. Nahrung: Lebendfutter. Laichbecken: 10−50 l (der Anzahl der Fische entsprechend), Schwimmpflanzen, die mit freier Wasserfläche abwechseln. Sexualdimorphismus: Das Männchen ist größer und besitzt farbige Flossen, seine Schwanzflosse ist markant zipfelig gestreckt. Verhältnis der Geschlechter: 1 Männchen : 2−3 Weibchen (in einer Zuchtgruppeneinheit werden wenigstens 20 Generationsfische gehalten). Zuchtbedingungen: 25 °C; pH 6,5−7,0; dKH bis 2°; dGH bis 10°. (Entsprechend den Informationen von E. Roloff, der 1965 an der Expedition in die Sierra Leone teilgenommen hatte, ist das Wasser an den heimischen Lokalitäten wärmer als 25 °C, weist einen pH-Wert von 6,7 und eine Gesamthärte dGH von 5° auf). Eier: Durchmesser 1 mm, mit kurzem Stiel versehen, die Inkubation dauert 8−10 Tage. Anfüttern der Brut: *Artemia*-Nauplien. Ersteinfuhr: 1955, Belgien.

Erwachsene Fische laichen das ganze Jahr über. Die Weibchen legen ihre Eier in die Pflanzen und deren Wurzeln. Wir finden die Brut meistens dort, wo sich der Wasserspiegel mit dem Glas berührt, also in den Biegungen des Oberflächenhäutchens. Die unauffällige Brut verrät sich beim Anblick von oben durch einen metallisch glänzenden Fleck auf dem Scheitel. Wir fangen die Brut regelmäßig mit Hilfe einer kleinen Glasglocke heraus, sie nimmt sofort *Artemia*-Nauplien zu sich und wächst rasch. Diese Fische sind variabel, und wir finden auch unter den Exemplaren der gleichen Gruppe anders gefärbte, abweichend gestreifte Individuen.

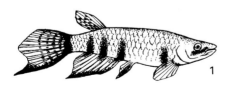

1 − *Epiplatys dageti monroviae*   2 − *Epiplatys chaperi sheljuzhkoi*   3 − *Epiplatys dageti dageti*

Cyprinodontidae

1 Blauer Prachtgrundkärpfling
Nothobranchius guentheri (PFEFFER, 1893)

Killifische, Eierlegende Zahnkarpfen
Cyprinodontidae

◁
●

Vorkommen: Küstenniederungen Ostafrikas – Tansania und die benachbarte Insel Sansibar – in periodisch austrocknenden Gewässern mit sandigem bis schlammigem Grund und klarem, leicht strömendem Wasser, aber auch in stehenden, stark getrübten Tümpeln. Gesamtlänge: 5 cm. Nahrung: Lebendfutter. Artenbecken mit ausreichend vielen Schlupfwinkeln. Laichbekken: Wenigstens 10 l, mit einer Torfschicht auf dem Boden. Sexualdimorphismus: Das Männchen ist bunt, die rote Schwanzflosse hat einen schwarzen Saum, das Weibchen ist grau bis bräunlich. Verhältnis der Geschlechter: 1 Männchen : 2–3 Weibchen. Wasser: 22–24 °C; pH 6,5; dKH < 2°; dGH < 10°. Eier: Entwicklung diskontinuierlich, die Inkubation dauert 10 Wochen. Anfüttern der Brut: *Artemia*-Nauplien, Ersteinfuhr: ?

Diese Art wird schon 1866 im Werk von Playfair und Günther „The Fisches of Zanzibar" erwähnt. Die genannten Autoren beschrieben den Fisch aber unter dem falschen Namen *N. orthonotus* und führten zu diesem Männchen ein Weibchen an, das in Wirklichkeit zur Art *N. melanospilus* gehörte. Aber schon 1893 erkannte der deutsche Ichthyologe Georg Pfeffer, daß es sich hier um eine neue Art handelte und beschrieb sie als *N. guentheri*. Wir wissen heute, daß an einigen Lokalitäten *N. guentheri* gemeinsam mit der größeren Art (7 cm) *N. melanospilus* PFEFFER, 1896, lebt, deren Weibchen auf dem Körper schwarze Tupfen tragen. Diese Arten kreuzen sich untereinander nicht. *N. guentheri* kreuzt sich jedoch mit einigen nahe verwandten Arten, zum Beispiel mit der Art *N. palmquisti*, die Nachkommen können fruchtbar sein. Wir lagern die Eier bei 16–18 °C in einem Kunststoffbeutel und übergießen nach 10 Wochen den Torf mit weichem Wasser. Wir wiederholen das Austrocknen und Befeuchten in wöchentlichen Abständen so lange, bis keine Brut mehr ausschlüpft. In den Aquarienzüchtungen entstand in der letzten Zeit eine farbige, goldene Form, die als *N. guentheri* ‚Gold' bezeichnet wird.

2 Rachovs Prachtfundulus
Nothobranchius rachovi AHL, 1926

Killifische, Eierlegende Zahnkarpfen
Cyprinodontidae

Syn.: *Adiniops rachovi*

◁
●

Vorkommen: Küste von Moçambique, Fundort bei der Stadt Beira, in periodisch austrocknenden Gewässern feuchter Savannen. Gesamtlänge: 5 cm. Nahrung: Lebendfutter. Artenbecken. Zuchtbecken: Wenigstens 10 l, auf dem Boden mit einer Torfschicht, diffuse Beleuchtung. Sexualdimorphismus: Das Männchen ist bunt, das Weibchen graubraun. Verhältnis der Geschlechter: 1 Männchen : 3 Weibchen. Wasser: 25 °C; pH 6,5–7,0; dKH bis 2°. Eier: Entwicklung diskontinuierlich, Inkubationsdauer 20–24 Wochen. Anfüttern der Brut: *Artemia*-Nauplien. Ersteinfuhr: 1925, 1948 wurden die Fische von E. Roloff erneut in die Aquaristik eingeführt.

Zahnkarpfen mit diskontinuierlicher Entwicklung werden als annuelle (einjährige) Fische bezeichnet. Diese Fische überleben die Trockenzeit nur in den Eiern; erwachsene Tiere sterben. In der Natur leben sie gewöhnlich nur einige Monate. Die oft empfohlene abgesenkte Temperatur verlängert vielleicht das Leben der Fische, aber auf Kosten des abgeschwächten Metabolismus, der das natürliche Verhalten der Tiere beeinflußt; sie werden träge. Die erwachsenen Fische von *N. rachovi* belassen wir 4 Wochen im Laichbecken. Nach dem Ablaichen lagern wir den feuchten Torf mit den Eiern in einem Kunststoffbeutel ein und bewahren ihn an einem dunklen Standort bei einer Temperatur von 20–22 °C auf. Zum Anfeuchten des Torfmulls verwenden wir weiches, 25 °C warmes Wasser. Nach kurzer Zeit schlüpft die Brut aus, die Entwicklung dauert 3–4 Wochen.

Cyprinodontidae

1 *Nothobranchius* n. sp. ‚Kayuni State Farm'

Killifische, Eierlegende Zahnkarpfen
Cyprinodontidae

Vorkommen: Südafrika – Sambia. Gesamtlänge: 6 cm. Nahrung: Lebendfutter, vor allem Stech- und Zuckmückenlarven. Artenbecken. Zuchtbecken: 10 l und entsprechend der Anzahl der Fische mehr, mit einer Torfschicht auf dem Boden. Sexualdimorphismus: Das Männchen ist bunter als das Weibchen. Verhältnis der Geschlechter: 1 Männchen : 2–3 Weibchen. Wasser : 22–24 °C; pH 6,5–7,0; dKH < 2°; dGH < 10°? Eier: Entwicklung diskontinuierlich, Inkubationsdauer 10–12 Wochen? Anfüttern der Brut: *Artemia*-Nauplien. Ersteinfuhr: 1981.

Ähnlich wie *Nothobranchius* n. sp. ‚Warfa blue' besitzt auch diese Art bis jetzt noch keinen gültigen Namen. Sie ist einer der am schönsten gefärbten Vertreter der Gattung. Die Farbvariationen liegen im Bereich von Blau und Orangerot. Die Vertreter der Gattung *Nothobranchius*, die auf dem Gebiet von Sambia leben, sind nur sehr wenig erforscht und man nimmt an, daß *Nothobranchius* n. sp. ‚Kayuni State Farm' nicht nur eine neue Art ist, sondern auch die einzige Art aus Sambia, die in Aquarien gehalten wird.

2 Foersch's Prachtgrundkärpfling
Nothobranchius foerschi WILDEKAMP et BERKENKAMP, 1979

Killifische, Eierlegende Zahnkarpfen
Cyprinodontidae

Vorkommen: Tansania – Wildtierreservat Selous – periodisch völlig austrocknende, seichte, dicht verwachsene Wasserlachen mit schlammigem Grund. Gesamtlänge: 5 cm. Nahrung: Lebendfutter. Artenbecken. Zuchtbecken: 10 l und mehr, entsprechend der Anzahl der Fische, auf dem Boden mit einer Torfschicht. Sexualdimorphismus: Das Männchen ist bunter und weist Netzzeichnung auf, die rote Schwanzflosse hat keinen schwarzen Saum, das Weibchen ist grau oder braun und kleiner. Verhältnis der Geschlechter: 1 Männchen : 2–3 Weibchen. Wasser: 18–22 °C; pH 6,5; dKH < 2°; dGH < 10°. Eier: Diskontinuierliche Entwicklung, die Inkubation der Eier dauert im feuchten Torfmull 10–12 Wochen. Anfüttern der Brut: *Artemia*-Nauplien. Ersteinfuhr: 1957, Tropicarium Frankfurt/M. unter dem falschen Namen *N. palmquisti* (siehe *N. palmquisti*).

Der Artname wurde zu Ehren von Dr. Foersche aus München verliehen, einem hervorragenden Kenner und Züchter Eierlegender Zahnkarpfen (Killifische).

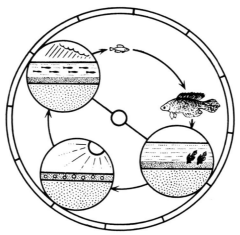

Entwicklung der Eierlegenden Zahnkarpfen in periodischen Gewässern

Cyprinodontidae

Familie *Poeciliidae*
Lebendgebärende Zahnkarpfen

Die Vetreter der Familie *Poeciliidae* sind lebendgebärende Arten, die die Südstaaten der USA, Mittelamerika, die Westindischen Inseln und Nordargentinien bewohnen. Gegenwärtig treten sie auch außerhalb ihres ursprünglichen Verbreitungsgebietes in wärmeren Gebieten auf, wohin sie eingeführt wurden. Diese Fische zeichnen sich durch einen markanten Geschlechtsdimorphismus aus: Die Männchen sind kleiner als die Weibchen, bei ihnen ist ein Paarungsorgan, das Gonopodium, ausgebildet (umgewandelte Afterflosse). Mit Hilfe des Gonopodiums überträgt das Männchen seine Spermien (Spermatophoren) in die Eileiter des Weibchens. Hier werden diese aufbewahrt, und das Weibchen kann mehrmals hintereinander, ohne Beisein des Männchens, Junge werfen. Nach der Befruchtung der Eier entwickeln sich in den Eierstöcken die Keimlinge, die sich vom Dotter ernähren. Sie sind mit dem Weibchen nicht in direkter Verbindung und entnehmen dem Körper des Muttertiers keinerlei Nährstoffe. Wir sprechen hier deshalb von sogenannter Pseudoviviparie. Das schwangere Weibchen erkennen wir, bis auf Ausnahmen, am Trächtigkeitsfleck und am größeren Körperumfang. Die Embryonen sind in einer dünnen Eihülle eingeschlossen, die platzt, sobald sie den Mutterleib verlassen. Die neugeborene Brut ist verhältnismäßig groß und gut entwickelt. Viele Arten sind farblich variabel und neigen zur Ausbildung von farblichen Mutationen. Viele Arten kreuzen sich untereinander.

1 Segelkärpfling
Poecilia velifera (REGAN, 1914)

Lebendgebärende Zahnkarpfen
Poeciliidae

Syn.: *Mollienisia velifera*

Vorkommen: Mexiko, vor allem auf der Halbinsel Yucatan. Gesamtlänge: Männchen 10–15 cm, Weibchen 18 cm. Nahrung: Lebendes, künstliches und pflanzliches Futter. Gesellschaftsbecken. Zuchtbecken: 50 l für ein Weibchen, 200 l und mehr für mehrere Weibchen und den Brutkasten. Sexualdimorphismus: Das Männchen hat ein Gonopodium und ist bunter, seine Rückenflosse ist meistens hoch. Verhältnis der Geschlechter: 1 Männchen : 5 Weibchen. Wasser: 25–28 °C; pH 7,5–8,2, frisch, wir setzen je 10 l Aquariumswasser 1 Eßlöffel NaCl oder je 50 l Aquariumswasser 1 l Meerwasser zu. Periode zwischen den Würfen: 8 Wochen. Anfüttern der Brut: Feines lebendes und künstliches Futter, Algen. Ersteinfuhr: 1913, Josef Kropac, Hamburg.

Ein Wurf enthält 50–200 Junge. Es wird empfohlen, die jungen Männchen in den Aquarien von den Weibchen getrennt und in lockerer Besatzung zu halten. Gut gewachsene Fische, vor allem Männchen mit hoher Rückenflosse, erzielen wir in geräumigen, beheizten und sonnigen Becken (durch ein allmähliches Erhöhen der Salinität werden die Fische an das Leben und die Fortpflanzung im Meerwasser mit einer Dichte von 1,024–1,028 gewöhnt, was dem Milieu der tropischen Korallenmeere entspricht).

2 *Poecilia velifera* – schwarze Form

Lebendgebärende Zahnkarpfen
Poeciliidae

Verschiedenen Angaben zufolge tritt diese Form auch in der Natur auf. Veredelt und genetisch stabilisiert wurde sie jedoch in Aquarienzucht. Es wurde auch eine Form mit leierförmigen Flossen erzüchtet.

3 *Poecilia velifera* – goldene Form

Lebendgebärende Zahnkarpfen
Poeciliidae

Im wesentlichen geht es um eine Albinoform, die in Aquarien veredelt und genetisch stabilisiert wurde.

Poeciliidae

1 Spitzmaulkärpfling   Lebendgebärende Zahnkarpfen
Poecilia sphenops CUVIER et VALENCIENNES, 1846   Poeciliidae

Syn.: *Mollienisia sphenops, Gambusia modesta, G. plumbea, Girardinus vandepolli, Lembesseia parvianatis, Platypoecilus mentalis, P. spilonotus, P. tropicus, Xiphophorus gillii*

Vorkommen: Mexiko bis Kolumbien, Süß- und Brackwasser. Gesamtlänge: Männchen 5 cm, Weibchen 7–11 cm. Nahrung: Lebendes, künstliches und pflanzliches Futter. Gesellschaftsbecken. Zuchtbecken: 10 l und ein Brutkasten für ein Weibchen. Sexualdimorphismus: Das Männchen ist kleiner und schlanker als das Weibchen, es besitzt ein Gonopodium, seine leicht orange Rückenflosse ist größer. Verhältnis der Geschlechter: 1 Männchen : 5 Weibchen. Wasser: 22–24 °C; pH 7,0–7,5, frisch, wir setzen je 10 l Wasser einen Teelöffel NaCl zu. Periode zwischen den Würfen: 4–8 Wochen. Anfüttern der Brut: Feines lebendes und künstliches Futter, nach 14 Tagen fügen wir auch Pflanzenkost zu. Ersteinfuhr: 1899, Umlauf, Hamburg.

Gesunde und gut gewachsene Zuchtfische erhalten wir nur in geräumigen Aquarien, deren Inhalt wenigstens 200 l beträgt. Langdauernde Inzucht und ungünstige Lebensbedingungen haben die Degeneration der Fische und vor allem bei den Männchen geringen Wuchs zur Folge.

Die wilde Form wird gegenwärtig nur vereinzelt gezüchtet, denn sie erreicht die Farbigkeit der veredelten Fische nicht. Diese Art ist farblich sehr variabel.

Die abgebildete Form *Poecilia sphenops* ‚Black Molly' wurde am Ende der zwanziger Jahre in den USA wahrscheinlich von Crecenty aus New Orleans erzüchtet. 1930 importierte die deutsche Firma Eimecke, Hamburg diese Fische aus den USA. Seit dieser Zeit entstanden verschiedene Zuchtformen, zum Beispiel ‚Black Yucatan', eine völlig schwarze Form mit hoher Rückenflosse, und ‚Mondmolly', eine völlig schwarze Form mit hoher, gelb- oder rotgesäumter Rückenflosse. Beide Formen wurden um 1955 in Miami auf Florida von William Sternke erzüchtet. Auf einer Fischfarm in Singapur veredelte Tan Guk Eng eine völlig rote Form. Die veredelten Formen sind im Gegensatz zu den wilden Fischen empfindlicher und wärmeliebender.

2 *Poecilia sphenops* – ‚Leier Molly'   Lebendgebärende Zahnkarpfen
Poeciliidae

Wurde um 1960 von dem chinesischen Züchter Cheah Yam Menga in Singapur veredelt. In den sechziger Jahren war der ‚Leier Molly' schon den Aquarianern auf der ganzen Welt bekannt.

Poeciliidae

1 Guppy, Millionenfisch
Poecilia reticulata PETERS, 1859

Lebendgebärende Zahnkarpfen
Poeciliidae

Syn.: *P. poeciloides, Poeciloides reticulatus, Lebistes reticulatus, L. poecilioides, Acanthocephalus guppii, A. reticulatus, Girardinus guppii, G. petersi, G. poeciloides, G. reticulatus, Haridichthys reticulatus, Heterandria guppii*

Vorkommen: Mittelamerika bis Brasilien. (Als Aquarienfisch auf der ganzen Welt verbreitet, lebt heute in vielen wärmeren Gebieten frei). Gesamtlänge: Männchen 3 cm, Weibchen 5 cm. Nahrung: Lebendes und künstliches Futter, regelmäßiges Zufüttern von Pflanzen. Gesellschaftsbecken. Nach Europa wurden diese Fische zum ersten Mal 1861 von dem Pfarrer E. A. von Tremezzo eingeführt. Nach Deutschland gelangten die ersten Exemplare 1908, Siggelkow, Hamburg.

Ein farblich veränderlicher Fisch. Die Populationen von der Insel Martinique und St. Thomas sind, Augenzeugen zufolge, außergewöhnlich farbig und groß. Sie leben hier in Brack- und Seewasser. Im Verlaufe vieler Jahre wurde *P. reticulata* zu einer ganzen Reihe von Formen veredelt.

2 Triangel, Untenschwert, Doppelschwert
Poecilia reticulata – Deltaform

Lebendgebärende Zahnkarpfen
Poeciliidae

Zuchtform. Gesamtlänge: Männchen 6 cm, Weibchen 8 cm. Nahrung: Lebendes und künstliches Futter, regelmäßiges Zufüttern mit Pflanzenmaterial. Becken: In Zuchtanlagen Artenbecken, sonst Gesellschaftsbecken. Zuchtbecken: 3–10 l mit einem Laichkäfig für ein Weibchen. Sexualdimorphismus: Das Männchen ist bunt und besitzt ein Gonopodium. Verhältnis der Geschlechter: 1 Männchen : 3–4 Weibchen. Wasser: 22–24 °C; pH 7,0–8,0; halb bis mäßig hart, frisch. Wir fügen je 10 l Wasser einen Teelöffel NaCl zu. Lebendgebärende Art: Die Wurfperiode beträgt 4–6 Wochen, die Anzahl der Jungen reicht bis zu 250. Anfüttern der Brut: Fein abgesiebtes Zooplankton, *Artemia*-Nauplien, nach 14 Tagen fügen wir Pflanzenfutter zu. Die Schleierform dieser Art wurde 1954 zum ersten Mal auf der internationalen Guppyausstellung in Hannover gezeigt. Sie wurde von dem berühmten Deutschamerikaner Paul Hahnel, dem „Guppykönig" aus New York, erzüchtet (1902–1969).

Die Voraussetzung für eine erfolgreiche Zucht sind gesunde, reinrassige Generationsfische und grundlegende Kenntnisse der Genetik. Für eine Zuchtgruppe, die aus 1 Männchen und 3–4 Weibchen besteht, verwenden wir ein 50-l-Becken ohne Bodengrund. Ein leistungsstarker mechanischer Filter und Pflanzendickichte ergänzen das Interieur des Aquariums. Die reifen Weibchen werden entweder einzeln in kleine Becken oder in kleine Käfige, die wir im großen Becken aufhängen, umgesiedelt. Wir können auch mehrere Weibchen der gleichen Form in entsprechend großen Käfigen unterbringen. Die Brut der gleichen Form wird dann aus den kleinen Becken in ein großes Aquarium gegossen, wo die Wasserhöhe 10 cm beträgt; der Wasserstand wird im Verlauf des Wachstums der jungen Fische erhöht. Grundbedingung: Nie werden Jungfische verschiedener veredelter Formen gemeinsam gehalten. Sobald wir das Geschlecht feststellen können, trennen wir die Männchen von den Weibchen. Je später die Männchen heranreifen, um so besser sind auch die Voraussetzungen, daß ihre Körpermaße und die Flossenlänge möglichst groß werden. Da der Generationswechsel sehr rasch vonstatten geht, kommt es bei andauernden verwandtschaftlichen Kreuzungen (Inzucht) zu degenerativen Veränderungen, vor allem zu einer Verkleinerung der Fische. Es ist deshalb günstig, rechtzeitig Generationsfische der gleichen Formen aus nicht verwandten Zuchten einzuführen.

2a – Unterschwert-Form
2b – Doppelschwert-Form
2c – Schleierform

Poeciliidae

157

1 Breitflossenkärpfling
Poecilia latipinna (LE SUEUR, 1821)

Syn.: *Mollienisia latipinna*

Lebendgebärende Zahnkarpfen
Poeciliidae

☐
◐

Vorkommen: Mexiko, Texas, Florida, Süd- und Nordkarolina, Virginia — stehende und fließende Gewässer in Küstennähe, Süß-, Brack- und Meerwasser. Eine typische Lokalität ist der Rio Grande mit seinen Zuflüssen an der Grenze zwischen Mexiko und den USA. Gesamtlänge: Männchen 10 cm, Weibchen 12 cm. Nahrung: Lebendes, künstliches und pflanzliches Futter. Gesellschaftsbecken, hell bis sonnig, gut gefiltertes Wasser. Zuchtbecken: 10 l mit Laichkäfig für 1 Weibchen, in größeren Käfigen können mehrere Weibchen gemeinsam untergebracht werden. Sexualdimorphismus: Das Männchen ist kleiner und besitzt ein Gonopodium, seine Rückenflosse ist höher und breiter als die des Weibchens. Verhältnis der Geschlechter: 1 Männchen : 3—5 Weibchen. Wasser: 24 °C, pH 7,0—8,0, frisch, wir fügen je 10 l Wasser 1 Eßlöffel NaCl oder je 50 l Wasser 1 l Meerwasser bei. Lebendgebärende Art, die Wurfperiode beträgt 8—10 Wochen. Anfüttern der Brut: *Artemia*-Nauplien, fein gesiebtes Zooplankton, künstliches Brutfutter, Algen. Ersteinfuhr: 1902, H. Stüve, Hamburg.

Die Generations- und Jungfische werden in geräumigen Becken gehalten. Ideal sind große, geheizte und besonnte Bassins. Farblich variable Art, die Albino-, gefleckte und auch ganz schwarze Generationen aufweist. Die Variabilität wurde von den Züchtern zu weiteren Veredelungen genutzt. *P. latipinna* — Starburst Molly mit goldener Grundfärbung und roten Tupfen wurde 1973 von John L. Williams auf EKK — Will Tropical Fish Farm — Florida, USA gezüchtet. *P. latipinna* — Baloon Molly mit einem stark verkürzten Körper wurde 1975 von Wilson Joe Eng Nam in Singapur entwickelt. Sauberes Wasser, eine lockere Besetzung und ausreichender Lebensraum sind die Grundlagen einer erfolgreichen Zucht. Die Brut ist bis zu 12 mm lang, die Anzahl der Nachkommen eines Weibchens bewegt sich um 100 Stück.

2 Glaskärpfling
Quintana atrizona (HUBBS, 1934)

Lebendgebärende Zahnkarpfen
Poeciliidae

☐
●

Vorkommen: Kubanischer Endemit, der in einem kleinen Gebiet um Havanna und in Baracoa vorkommt. Gesamtlänge: Männchen 2 cm, Weibchen 4 cm. Nahrung: Lebendes, künstliches und pflanzliches Futter. Artenbecken. Zuchtbecken: 100 l, mit zartblättrigen Pflanzen besetzt, hell bis besonnt. Sexualdimorphismus: Das Männchen ist kleiner und durchsichtiger als das Weibchen, es besitzt ein Gonopodium. Verhältnis der Geschlechter: 1 : 1 oder bei der Haltung im Schwarm leichtes Übergewicht der Weibchen. Wasser: 24—28 °C; pH 7,0—7,5; frisch, gut durchlüftet, sauber. Lebendgebärende Art. Die Periode zwischen den Würfen beträgt 5 Wochen. Anfüttern der Brut: *Artemia*-Nauplien. Ersteinfuhr: 1935.

Obwohl Kuba von einer ganzen Reihe ichthyologischer Expeditionen besucht wurde, wurde diese Art erst 1934 beschrieben. Das Weibchen wirft im Abstand von 1 Stunde bis zu 1 Tag bis zu 35 Junge. Diese sind 6,5—7 mm groß, wir fangen sie ab und züchten sie in einem gesonderten Becken weiter. Es ist möglich, Jungfische verschiedener Alterskategorien gemeinsam zu halten. Die Jungfische wachsen schnell und sind im Alter von 4 Monaten geschlechtsreif.

Poeciliidae

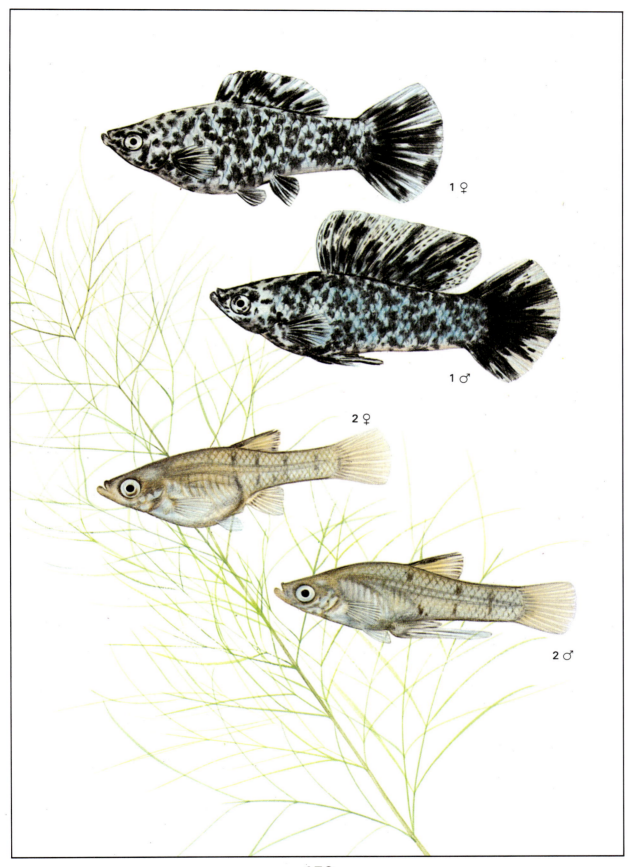

1 Hechtkärpfling
Belonesox belizanus KNER, 1860

Lebendgebärende Zahnkarpfen
Poeciliidae

◁
●
Vorkommen: Mittelamerika von Südmexiko bis Honduras. Gesamtlänge: Männchen 12 cm, Weibchen 20 cm. Nahrung: Lebendfutter, vor allem Fische. Artenbecken. Zuchtbecken: 50 l für ein Weibchen und einen großen Brutkäfig mit 5×5 mm Maschenweite. Sexualdimorphismus: Das Männchen ist kleiner, es besitzt ein Gonopodium. Verhältnis der Geschlechter: 1 Weibchen: 2–3 Männchen. Wasser: 24–30 °C; pH 7,0–7,5; frisch, wir geben je 10 l Wasser 1 Teelöffel NaCl zu. Die Periode zwischen den Würfen beträgt 5 Wochen. Anfüttern der Brut: Zooplankton, vor allem Mückenlarven, später in großer Menge die Brut von Lebendgebärenden. Ersteinfuhr: 1909, Carl Siggelkow, Hamburg.

Mit der Lebensweise und Körperform erinnert *B. belizanus* an den Hecht *Esox lucius*. Das Aquarium sollte wenigstens 1 m lang sein und genügend Schlupfwinkel aus Pflanzen aufweisen. Die Zuchtmännchen müssen angemessen groß sein, weil sie sonst den Weibchen zum Opfer fallen können. Die befruchteten Weibchen werden getrennt und einzeln untergebracht. Die Brut verläßt den Mutterleib sehr schnell und verbirgt sich instinktiv im Pflanzenwuchs. Die Anzahl der Jungen eines Wurfs liegt um 100, ihre „Geburt" kann sich über 24 Stunden hinziehen. Sie sind 2 cm groß. Die Jungfische müssen, vor allem wenn sie das Alter einer Woche erreicht haben, ständig gesättigt sein, da sie sich sonst durch Kannibalismus reduzieren. Aus diesem Grund wird auch der Beckenbesatz locker gehalten. Die jungen Fische wachsen schnell, im Alter von einem halben Jahr reifen ihre Geschlechtsorgane heran.

Im Roten Buch (Red Data Book) wird *B. belizanus* im Verzeichnis der gefährdeten Arten aufgeführt und ist streng geschützt.

2 Leuchtaugen-Kärpfling
Priapella intermedia ALVAREZ, 1852

Lebendgebärende Zahnkarpfen
Poeciliidae

☐
●
Vorkommen: Mexiko, saubere Wasserläufe. Gesamtlänge: Männchen 5 cm, Weibchen 7 cm. Nahrung: Lebendes, künstliches und pflanzliches Futter. Artenbecken. Zuchtbecken: 100 l, mit Pflanzendickichten (die Brut wird abgefangen). Sexualdimorphismus: Das Männchen trägt ein Gonopodium, seine Rückenflosse ist zitronengelb. Verhältnis der Geschlechter: 1 Männchen: 2 Weibchen. Wasser: 20–22 °C; pH 6,5–7,5, frisch, gefiltert, mit Sauerstoff versorgt, mit dem Umwalzfilter simulieren wir Wasserströmung. Die Periode zwischen den Würfen beträgt 5–6 Wochen. Anfüttern der Brut: *Artemia*-Nauplien, fein abgesiebte *Cyclops*. Ersteinfuhr: 1964 über das Staatliche Zoologische Institut in Hamburg.

Die Fische sind durch die markant blaue Regenbogenhaut ihrer Augen charakteristisch. Wir halten sie in einer größeren Gruppe. Diese Art ist empfindlich und neigt im ungeeigneten Milieu zu Erkrankungen. Die Fische halten sich am liebsten im strömenden Wasser nahe der Oberfläche auf und unterliegen leicht Streßsituationen, vor allem heftigen Veränderungen in der Umgebung, störenden Einflüssen u. ä.

Die Brut wird von den erwachsenen Fischen nicht verfolgt. Die abgefangene Brut wird selbständig in Becken mit einer ausreichend großen Wasseroberfläche gehalten. Die Wasserstandshöhe beträgt hier 10–15 cm. Die Weibchen sind wenig produktiv, ein Wurf enthält ungefähr nur 30 Junge. Die Trächtigkeit der Weibchen ist undeutlich, der Körperumfang der Tiere vergrößert sich nur wenig. Bei plötzlichen Veränderungen in der Temperatur und dem Chemismus des Wassers kommt es bei den Weibchen zu Fehlgeburten. Die Jungfische wachsen schnell heran, und beginnen im Alter von 5 Monaten geschlechtsreif zu werden.

Poeciliidae

1 Gefleckter Kaudi, Vielfleckkärpfling
Phalloceros caudomaculatus reticulatus (HENSEL, 1868)

Lebendgebärende Zahnkarpfen
Poeciliidae

Syn.: *Girardinus januarius reticulatus, G. reticulatus*

◻
●
Vorkommen: Mittelbrasilien, Paraguay, Argentinien, Uruguay. Gesamtlänge: Männchen 4 cm, Weibchen 7 cm. Nahrung: Lebendes und künstliches Futter, wir füttern Pflanzenkost zu. Artenbecken, gut bewachsen. Zuchtbecken: 6 l mit Laichkäfig für ein Weibchen (in großen Becken mit geräumigen Laichkästen können wir auch mehrere Dutzend Weibchen unterbringen). Sexualdimorphismus: Das Männchen ist kleiner, es besitzt ein langes Gonopodium. Verhältnis der Geschlechter: 1 Männchen : 3 Weibchen. Wasser: 16–20 °C; pH 7,0–8,0, frisch, wir fügen je 10 l Wasser einen Teelöffel NaCl oder je 50 l Süßwasser 1 l Meerwasser zu. Lebendgebärende Art: Die Periode zwischen den Würfen beträgt 4–6 Wochen. Anfüttern der Brut: Nauplienstadium von *Artemia*, fein abgesiebtes Zooplankton. Ersteinfuhr: 1905, Koppe und Siggelkow, Hamburg.

Die Brut wird zwar von den Weibchen nicht verfolgt, wir fangen sie aber trotzdem ab (soweit wir keinen Ablaichkäfig benutzen) und ziehen sie gesondert auf. Gegenwärtig unterscheiden wir zwei Unterarten: *P. caudomaculatus auratus* (HENSEL, 1868) und *P. caudomaculatus reticulatus* (HENSEL 1868). Darüber hinaus kennen wir noch die Varietät *P. caudomaculatus reticulatus* var. *auratus* aus Brasilien. Die Grundfärbung ist gelb bis goldgelb. Auf dem Körper und den Flossen befinden sich unregelmäßige schwarze, braune und weiße Tupfen.

2 Guatemalakärpfling
Phallichthys amates amates (MILLER, 1907)

Lebendgebärende Zahnkarpfen
Poeciliidae

Syn.: *Poecilia amates, Poeciliopsis amates*

○
●
Vorkommen: Mittelamerikanische Republiken – Guatemala bis Panama. Gesamtlänge: Männchen 6 cm, Weibchen 10 cm. Nahrung: Lebendes und künstliches Futter. Artenbecken. Zuchtbecken: 10 l mit Laichkäfig, Sexualdimorphismus: Das Männchen ist kleiner als das Weibchen und besitzt ein langes Gonopodium, das bei vielen Exemplaren bis zur Basis der Schwanzflosse reicht. Verhältnis der Geschlechter: 1 Männchen : 3 Weibchen. Wasser: 20–25 °C; pH 7,0–7,5, wir fügen je 10 l Wasser einen Teelöffel NaCl zu. Lebendgebärende Art: Die Periode zwischen den Würfen beträgt 6 Wochen. Anfüttern der Brut: *Artemia*-Nauplien, fein gesiebtes Zooplankton. Ersteinfuhr: 1937, Fritz Mayer, Hamburg.

Scheue, friedliche Fische. Wir halten sie in kleinen Schwärmen in gut bewachsenen Becken. Das Aquarium sollte einen Inhalt von wenigstens 100 l aufweisen. Die Brut wird von den erwachsenen Fischen nicht beachtet, und wenn wir keinen Laichkäfig verwenden, fangen wir sie regelmäßig mit einer Glasglocke ab. Ein Wurf ergibt in der Regel um 50 Jungfische, die nur allmählich wachsen. Die Männchen sind im Alter von 4–6 Monaten, die Weibchen nach 1 Jahr (manchmal auch eher) geschlechtsreif.

Die Gattung *Phallichthys* wurde 1924 von C. L. Hubbs festgelegt. Sie wird von 3 Arten vertreten: *P. tico, P. fairweatheri* und *P. amates*. *P. amates* wird in zwei Unterarten unterteilt: *P. amates amates* (MILLER, 1907) und *P. amates pittieri* (MEEK, 1912). *P. amates pittieri* ist aus Panama und Costa Rica bekannt und ist wahrscheinlich auch im Gebiet der Großen und Kleinen Antillen verbreitet. Hier ist das Weibchen fruchtbarer als die Weibchen von *P. amates amates*, ein Wurf enthält in der Regel bis zu 100 Junge.

Poeciliidae

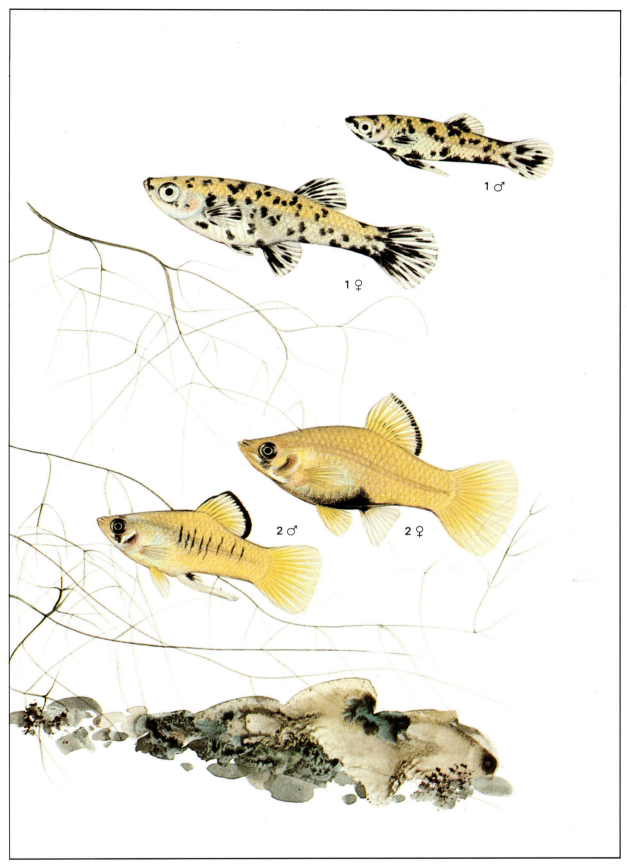

1 Schwertträger, Helleri
Xiphophorus helleri helleri (HECKEL, 1848)

Lebendgebärende Zahnkarpfen
Poeciliidae

Syn.: *X. jalapae, X. rachovi, Mollienisia helleri*

Vorkommen: Mittelamerika von Mexiko bis Costa Rica. Gesamtlänge: Männchen 10 cm, Weibchen 12 cm. Nahrung: Lebendes, künstliches und pflanzliches Futter. Gesellschaftsbecken. Zuchtbecken: 10 l für ein Weibchen mit Brutkäfig. Sexualdimorphismus: Das Männchen besitzt ein Gonopodium, seine Schwanzflosse ist im unteren Abschnitt schwertartig verlängert. Verhältnis der Geschlechter: 1 Männchen: 5 Weibchen. Wasser: 20–25 °C; pH 7,0–7,5; frisch, wir setzen je 10 l Wasser einen Teelöffel NaCl zu. Lebendgebärende Art: Die Periode zwischen den Würfen dauert 4–6 Wochen. Anfüttern der Brut: Feines lebendes und künstliches Futter, ab dem Alter von 14 Tagen fügen wir Pflanzenkost zu (Spinatpüree). Ersteinfuhr: 1909, W. Schroot, Hamburg.

Die Anzahl der Jungen eines Wurfs bewegt sich zwischen einigen Dutzend und 200 (auch mehr). Die Aufzucht der Jungen erfolgt in großen flachen Becken mit einer Wasserstandshöhe von 10–15 cm. Bei der intensiven Zucht verwenden wir große Brutkäfige für mehrere Dutzend Weibchen. Hierbei sind rechtzeitig durchgeführte Bestandsverringerung, die Sicherung von frischem Wasser (Durchflußbecken) und eine intensive Fütterung von 3–4× täglich notwendig. Von Ende Mai bis Anfang September setzen wir die Jungfische in Gartenbassins aus. Sie ertragen das vorübergehende Absinken der Temperatur bis auf 15 °C.

Bei *X. helleri* wurde schon vielmals die Geschlechtsumwandlung beschrieben; ältere Weibchen, die schon mehrmals Junge geworfen haben, können sich in Männchen verwandeln. Eine Umwandlung in der anderen Richtung ist nicht bekannt.

Außer der Nominatform dieser beliebten Lebendgebärenden, die zu vielen farbigen und in der Form abweichenden Kombinationen veredelt wurden, wurden auch weitere Unterarten beschrieben: *X. helleri guentheri* JORDAN et EVERMANN, 1896, aus Guatemala, Honduras und Mexiko; *X. helleri strigatus* REGAN, 1907, aus Mexiko und *X. helleri alvarezi* ROSEN, 1960, ebenfalls aus Mexiko. Die gegenseitige Kreuzung der Unterarten und auch der reinblütigen Formen ist unerwünscht.

2 *Xiphophorus helleri* – Simpsonform

Lebendgebärende Zahnkarpfen
Poeciliidae

1960 von Thomas Simpson in Kalifornien, USA erzüchtet. Diese Form wird in der Gegenwart zu einer ganzen Skala farbiger Formen veredelt.

3 *Xiphophorus helleri* – Tuxedoform

Lebendgebärende Zahnkarpfen
Poeciliidae

1956 in Sri Lanka veredelt und exportiert. Die Grundfarbe des Körpers ist grün oder rot. Rotschwarze Formen neigen zu Geschwulstbildungen, die wir durch die Unterdrückung der schwarzen Farbe bei der Auswahl der Zuchtfische dämpfen.

Poeciliidae

1 *Xiphophorus helleri* – rote Form

Lebendgebärende Zahnkarpfen
Poeciliidae

Wird in verschiedenen Schattierungen von ziegel- bis braunrot gezüchtet. Besonders wertvoll sind satt samtrote Stämme, die nicht glänzen und keine weiße Bauchpartie aufweisen, sie werden als ‚Roter Velvet' bezeichnet.

2 *Xiphophorus helleri*, ‚Marigold'

Lebendgebärende Zahnkarpfen
Poeciliidae

Wurde in den Fischfarmen von Florida gezüchtet und von da aus exportiert.

3 *Xiphophorus helleri* – schwarze Leier- und Schleierform

Lebendgebärende Zahnkarpfen
Poeciliidae

Die schwarze Grundform mit klassisch geformter Schwanzflosse, auch ‚Hamburger Form' genannt, wurde 1912 von W. Hoffmann in Deutschland erzüchtet. Der Körper ist schwarz, die Schuppen glänzen blau, grün oder opalisieren. Die Flossen sind transparent bis gelblich. Die Fische wachsen zu erheblichen Ausmaßen heran (20 cm) und erreichen ihre Geschlechtsreife erst im zweiten Lebensjahr. Sie sind wärmeliebender als die übrigen Farbformen. Bei der Auswahl der Zuchtfische sondern wir die Exemplare mit schwarzen Pigmentanhäufungen in den Flossen aus, da diese den Zerfall der Flossen hervorrufen.

1962 erzüchtete O. Adams auf Florida die erste Leierform der Art *X. helleri*, sie war rot. Gegenwärtig werden leierartige Schwertträger in einer ganzen Reihe von Farben gehalten. Die Männchen der Leierformen sind fruchtbar, wegen des zu langen Gonopodiums aber nicht in der Lage, die Weibchen zu begatten. Deshalb kreuzen sich oft leierartige Weibchen mit „gewöhnlichen" Männchen. Die Nachkommen dieser Eltern haben aber zum großen Teil keine leierartigen Schwanzflossen. Bei konsequenter Zucht wenden wir die künstliche Besamung an. Die schwarze Schleierform mit roten Flossen wurde 1963 bei den Züchtern E. und L. Nishida auf Hawaii erzüchtet. Sie wurde dann auf Florida unter der Bezeichnung ‚Nishida High-fin helleri' weiter veredelt.

Bei der künstlichen Besamung der Leierformen verwenden wir folgende Hilfsmittel: Ein Präparationsmikroskop, Objektträger mit einer Vertiefung, eine feine gläserne Pipette (Durchmesser 0,5 mm) mit einem Saugball aus Gummi (sogenannte Pasteurpipette), Zellstoff, physiologische Lösung (0,6%-ige NaCl-Lösung). Wir legen das Männchen nach vorausgehender Beruhigung an der Luft auf ein Stück Zellstoff und überdecken es mit einem anderen Stück Zellstoff so, daß der hintere Teil des Körpers einschließlich des Gonopodiums nicht von der Zellwatte verdeckt werden (durch das Abdecken der Augen beruhigen wir das Tier). Das Gonopodium wird dann mit dem Objektträger unterlegt, in dem sich zwei Tropfen physiologischer Lösung befinden. Anschließend drehen wir das Gonopodium mit Hilfe einer Pinzette mehrmals im Urzeigersinn. Mit leichtem Druck von Daumen und Zeigefinger massieren wir den Bauchteil in Richtung zur Basis des Gonopodium hin und drücken so die Spermatophoren in die physiologische Lösung. Bei der Beruhigung des Weibchens verfahren wir auf die gleiche Weise. Das Weibchen wird mit dem Rücken nach unten auf dem Träger des Mikroskops befestigt. Mit der Pipette nehmen wir die physiologische Lösung mit den Spermatophoren auf und führen das Ende der Pipette vorsichtig in die Geschlechtsöffnung des Weibchens ein (maximal 2 mm tief); damit ist die künstliche Besamung abgeschlossen. Wir können mit den Spermatophoren eines Männchens mehrere Weibchen befruchten.

Poeciliidae

Platy, Spiegelkärpfling
Xiphophorus maculatus (GÜNTHER, 1866)

Lebendgebärende Zahnkarpfen
Poeciliidae

Syn.: *Platypoecilus maculatus, P. nigra, P. pulchra, P. rubra, Poecilia maculata*

Vorkommen: Atlantikküste Mexikos, Guatemalas und Honduras. Gesamtlänge: Männchen 3,5 cm, Weibchen 6 cm. Nahrung: Lebendes, künstliches und pflanzliches Futter. Gesellschaftsbecken. Zuchtbecken: 3—10 l und Brutkäfig für ein Weibchen. Sexualdimorphismus: Das Männchen ist schlanker und kleiner und besitzt ein Gonopodium. Verhältnis der Geschlechter: 1 Männchen : 3 Weibchen. Wasser: 20—25 °C; pH 7,0—7,5; wir können je 10 l Wasser 1 Teelöffel NaCl zusetzen. Die Periode zwischen den Würfen beträgt 22—25 Tage. Anfüttern der Brut: Feines lebendes und künstliches Futter. Ersteinfuhr: 1907, Bertha Kuhnt, Vereinigte Zierfischzüchtereien, Berlin—Conradshöhe.

Diese Art ist auch in der Natur farblich variabel. Die Anzahl der Jungen eines Weibchens bewegt sich von 30 bis 100 Stück. Diese Fische kreuzen sich bereitwillig und fruchtbar mit der Art *Xiphophorus helleri,* die Bastardmännchen haben nur ein kurzes Schwert. Es wurde auch eine ganze Reihe von Kreuzungen mit den Arten *Heterandria formosa, Poecilia nigrofasciata, P. reticulata, P. sphenops, P. velifera* und *Xiphophorus variatus* erzielt.

1 *Xiphophorus maculatus* — ‚Korallen-Platy'
Lebendgebärende Zahnkarpfen
Poeciliidae

Sattrot, begehrter erzüchteter Fisch mit weißlichblauem Glanz in den Bauch-, After- und teilweise auch Schwanzflossen. Aus den zugänglichen Quellen ist nicht ersichtlich, wo der Fisch veredelt wurde.

2 *Xiphophorus maculatus* — ‚Wagtail-Platy'
Lebendgebärende Zahnkarpfen
Poeciliidae

Die Grundfärbung ist grau, gelb oder rot. Es handelt sich um eine der ersten genetisch stabilisierten Züchtungen. Es gelang auch, diese Fische erblich so zu festigen, daß die schwarze Farbe als dominierendes Merkmal angesehen werden kann. Hierum hat sich der amerikanische Genetiker Dr. Myron Gordon (1900—1959) verdient gemacht, der sich mit der Erforschung von bösartigen Geschwülsten beschäftigte. Er führte umfangreiche Versuche mit lebendgebärenden Fischen durch und veröffentlichte zahlreiche Arbeiten, in denen wir viele Antworten auf die Fragen um die Auslese und Vererbbarkeit bei diesen Tieren finden.

Poeciliidae

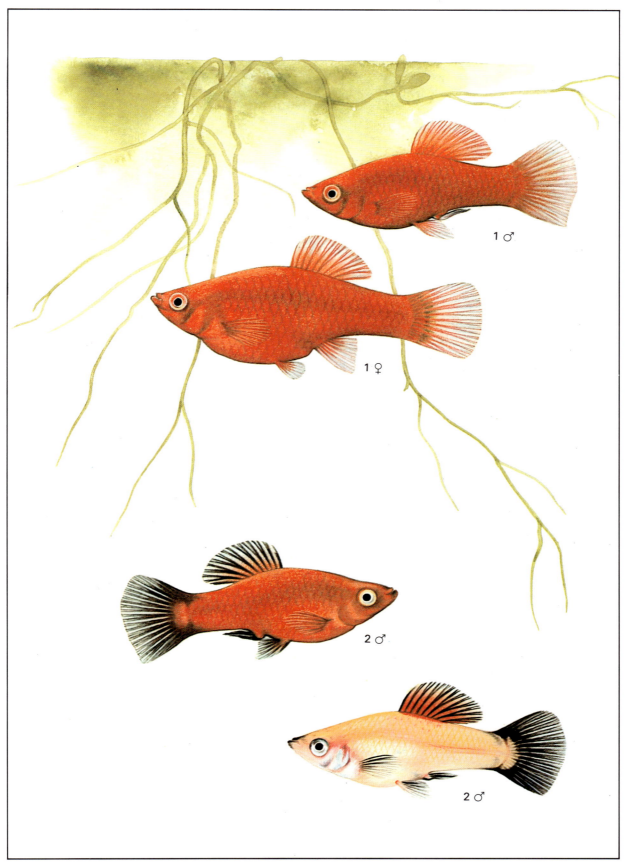

1 *Xiphophorus maculatus* – ‚Simpson-Platy' Lebengebärende Zahnkarpfen
Poeciliidae

Diese Züchtung wird schon lange in Aquarien gehalten. Es sind die farbigen Formen Tuxedo rotschwarz (mit verschiedenen Rottönen), Tuxedo gelbschwarz, Tuxedo grünschwarz und Wagtail mit schwarzer Rücken- und Schwanzflosse bekannt. Einige Populationen neigen zu Geschwulstbildungen und anschließendem Zerfall der Rücken- oder Schwanzflosse, was vor allem bei Exemplaren mit übermäßiger Konzentration schwarzer Pigmentzellen, den Melanophoren, auftritt. Wir sondern deshalb zu stark schwarz pigmentierte Tiere aus der Zucht aus.

2 *X. helleri* x *X. variatus* – ‚Papagei-Platy' Lebendgebärende Zahnkarpfen
Poeciliidae

Der obengenannten Form ‚Simpson' ist die hochflossige Form ‚Papagei-Platy' sehr ähnlich, die 1963 bei dem amerikanischen Züchter Bill Hearin als Ergebnis der Kreuzung des Männchens von *X. helleri* ‚Simpson' mit dem Weibchen *X. variatus* entstand. Diese Hybriden werden auch ‚Topsail', ‚Delta', ‚Hi-fin' usw. genannt. Trotz der großen morphologischen Ähnlichkeit sind das Kreuzungen der genannten Arten, die mit der Art *X. maculatus* nichts Gemeinsames haben.

3 *Xiphophorus maculatus* – ‚Spitz-Platy' Lebendgebärende Zahnkarpfen
Poeciliidae

Ende der sechziger, Anfang der siebziger Jahre wurde diese Form wahrscheinlich in der einstigen DDR oder in der BRD erzüchtet. 1969 tauchte in Hamburg eine ähnliche Form auf, deren Schwanzflosse in der Mitte fächerartig verlängert war. Sie erhielt den Namen ‚Pinsel-Platy'. Allmählich erreichte man bei diesen Fischen verschiedene Färbungen. Die Form ihrer Schwanzflosse ist aber sehr variabel. Beide genannten Formen sind bis jetzt offensichtlich genetisch nicht stabil.

Poeciliidae

1 Montezuma-Schwertträger
Xiphophorus montezumae JORDAN et SNYDER, 1900

Lebendgebärende Zahnkarpfen
Poeciliidae

Vorkommen: Südmexiko, Yucatan, Stromgebiet der Flüsse Axtla, Panaco, Montezuma und Salto de Aqua. Gesamtlänge: Männchen 5,5 cm, Weibchen 6,5 cm. Nahrung: Lebendes, künstliches und pflanzliches Futter. Gesellschaftsbecken. Zuchtbecken: 10 l mit Laichkäfig für ein Weibchen. Sexualdimorphismus: Das Männchen ist kleiner als das Weibchen, es besitzt ein kurzes Gonopodium und ein kurzes Schwert. Geschlechterverhältnis: 1 Männchen : 5 Weibchen. Wasser: 20–25 °C; pH 7,0–7,5, frisch, wir können je 10 l Wasser einen Teelöffel NaCl zufügen. Lebendgebärende Art: Die Periode zwischen den Würfen beträgt 4–6 Wochen. Anfüttern der Brut: *Artemia*-Nauplien. Ersteinfuhr: 1933, Fritz Mayer, Hamburg (es ist nicht ausgeschlossen, daß diese Art schon 1913 eingeführt wurde).

Eine selten gezüchtete Art. Eine Unterart ist *X. montezumae cortezi* ROSEN, 1960. Die Fische leben in der Natur in stark strömenden Gewässern. Bei der Zucht wird empfohlen, die Temperatur nicht über 25 °C steigen zu lassen. Die Anzahl der Jungen ist geringer als bei der Art *X. helleri,* es sind 20–60 Stück. Entsprechend den Informationen einiger Züchter verlieren die Fische bei der Aquarienhaltung ihre intensive, aus der Natur bekannte Färbung. Sie kreuzen sich bereitwillig mit den anderen Arten der Gattung *Xiphophorus.*

2 Papageienplaty
Xiphophorus variatus (MEEK, 1904)

Lebendgebärende Zahnkarpfen
Poeciliidae

Syn.: *Platypoecilus variatus. P. maculatus dorsalis, P. variegatus*

Vorkommen: Ostmexiko, Stromgebiet der Flüsse Grande, Conchos, Salado, Panuco, Axtla, Papaloapan u. a. Gesamtlänge: Männchen 5,5 cm, Weibchen 7 cm. Nahrung: Lebendes, künstliches und pflanzliches Futter. Gesellschaftsbecken. Zuchtbecken: 6–10 l mit Laichkäfig für ein Weibchen. Sexualdimorphismus: Das Männchen ist bunter, es besitzt ein Gonopodium. Geschlechterverhältnis: 1 Männchen : 5 Weibchen. Wasser: 19–24 °C; pH 7,0–7,5; halbhart, frisch. Lebendgebärende Art, die Periode zwischen den Würfen beträgt 4–5 Wochen. Anfüttern der Brut: Nauplien von *Artemia,* fein gesiebtes Zooplankton, künstliches Brutfutter. Ersteinfuhr: 1931, Seemann Conrad, Hamburg.

Die jungen Männchen tragen an den Seiten einen dunklen Fleck, der dem Trächtigkeitsfleck ähnelt. Bei älteren Männchen verblaßt dieser Fleck und färbt sich blaugrün. Die Weibchen sind sehr produktiv, ein Wurf kann bis zu 200 Junge enthalten. Während des Sommers können wir die Fische in Gartenbassins halten.

X. variatus weist viele farblich abweichende Formen auf: Albinoformen, rote Tuxedo, Golden-Marigold, gelbe Tuxedo, Marigold-Tuxedo, Golden Wagtail, Marigold Wagtail, schwarze usw. Bei einer ganzen Reihe dieser Farbformen wurde eine besonders hohe Rückenflosse, bei anderen eine in Spitzen oder Pinseln auslaufende verlängerte Schwanzflosse erzüchtet.

3 *Xiphophorus variatus* – ‚Marigold'

Lebendgebärende Zahnkarpfen
Poeciliidae

Entsteht durch Hybridisation von *X. variatus* × *X. maculatus, X. variatus* × *X. helleri* und die weitere langjährige Kreuzung der Hybriden, so daß die Benennung *X. variatus* nur symbolisch ist. Der Ursprung dieses Hybriden muß ausschließlich in Aquarien gesucht werden.

Poeciliidae

Familie *Goodeidae*

Die Fische dieser Familie leben in den Wasserläufen des Hochlands von Mexiko. Sie bewohnen langsam-, aber auch schnellfließende Gewässer mit steinigem Grund. Die Biotope der einzelnen Arten befinden sich alle in besiedelten Gebieten mit verschmutzten Wasserläufen, so daß viele Arten vom Aussterben bedroht sind.

Die Männchen besitzen ein Andropodium genanntes Paarungsorgan, das aus dem vorderen Teil der Afterflosse gebildet und vom hinteren Teil durch einen Einschnitt getrennt wird. Im Unterschied zu den lebendgebärenden Fischen der Familie *Poeciliidae* muß das Weibchen vor jedem Wurf erneut begattet werden. Die Embryonen entwickeln sich aus Eiern, die verhältnismäßig dotterarm sind und Nährstoffe aus dem Mutterorganismus übernehmen. Die Übernahme dieser Nährstoffe geschieht mit Hilfe zickzackförmiger, schnurartiger Gebilde (Trophotaenien) aus der Schleimhaut des Eierstocks (sogenannte ovarielle Plazentabildung).

1 Flitterkärpfling
Ameca splendens MILLER et FITZSIMONS, 1971
Goodeidae

Vorkommen: Mexiko. Gesamtlänge: 10 cm. Nahrung: Lebendes, künstliches und pflanzliches Futter. Gesellschaftsbecken. Zuchtbecken: Bei intensiver Zucht verwenden wir große Aquarien mit 100 l und mehr Inhalt und mit Brutkästen für eine größere Anzahl von Weibchen, sonst 10 l für ein Weibchen. Sexualdimorphismus: Das Männchen hat eine größere dunkle Rückenflosse und eine gelb und schwarz gesäumte Schwanzflosse. Die Afterflosse ist ebenfalls gelbschwarz gesäumt und in ein Andropodium umgewandelt; an den Körperseiten befinden sich glänzende, ausgeprägt dunkle Schuppen. Die Färbung der Weibchen ist weniger stark ausgeprägt. Verhältnis der Geschlechter: 1 : 1 oder in einer größeren Gruppe mit schwachem Übergewicht der Männchen. Wasser: 22–25 °C; pH 7,0–8,0, frisch, abgestanden, wir setzen je 10 l Wasser einen Teelöffel NaCl zu (auf plötzliche Änderungen im Chemismus des Wassers ist die Art empfindlich). Lebendgebärende Art: Periode zwischen den Würfen 6–8 Wochen. Anfüttern der Brut: *Artemia*-Nauplien, feingesiebtes Zooplankton, nach einer Woche füttern wir Spinatpüree zu. Ersteinfuhr: Wahrscheinlich Ende der siebziger Jahre.

Ein Wurf enthält 10–40 Junge, die von den erwachsenen Fischen nicht besonders verfolgt werden.

2 Banderolenkärpfling
Xenotoca eiseni RUTTER, 1896
Goodeidae

Vorkommen: Mexiko, Rio Grande de Santiago und Zuflüsse in der Umgebung der Stadt Tepic. Gesamtlänge: 10 cm. Nahrung: Lebendes und künstliches Futter, wir füttern Pflanzenkost zu. Artenbecken, wenigstens 100 l. Zuchtbecken: 10 l mit Brutkasten für ein Weibchen. Sexualdimorphismus: Das Männchen besitzt ein Andropodium, der Schwanzabschnitt ist bis zur Basis der Schwanzflosse orange, bei den Weibchen hellbraun. Ältere Männchen weisen eine auffallend gewölbte Rücken- und Bauchpartie auf. Verhältnis der Geschlechter: 1 Männchen : 2 Weibchen, in der Gruppe. Wasser: 22–24 °C; pH 7,0–8,0, frisch, wir setzen je 10 l Wasser 1 Teelöffel NaCl zu. Lebendgebärende Art: Die Periode zwischen den Würfen beträgt 6–8 Wochen. Anfüttern der Brut: *Artemia*-Nauplien, fein gesiebtes Zooplankton. Ersteinfuhr: Offensichtlich 1976, BRD und Österreich.

X. eiseni ist eine vom Aussterben bedrohte Art, die im Roten Buch verzeichnet ist. Es wird empfohlen, sie nicht in Gesellschaft anderer Fische zu halten, die sie anfällt und ihnen die Flossen abbeißt.

Bei den Weibchen schwillt kurz vor dem Werfen der Jungen die Umgebung der Geschlechtsöffnung an. Das Weibchen gebiert 20–60 ungefähr 12 mm große Junge.

Goodeidae

Familie *Centrarchidae* — Sonnenbarsche

Für die Fische dieser Familie ist (mit Ausnahme der Art *Elassoma evergladei*) charakteristisch, daß die einzige Rückenflosse aus einem niedrigeren Teil mit Hartstrahlen und einem höheren Teil mit weichen Strahlen besteht; beide Teile sind gewöhnlich miteinander verbunden. Hierher gehören nordamerikanische Fische, deren Biotope sich östlich der Rocky Mountains befinden. Die Fische bewohnen saubere, mit Pflanzen reichlich verkrautete Gewässer. Alle Arten jagen lebende Nahrung. Sie gehören zu den Fischen, die im Sand ablaichen (psammophile Fische). Die Eier sind sandfarben und verkleben sich mit dem Sand zu Klumpen (natürlicher Schutz des Geleges). Die lebhafte Färbung der jungen Fische schwächt sich mit fortschreitendem Alter ab. Während des Laichens ist meistens das Weibchen stärker gefärbt.

1 Zwergbarsch, Schwarzbarsch
Elassoma evergladei JORDAN, 1884

Sonnenbarsche
Centrarchidae

Vorkommen: USA – Nordkarolina und Südflorida. Gesamtlänge: 3,5 cm. Nahrung: Kleines Lebendfutter. Artenbecken; Zuchtbecken: Wenigstens 10 l, zartblättrige Pflanzen. Sexualdimorphismus: Das Männchen ist dunkel bis schwarz, es hat glänzende Schuppen, die Rücken- und Afterflosse weisen eine größere Fläche auf, die Weibchen sind unauffällig gefärbt und in der Bauchpartie fülliger. Verhältnis der Geschlechter: 1 : 1 (Laichen auch in Gruppen). Zuchtbedingungen: 18–20 °C; pH 7,0; dKH bis 2°. Eier: Inkubationsdauer 2–3 Tage. Anfüttern der Brut: Nauplien von *Cyclops* und frisch geschlüpfte *Artemia*-Nauplien. Ersteinfuhr: 1925, Arthur Rachow, Hamburg.

Die Fische können bei Temperaturen überwintern, die bis auf 8 °C absinken, im Sommer ertragen sie Temperaturen bis gegen 30 °C. Das Weibchen legt meistens in den Pflanzenwuchs ungefähr 60 Eier. Die erwachsenen Fische beachten Eier und Brut nicht, und so wachsen in ihrer Gesellschaft meistens einige Generationen junger Fische auf. Bei der intensiven Zucht setzen wir die Zuchtfische jedoch in Paaren in 10 l-Aquarien an und siedeln sie einmal wöchentlich in ein weiteres, neues Becken um. Die Brut wird in größeren Zuchtbecken gesammelt. Wir können die Jungfische von April bis September in Gartenbassins aussetzen.

2 Scheibenbarsch
Enneacanthus chaetodon (BAIRD, 1854)

Sonnenbarsche
Centrarchidae

Syn.: *Pomotis chaetodon, Bryttus chaetodon, Apomotis chaetodon, Mesogonistius chaetodon*

Vorkommen: USA – New York, Maryland, New Jersey. Gesamtlänge: 10 cm. Nahrung: Lebendfutter. Artenbecken. Zuchtbecken: Wenigstens 50 l, hell bis sonnig, auf dem Boden eine 3–5 cm starke Kiesschicht. Sexualdimorphismus: Undeutlich, das Weibchen weist während der Laichzeit eine intensive dunkle Zeichnung auf. Verhältnis der Geschlechter: 1 : 1. Zuchtbedingungen: 18–20 °C; pH 7,0; dKH bis 2°. Eier: Glasig, leicht gelblich, Inkubationsdauer 5 Tage. Anfüttern der Brut: Nauplien von *Cyclops* oder *Artemia*. Ersteinfuhr: 1897, W. Geyer, Regensburg.

Die Fische leben in einer Umgebung, in der im Verlauf des Jahres erhebliche Temperaturunterschiede auftreten. Wir halten sie deshalb im Winter bei Temperaturen, die nur wenig über dem Gefrierpunkt liegen (4 °C). Bei niedrigen Wassertemperaturen verfallen die Fische in eine lethargische Starre und nehmen keine Nahrung auf. Sobald im Frühling die Temperaturen über 14 °C ansteigen, tiefen die Männchen im Sand Gruben aus, und bei den Weibchen wird die dunkle Zeichnung intensiver. Bei 18 °C laichen die Paare in den vorbereiteten Gruben ab. Das Weibchen legt bis zu 500 Eier, die sich mit Sand umhüllen. Das Gelege wird vom Männchen versorgt. Das Weibchen fangen wir aus dem Becken heraus. Sobald die Brut im Becken freischwimmt, fangen wir auch das Männchen ab. Die Jungfische gedeihen in durchsonnten Becken gut und wachsen, wenn wir ihnen in ausreichender Menge Lebendfutter verabreichen, schnell. Die herangewachsene Brut kann während des Sommers in Gartenbassins umgesiedelt werden. Eine ganzjährige Zucht in warmem Wasser ist den Fischen nicht zuträglich.

Centrarchidae

Familie *Monodactylidae* Flossenblätter

Zu dieser Familie gehört die einzige Gattung *Monodactylus* LACÉPÈDE, 1802. Diese Fische sind an der Westküste Afrikas *(M. sebae)* und allen Küsten der drei Kontinente, die den Indischen Ozean begrenzen, verbreitet (*M. argenteus* und *M. falciformis* LACÉPÈDE, 1802). Alle drei Arten leben in den flachen, ufernahen Zonen. In der Jugend halten sie sich in den Mündungen der Flüsse auf, als erwachsene Fische im Salz- und Brackwasser. Sie sind schnelle und ausdauernde Schwimmer, für die ein hoher, seitlich stark gedrückter Körper charakteristisch ist.

1 Seba-Flossenblatt
Monodactylus sebae (CUVIER et VALENCIENNES, 1831)
Flossenblätter
Monodactylidae

Syn.: *Psettus sebae*

Vorkommen: Küste Westafrikas. Gesamtlänge: 20 cm. Nahrung: Lebendfutter, wir füttern künstliche und pflanzliche Nahrung zu. Artenbecken. Zuchtbecken: 500 bis 1000 l, sandiger, mit Wasserpflanzen bewachsener Grund, freier Raum. Sexualdimorphismus: Monomorpher Fisch. Die reifen Weibchen sind in der Bauchpartie fülliger. Verhältnis der Geschlechter: Wir halten die Fische im Schwarm. Zuchtbedingungen: Süßwasser, 26–27 °C; pH 7,5–8,0, halbhart bis hart, wir fügen nichtjodiertes Kochsalz (NaCl) zu – 1 Teelöffel je 4 l Wasser. Eier: Pelagisch, mit einem Durchmesser von 0,6–0,9 mm, Inkubationsdauer 24 Stunden/26 °C. Anfüttern der Brut: Nicht völlig gelöst. Die Jungfische sind nur in der Lage, Wimpertierchen zu erjagen, bei deren Verabreichung jedoch ein großer Teil der Brut verhungert. Ersteinfuhr: 1914. Wahrscheinlich gelang die Fortpflanzung dieser Fische bis jetzt einzig dem japanischen Ichthyologen H. Azuma ungefähr am Anfang der siebziger Jahre in Tokio.

M. sebae wird im Alter von 2 Jahren erwachsen. Die Fische leben in der Natur in offenen Gewässern und laichen deshalb auch wie typisch pelagische Lebewesen: In wenigen Sekunden wird eine große Menge von Eiern und Spermien in das freie Wasser abgegeben. Die Eier und später auch die Larven werden ein Bestandteil des Planktons. Die Larven sind sehr klein.

2 Silberflossenblatt
Monodactylus argenteus (LINNAEUS, 1758)
Flossenblätter
Monodactylidae

Syn.: *M. rhombeus, Chaetodon argenteus, Acanthopodus argenteus, Centrogaster rhombeus, Centropodus rhombeus, Psettus argenteus, P. rhombeus, Scomber rhombeus*

Vorkommen: Afrikanische, asiatische und australische Küste des Indischen Ozeans, flache Uferzonen mit Meer- und Brackwasser. Die Jungfische halten sich in den Flußmündungen auf. Gesamtlänge: 23 cm. Nahrung: Kleineres Lebendfutter. Artenbecken mit 500 l und mehr Inhalt, sandig-felsiger Boden, freier Raum. Zuchtbecken entspricht dem Artenbecken. Sexualdimorphismus: Monomorphe Art. Die Fische werden im Schwarm gehalten. Wasser: Süßwasser: 26 °C; pH 7,5–8,0; halbhart bis hart, später Brack- bis Meerwasser mit einer Dichte von 1,020–1,023, wir müssen die Fische allmählich an die Veränderung gewöhnen. Über die Fortpflanzung ist nichts bekannt, sie verläuft wahrscheinlich genauso wie bei der Art *M. sebae*. Ersteinfuhr: 1908.

Die ersten Strahlen der Rücken- und der Afterflosse sind verlängert und mit Schuppen besetzt. Die Fische sind scheu und schreckhaft. Mit fortschreitendem Alter verlieren die Jungfische die schwarze und gelbe Färbung.

Monodactylidae

Familie *Nandidae* — Nanderbarsche

Die meisten Arten dieser altertümlichen Familie sind schon ausgestorben. Die überlebenden Arten sind in Südamerika, Afrika und Südostasien verbreitet. Alle Vertreter dieser Familie sind Raubfische. Sie können ihr Maul weit nach vorn schieben und sind damit in der Lage, eine Beute zu verschlingen, die 3/4 so groß ist wie die eigene Körperlänge. Der stark gedrückte Körper und die marmorierte Zeichnung oder das Kopieren eines von der Strömung getragenen Blattes tarnt die Fische nicht nur vor ihren natürlichen Feinden, sondern ermöglicht ihnen, sich der Beute unauffällig zu nähern. Der erste Abschnitt der Rückenflosse mit den harten Strahlen ist mit dem zweiten Abschnitt der Rückenflosse, der verzweigte Strahlen enthält, verbunden.

1 Südamerikanischer Vielstachler
Polycentrus schomburgki MÜLLER et TROSCHEL, 1848

Nanderbarsche
Nandidae

Syn.: *P. tricolor*

Vorkommen: Guyana, Venezuela, Trinidad. Gesamtlänge: 10 cm. Nahrung: Lebendes Futter, vor allem Fische. Artenbecken. Zuchtbecken: 100 l, breitblättrige Pflanzen und genügend Hohlräume. Sexualdimorphismus: Das Männchen ist größer und in der Laichzeit samtschwarz, schwarz verfärbt sich auch der hintere Teil der Rücken-, After- und Schwanzflosse. Das Weibchen ist matter gefärbt, in der Laichzeit sehr hell, seine Bauchpartie ist fülliger. Verhältnis der Geschlechter: 1 : 1. Zuchtbedingungen: 28 °C; pH 7,0; dKH 2°; dGH bis 20°. Eier: Klein, gelblich, Inkubationsdauer 3 Tage. Anfüttern der Brut: *Artemia*-Nauplien, später gesiebtes Zooplankton. Ersteinfuhr, 1907, England: 1909, Deutschland.

Die Fische laichen in Hohlräumen oder an der Unterseite von Blättern, aber auch an Wurzeln und Steinen ab. Das Weibchen legt 300–600 Eier. Das Laichen erfolgt nachts und dauert 2–5 Stunden. Nach dem Ablaichen fangen wir das Weibchen ab. Die geschlüpften Embryonen hängen sich mit Hilfe von Fasern an der Unterlage fest. Die endogene Ernährung dauert 5 Tage; sobald sie beendet ist, entfernen wir das Männchen aus dem Becken. Die Brut wird 3–4 mal täglich gefüttert.

2 Blattfisch
Monocirrhus polyacanthus HECKEL, 1840

Nanderbarsche
Nandidae

Syn.: *M. mimophyllus*

Vorkommen: Stromgebiet des Amazonas, Peru, Guyana; in langsamfließenden und stehenden Gewässern. Gesamtlänge: 10 cm. Nahrung: Lebendes Futter, vor allem kleine Fische. Artenbecken. Zuchtbecken: 100 l, gut bewachsen, Verstecke, diffuse Beleuchtung. Sexualdimorphismus: Monomorphe Fische. Verhältnis der Geschlechter: 1 : 1. Zuchtbedingungen: 25–28 °C; pH 6,0–6,5; dKH 0°; dGH < 10°. Eier: Durchmesser 1,2 mm, mit einem langen Stiel an die Unterlage geheftet, die Inkubation dauert bei 28 °C 60 Stunden. Anfüttern der Brut: *Artemia*-Nauplien, gesiebtes Zooplankton. Ersteinfuhr: 1912, Kuntschmann, Hamburg.

Räuber mit großem Futterverbrauch. Schwimmt schlecht. Bei der Jagd hilft dem Fisch die Mimikry, er ähnelt in Gestalt und Färbung einem abgestorbenen Blatt. Sein Körper ist hoch, seitlich sehr stark abgeflacht und eiförmig. Der Kopf ist spitz gestreckt, das Maul weit vorschiebbar. Das Weibchen legt auf die gereinigte Unterlage bis zu 300 Eier. Das Gelege wird vom Männchen versorgt. Das Wachstum der Jungfische unterstützen wir durch das Zufüttern von Mückenlarven.

Nandidae

Familie *Badidae*	**Blaubarsche**

Zu dieser Familie gehört die einzige Gattung *Badis* mit einer einzigen Art *Badis badis* (monotypische Familie und monotypische Gattung).
Ursprünglich wurde diese Art der Familie *Nandidae* zugeordnet. Auf der Grundlage der Arbeiten von Barlow und von Barlow, Liem und Wickler wurde eine selbständige Familie *Badidae* aufgestellt. Diese Entscheidung wurde mit einer ganzen Reihe von Unterscheidungsmerkmalen begründet. Bei der Art *B. badis* wurden drei Unterarten beschrieben: *B. badis badis*, *B. badis burmanicus* AHL, 1936 und *B. badis siamensis* KLAUSEWITZ, 1957.

1 Blaubarsch
Badis badis (HAMILTON-BUCHANAN, 1822)

Blaubarsche
Badidae

Syn.: *Labrus badis, Badis buchanani*

◁
●
Vorkommen: Stehende Gewässer Indiens. Gesamtlänge: 8 cm. Nahrung: Lebendfutter. Artenbecken. Zuchtbecken: 10 l je Paar, auf dem Boden ein ausgebrochener Blumentopf und einige Pflanzen. Sexualdimorphismus: Das Männchen glänzt metallisch und zeigt eine ganze Skala schnell wechselnder Farbspiele. Es besitzt größere Flossen. Ältere Männchen sind leicht bogenförmig und weisen eine konvexe Rücken- und konkave Bauchpartie auf. Das Weibchen ist kleiner, weniger auffällig gefärbt und hat eine markant konvexe Bauchpartie. Geschlechterverhältnis: 1 : 1. Zuchtbedingungen: 26 °C; pH 6,5; dKH < 1°. Eier: Klar, klebrig, Durchmesser 0,8 mm, Inkubationszeit 48 Stunden. Anfüttern der Brut: *Artemia*-Nauplien. Ersteinfuhr: 1904, H. Stüwe, Hamburg.

Die meisten Männchen suchen ihre Laichplätze in Hohlräumen, manche bilden im Substrat des Bodens flache Gruben. Die Männchen verteidigen ihre Laichplätze. Die Weibchen sind sehr produktiv: obwohl in der Literatur manchmal das Gegenteil behauptet wird, legen junge Weibchen, deren Gesamtlänge 2,5 cm beträgt, schon 200 und mehr Eier ab. Nach dem Ablaichen fangen wir die Weibchen aus dem Zuchtbecken. Das Männchen pflegt zwar die Eier, seine Gegenwart ist aber nicht notwendig. Nach einer Woche geht die Brut auf exogene Ernährung über. Sie verbleibt am Grund und ist wenig beweglich. Bis auf die schwarzen Flecken auf Kopf und Schwanzteil ist die Brut durchsichtig und kann leicht übersehen werden.

2 *Badis badis burmanicus* AHL, 1936

Blaubarsche
Badidae

◁
●
Vorkommen: Burma – Bäche. Gesamtlänge: 7 cm. Für die Haltung und Aufzucht dieser braunroten, dunkel getupften Unterart gilt offensichtlich das Gleiche wie für die Art *B. badis*. Dieser Fisch wird nur ausnahmsweise in Aquarien gehalten.

Badidae

Familie *Cichlidae* — Buntbarsche

Mehr als 900 Arten der Buntbarsche leben in Süd- und Mittelamerika, ungefähr 70 Arten sind aus Afrika und Madagaskar bekannt, und nur 3 Arten haben ihren Ursprung in Asien. Viele Buntbarsche der afrikanischen Seen sind Endemiten. In der Natur halten sich die Buntbarsche vor allem in den Uferzonen auf und haben hier ihre fest begrenzten Bezirke, die sie gegen jeden Eindringling verteidigen. Sie legen ihre Eier dicht nebeneinander auf Steine oder Blätter in den Sand oder in Hohlräumen ab. Beide Partner (oder wenigstens einer von ihnen) zeichnen sich durch einen starken Elterntrieb aus, sorgen für Eier und später für die Brut. Einige Arten pflegen Eier und Brut im Maul (Maulbrüter). Der Körperbau der einzelnen Arten ist sehr verschieden, denn die Fische mußten sich während ihrer Evolution sehr unterschiedlichen Lebensbedingungen anpassen. In der Rückenflosse sind die Abschnitte mit den harten und mit den weichen Strahlen verbunden. Bei den Männchen ist die After- und Rückenflosse oft stark verlängert. Die Seitenlinie setzt sich gewöhnlich aus zwei Teilen zusammen.

1 Delphinbuntbarsch
Aequidens itanyi PUYO 1943

Buntbarsche
Cichlidae

Vorkommen: Französisch-Guayana, Unterlauf des Itana und dessen Zuflüsse. Gesamtlänge: 15 cm (Männchen). Nahrung: Vor allem gröberes Lebendfutter, wir können auch Granulate zugeben. Artenbecken (in Gesellschaftsbecken nur mit Buntbarschen ähnlicher Eigenschaften). Zuchtbecken: 200 l, am Grund flache Steine und Unterschlupfmöglichkeiten. Sexualdimorphismus: Das Männchen ist größer, seine Rücken- und Afterflosse haben eine verlängerte Spitze. Verhältnis der Geschlechter: 1 : 1. Zuchtbedingungen: 24–28 °C; pH 6,0–7,0; dKH bis 2°. Eier: Weißlich, Inkubationsdauer 42–56 Stunden. Anfüttern der Brut: Nauplien von *Artemia* oder *Cyclops*. Ersteinfuhr: 1963.

Die Fische laichen im freien Wasser am Grund auf flachen Steinen, die sie zuvor säubern. Das Weibchen legt 400–500 Eier, es hat eine auffallend breite Legeröhre. Die Fische sind während der Laichzeit aggressiv. Das Gelege und die Brut werden von beiden Partnern gepflegt. Es wird empfohlen, mehrere Jungfische gemeinsam zu halten, damit sich die Paare während der Geschlechtsreife selbst bilden können.

2 *Aequidens awani* HASEMAN, 1911

Buntbarsche
Cichlidae

Vorkommen: Östliches Bolivien und Westteil von Mato Grosso, Rio Guaporè. Gesamtlänge: 20 cm. Nahrung: Gröberes Lebendfutter. Artenbecken (eventuell mit Barschen ähnlicher Eigenschaften). Zuchtbecken: 200 l und mehr, auf dem Boden flache Steine und genügend Unterschlupfmöglichkeiten. Sexualdimorphismus: Das Weibchen weist in der Mitte der Rückenflossenbasis 1–2 helle Flecken mit einem leuchtendgrünen Saum auf. Verhältnis der Geschlechter: 1 : 1. Zuchtbedingungen: 25–28 °C; pH 6,5–7,0; dKH bis 2°; dGH bis 10°. Eier: Inkubationsdauer? Anfüttern der Brut: *Artemia*-Nauplien. Ersteinfuhr: ?

Diese Art wird nur selten in Aquarien gehalten. Es sind ruhige, friedliebende Fische; vereinzelte Tiere fühlen sich nicht wohl und sind scheu. Das Paar laicht entweder auf flachen Steinen oder in einer im Sand ausgetieften Grube ab. Gelege und Brut werden von beiden Partnern versorgt. Ein hygienisches Milieu und frisches Wasser unterstützen den Gesundheitszustand der Fische.

Cichlidae

1 Blaupunktbuntbarsch, Blaupunktbarsch
Aequidens pulcher (GILL, 1858)

Buntbarsche
Cichlidae

Syn.: *A. latifrons, Cichlasoma pulchrum*

○
●
Vorkommen: Insel Trinidad, Nordvenezuela, Kolumbien, Panama. Gesamtlänge: 20 cm. Nahrung: Lebendfutter, wir können auch künstliche Kost beifügen. Artenbecken. Zuchtbecken: 100 l für ein Paar, mit genügend großen flachen Steinen auf dem Grund (lithophile Fische). Sexualdimorphismus: Undeutlich, beim Männchen sind die verlängerten Strahlen der Rücken- und Afterflosse bogenförmig um die Schwanzflosse gezogen, das Weibchen hat kleinere Flossen und ist während der Laichzeit satter gefärbt, die Querstreifen an den Körperseiten werden schwarz. Verhältnis der Geschlechter: 1 : 1. Zuchtbedingungen: 24 °C; pH 6,5–7,0; dKH bis 2°. Eier: Gelblich, Inkubationsdauer 2–3 Tage/24–26 °C. Anfüttern der Brut: Nauplien von *Cyclops* oder *Artemia*. Ersteinfuhr: 1906, H. Stüve, Hamburg.

Das Weibchen legt ungefähr 500 verhältnismäßig große Eier auf einen flachen Stein. Beide Eltern lösen sich bei der Brutpflege ab. Sie fächeln den Eiern mit den Brustflossen frisches, sauerstoffreiches Wasser zu. Befindet sich am Grund Kies, graben die Fische Vertiefungen aus, in die sie die geschlüpften Larven übertragen, sonst bringen sie die Larven in den verschiedenen Winkeln des Beckens unter. Nach 5 Tagen geht die Brut auf exogene Ernährung über und wächst schnell. Nach 14 Tagen können wir fein gesiebtes Zooplankton verabreichen. Sobald die Jungfische 1 cm groß sind, können wir die Eltern entfernen. Die Fische sind erwachsen, wenn sie ungefähr 7 cm groß sind.

2 Maulbinden-Rotbrustbuntbarsch
Laetacara dorsigera (HECKEL, 1840)

Buntbarsche
Cichlidae

Syn.: *Acara dorsigera, A. flavilabrus, Astronotus dorsigerus, Aequidens dorsiger*

○
●
Vorkommen: Rio Paraguay – Fundort Villa Maria und Puerto Suarez im bolivianischen Grenzgebiet. Gesamtlänge: 12 cm. Nahrung: Lebendfutter, wir können auch künstliche Kost verabreichen. Artenbecken. Zuchtbecken: 50 l für ein Paar, auf dem Boden bringen wir flache Steine und ausgeschlagene Blumentöpfe an. Sexualdimorphismus: Das Männchen ist farbiger und größer, seine Rücken- und Afterflosse sind länger. Verhältnis der Geschlechter: 1 : 1. Zuchtbedingungen: 25–28 °C; pH 6,5–7,0; dKH bis 2°; dGH bis 10°, frisch (Durchflußbecken). Eier: Klein, glasig, Inkubationsdauer 40–48 Stunden, von der Temperatur abhängig. Anfüttern der Brut: *Artemia*-Nauplien. Ersteinfuhr: ?

Diese Art unterscheidet sich von der ähnlichen Art *L. curviceps* farblich, vor allem in der Zeit der Fortpflanzung. Sie erhielt ihren brasilianischen Namen „Acara Bobo" – „Dummer Buntbarsch" – deshalb, weil sich die Fische leicht mit der Hand fangen lassen. Friedliebende, scheue Art, die jedoch während der Laichzeit aggressiv ist. Die Fische sind monogam und pflegen Eier und Brut intensiv. Das Weibchen legt bis zu 1000 Eier. Nach dem Schlüpfen werden die Larven in Gruben übertragen, die die Eltern zuvor im Substrat des Bodens aushöhlen. Sie gehen nach 4 Tagen auf exogene Ernährung über. Die Fische sind gegen verschiedene Krankheiten anfällig. Erhöhter Nitratgehalt des Wassers äußert sich im Auftreten von Exophthalmus (Glotzäugigkeit) mit anschließender Erblindung. Frisches Wasser und Sauberkeit sind Präventivmaßnahmen.

Cichlidae

1 Maronibuntbarsch
Cleithacara maroni (STEINDACHNER, 1882)

Buntbarsche
Cichlidae

Syn.: *Acara maroni, Aequidens maroni*

Vorkommen: Guyana. Gesamtlänge: Männchen 10 cm, Weibchen etwas kleiner. Nahrung: Lebendfutter, wir können auch künstliche Kost zufügen. Artenbecken. Zuchtbecken: 50–100 l für ein Paar, auf dem Boden bringen wir flache Steine und Blumentöpfe mit ausgeschlagenen Böden an. Sexualdimorphismus: Wenig ausgeprägt; Rücken- und Afterflosse des Männchens sind länger. Verhältnis der Geschlechter: 1 : 1. Zuchtbedingungen: 24–28 °C; pH 6,5–7,0; dKH bis 2°. Eier: Inkubationsdauer 5 Tage. Anfüttern der Brut: Während der ersten Woche *Artemia*-Nauplien, später gesiebtes Zooplankton, von der dritten Woche an füttern wir zerkleinerte Bachröhrenwürmer. Ersteinfuhr: 1936.

Friedliebende, scheue Fische. Sie laichen auf flachen Steinen am liebsten in unübersichtlichem Terrain. Das Weibchen legt bis zu 400 Eier. Die Fische sind monogam und versorgen ihre Brut lange. Sobald die Jungfische 1 cm lang sind, können wir sie in ein getrenntes Becken umsiedeln. Sie wachsen bei ausgiebiger Fütterung mit lebender Nahrung schnell. Schrecken äußert sich bei den Tieren durch Farbänderung.

2 Tüpfelbuntbarsch
Laetacara curviceps (AHL, 1924)

Buntbarsche
Cichlidae

Syn.: *Acara curviceps, Aequidens curviceps*

Vorkommen: Stromgebiet des Amazonas; ruhige, geschützte Stellen mit mäßig fließendem Wasser. Gesamtlänge: Männchen 9 cm, Weibchen 7 cm. Nahrung: Lebendfutter. Artenbecken. Zuchtbecken: 50 l für ein Paar, auf dem Grund bringen wir flache Steine und Blumentöpfe mit ausgeschlagenem Boden an. Sexualdimorphismus: Das Männchen ist farbiger und größer als das Weibchen, seine Rücken- und Afterflosse sind länger. Verhältnis der Geschlechter: 1 : 1. Zuchtbedingungen: 25–28 °C; pH 6,5–7,0; dKH bis 2°; dGH 6°, ständig frisch (Durchflußbecken). Eier: Inkubationsdauer 4 Tage. Anfüttern der Brut: *Artemia*-Nauplien. Ersteinfuhr: 1909, Fa. Siggelkow, Hamburg.

Die sonst friedliebenden Fische sind während der Laichzeit aggressiv. Sie sind monogam und pflegen Eier und Brut intensiv. Junge Paare fressen meistens die Eier des ersten Geleges. Ein voll ausgewachsenes Weibchen legt auf flachen Steinen bis 1000 Eier. Ist kein Männchen zur Stelle, kommt es wie bei einer ganzen Reihe anderer Buntbarscharten zum Ersatzlaichen zweier Weibchen. Die Fische sind krankheitsanfällig und vor allem gegenüber Nitriten empfindlich, die die roten Blutkörperchen binden und Schlaffheit hervorrufen, die oft von Exophthalmus (Glotzäugigkeit) mit anschließendem Erblinden begleitet wird. Präventivmaßnahmen gegen diese Erkrankungen bestehen vor allem in der Bereitstellung von frischem Wasser und Hygiene.

Cichlidae

1 Agassiz' Zwergbuntbarsch
Apistogramma agassizi (STEINDACHNER, 1875)

Buntbarsche
Cichlidae

Syn.: *Biotodoma agassizi, Geophagus agassizi, Mesops agassizi*

Vorkommen: Schneller strömende Abschnitte des Amazonas und dessen Zuflüsse in Bolivien und Brasilien, Oberläufe von Rio Paraná und Rio Paraguay. Gesamtlänge: 8 cm. Nahrung: Lebendfutter. Artenbecken (in Gesellschaftsbecken nur mit kleinen Buntbarscharten). Zuchtbecken: 50 l für ein Paar, genügend Verstecke und Höhlen, diffuse Beleuchtung. Sexualdimorphismus: Das Männchen ist größer, farbiger, seine Rücken- und Afterflosse sind größer, die spitz ausgezogene Schwanzflosse ist farbig. Verhältnis der Geschlechter: 1 : 1. Zuchtbedingungen: 26–28 °C; pH 6,5; dKH < 1°. Eier: Oval, kirschfarben, Inkubationsdauer 3 Tage/28 °C. Anfüttern der Brut: *Artemia*-Nauplien. Ersteinfuhr: 1909, Fa. Siggelkow, Hamburg.

In verschiedenen Situationen wechselt der Fisch Farbe und Zeichnung, was übrigens für alle Arten der Gattung *Apistogramma* charakteristisch ist. Die weiblichen Tiere der verschiedenen Arten sind sehr ähnlich und wir können sie leicht verwechseln. Das Weibchen legt bis zu 300 Eier an die Wände eines Hohlraums. Manche Weibchen fressen die Eier innerhalb von 24 Stunden nach dem Ablaichen auf. Hierfür gibt es eine ganze Reihe von Gründen, manchmal handelt es sich um schlechtes Wasser oder gestörtes Milieu, manchmal ist die Mutter zu jung oder besitzt einfach die Neigung dazu. Wir können die Eier in selbständige Dreilitergläser übertragen und hier mit der Aufzucht ohne Beisein der Generationsfische fortfahren. Die Jungfische wachsen auch bei guter Fütterung nur langsam.

2 Reitzigs Buntbarsch
Apistogramma reitzigi AHL, 1939

Buntbarsche
Cichlidae

Vorkommen: Mittellauf des Rio Paraguay. Gesamtlänge: Männchen 7 cm, Weibchen 5 cm. Nahrung: Lebendfutter. Arten-, eventuell Gattungsbecken. Zuchtbecken: 50 l für ein Paar, genügend Verstecke und Höhlungen, diffuse Beleuchtung. Sexualdimorphismus: Das Männchen ist größer, die Schwanz- und Afterflosse sind mächtiger. Verhältnis der Geschlechter: 1 : 1. Zuchtbedingungen: 24–26 °C; pH 6,5; dKH < 1°; dGH < 10°, über Torf gefiltert. Eier: Verhältnismäßig groß, oval, kirschfarben; Inkubationsdauer 5 Tage. Anfüttern der Brut: *Artemia*-Nauplien. Ersteinfuhr: 1936.

Über die Gültigkeit des Artnamens bestehen Zweifel. Der Name „*reitzigi*" wurde von Ahl zu Ehren des Importeurs Reitzig aus Berlin verwendet.

Die Fische sind überwiegend gelb gefärbt. Bei Erregung tauchen deutlich einige dunkle Quer- und Längsstreifen auf. Diese verändern sich entsprechend der Situation, sie sind anders im Ruhestand, bei Erschrecken, beim Drohen, Imponieren oder Bewachen der Brut. Das Weibchen legt an die Wand der Höhle 100–150 Eier. Die Pflege des Geleges und der Brut wird vom Weibchen übernommen, wir fangen das Männchen nach dem Laichen aus dem Becken. Wenn es nötig ist, können wir die Eier auch ohne Beisein des Weibchens inkubieren. Die jungen Fische wachsen langsam heran.

Cichlidae

1 Borellis Zwergbuntbarsch
Apistogramma borelli (REGAN, 1906)

Syn.: *A. ritenze, A. reitzigi, Heterogramma borelli*

Buntbarsche
Cichlidae

◁
●

Vorkommen: Brasilien, Flüsse in Mato Grosso. Gesamtlänge: Männchen 8 cm, Weibchen 5 cm. Nahrung: Lebendfutter. Artenbecken, eventuell Gattungsbecken. Zuchtbecken: 50 l für 1 Paar, ausreichend Unterschlupfmöglichkeiten und Hohlräume, diffuse Beleuchtung. Sexualdimorphismus: Das Männchen ist größer, es besitzt eine größere Rücken-, After- und Schwanzflosse. Verhältnis der Geschlechter: 1 : 1. Zuchtbedingungen: 26 °C; ph 6,5; dKH < 1°, über Torfmull gefiltert. Eier: Oval, kirschfarben, Inkubationsdauer 3 Tage. Anfüttern der Brut: *Artemia*-Nauplien. Ersteinfuhr: 1936.

Die überwiegende Grundfärbung der Fische ist gelb. Bei Erregung der Tiere treten deutlich mehrere dunkle Querstreifen und Längsbänder auf, die sich in verschiedenen Situationen, zum Beispiel im Ruhezustand, bei Erschrecken, bei Bedrohung, beim Imponieren oder während der Bewachung des Geleges verändern. *A. borelli* benötigt eine ruhige Umgebung, und die Wassertemperatur sollte nicht unter 24 °C absinken. Das Weibchen legt an die Wände der Hohlräume ca. 50–100 Eier. Nach dem Ablaichen verjagt das Weibchen das Männchen und übernimmt die Pflege der Eier und später der Brut. Die Eier können ohne Beisein des Weibchens inkubiert werden. Wenn die Fische in ungeeignetem Wasser ablaichen, müssen die Eier rechtzeitig (innerhalb einer halben Stunde) in Zuchtbecken übertragen werden. Wir können die Eier mit Hilfe einer Gänsefeder von der festen Unterlage abstreichen.

2 Klees Zwergbuntbarsch, Querbinden-Zwergbuntbarsch
Apistogramma kleei MEINKEN, 1964

Buntbarsche
Cichlidae

○
●

Vorkommen: Brasilien, nördliches Stromgebiet des Amazonas. Gesamtlänge: Männchen 8,5 cm, das Weibchen ist kleiner. Nahrung: Lebendfutter, wir können auch künstliche Kost zusetzen. Arten-, eventuell Gattungsbecken. Zuchtbecken: 50 l für ein Paar, ausreichend Schlupfwinkel und Hohlräume, diffuse Beleuchtung. Sexualdimorphismus: Das Männchen ist größer und farbiger und zum Rücken hin dunkler rostbraun. Seine Flossen sind stark entwickelt, vor allem die Rückenflosse mit den verlängerten ersten Strahlen. Die Weibchen sind graugelb, die Intensität des Längsstreifens verändert sich entsprechend der Stimmung des Tieres, er kann ganz verschwinden und durch einen schwarzen Fleck in der Mitte des Körpers ersetzt werden. Das ist auch für die Weibchen anderer Arten der Gattung *Apistogramma* charakteristisch, und wir können sie deshalb bei oberflächlicher Betrachtung leicht verwechseln. Verhältnis der Geschlechter: 1 : 1. Zuchtbedingungen: 26 °C; pH 6,5; dKH < 1°, über Torf gefiltert. Eier: Oval, kirschfarben, Inkubationsdauer 80 Stunden. Anfüttern der Brut: In kleinen Portionen täglich *Artemia*-Nauplien. Ersteinfuhr: 1964.

Den Artnamen benutzte Meinken zu Ehren des Amerikaners Albert J. Klee, der ihm diese Fische zur Bestimmung übergab. Die Art ist monogam, das Weibchen befestigt die Eier an der Decke von Hohlräumen. 120 Stunden nach dem Schlüpfen gehen die Larven auf exogene Ernährung über. Die Fische sind nach 6 Monaten erwachsen.

Cichlidae

1 Pfauenaugenbuntbarsch
Astronotus ocellatus (CUVIER, 1829)

Syn.: *Acara ocellatus, A. crassipinnis, Cychla rubroocellata, Hygrogonus ocellatus, Lobotes ocellatus*

Buntbarsche
Cichlidae

Vorkommen: Südamerika, Amazonas, Rio Negro, Flüsse Paraná und Paraguay. Gesamtlänge: 35 cm. Nahrung: Lebendfutter (Fische, Schnecken, Würmer, Fisch-, Rind- und Geflügelfleisch). Artenbecken. Zuchtbecken: 300–500 l für ein Paar, mit flachen Steinen auf dem Boden. Sexualdimorphismus: Undeutlich (monomorphe Fische). Verhältnis der Geschlechter: 1 : 1. Zuchtbedingungen: 24–28 °C; pH 6,5–7,0; dKH < 2°, frisch. Eier: Faßförmig, schmutzigweiß mit Ausmaßen von 2×1,5 mm, Inkubationsdauer 3 Tage. Anfüttern der Brut: *Artemia*-Nauplien, fein gesiebtes Zooplankton, nach 5 Tagen fein zerkleinerte Bachröhrenwürmer. Ersteinfuhr: 1929, Fa. Scholze und Pötzschke, Berlin.

Die Zuchtpaare werden am besten unter jungen Fischen ausgewählt, die bis zu einer Größe von 3–4 cm gemeinsam gehalten wurden. Sobald sie ungefähr mit einer Größe von 12 cm geschlechtsreif sind, beginnen sie sich selbständig zu paaren, sie säubern gemeinsam Steine und vertreiben die übrigen Fische. Diese Paare trennen wir ab und überführen sie in eigenständige Becken. *A. ocellatus* ist ein lithophiler Fisch. Das Heranreifen der Geschlechtsorgane unterstützen wir durch das Zufüttern junger Schnecken der Gattung *Ampullaria* (bis 2 cm Gehäusedurchmesser). Junge Weibchen geben ungefähr 300, ältere Tiere bis zu 2000 Eier ab. Die geschlüpften Larven sind nur wenig entwickelt und haben einen großen Dottersack. Die endogene Ernährung dauert 5 Tage. Sobald sich bei den Paaren Kannibalismus zeigt (junge Paare, engräumiges Milieu), überführen wir die Eier mit der Unterlage in ein anderes Aquarium. Vom Boden und festen Gegenständen saugen wir die Eier mit Hilfe eines Schlauchs ab, dessen Durchmesser 10 mm beträgt. Diese Eier werden mit Methylenblau behandelt. Die schwarz-weiß gefärbte Brut wächst sehr schnell.

2 *Astronotus ocellatus* ‚Roter Oskar'

Buntbarsche
Cichlidae

Als der ‚Rote Oskar' das erste Mal auf dem aquaristischen Markt auftauchte, verursachte er zum einen eine Sensation, zum anderen verschiedene Erwägungen über seine Herkunft. Viele nahmen an, daß es sich um eine neue Art handelte. Diese Annahmen zerstreute Dr. H. R. Axelrod 1970 in seinem Artikel im Tropical Fish Hobbyist. Wir zitieren frei: „Der ‚Rote Oskar' wurde schon 1966 von Charoen Pattabougs, einem Züchter aus Bangkok in Thailand, veredelt. Dieser Züchter stabilisierte diese Form genetisch durch langes Züchten soweit, daß die Generationsfische in der nächsten Generation 100% rote Tiere erbrachten. Da die Fortpflanzungsweise und die Fruchtbarkeit denen der Wildform entsprechen, wurden und werden die ‚Roten Oskars' in den thailändischen Fischfarmen im großen Umfang vermehrt und massenweise in die USA und nach Europa exportiert."

Cichlidae

1 juv.

1 Chanchito
'Cichlasoma' facetum (Jenyns, 1842)

Buntbarsche
Cichlidae

Syn.: *C. oblongum, C. facetus, Acara faceta, Astronotus facetus, A. acaroides, A. autochthon, A. oblongus, Heros acaroides, H. facetus, H. autochthon, H. oblongus, H. jenynsii, Chromis facetus, Ch. oblonga*

○
●
Vorkommen: Südbrasilien, Paraguay, Nordargentinien, Uruguay – stehende und langsamfließende Gewässer. Gesamtlänge: 30 cm. Nahrung: Lebendfutter, vor allem kleine Fische und Würmer, wir können künstliche Kost zufüttern. Artenbecken. Zuchtbecken: 300 l und mehr für ein Paar, auf dem Boden ca. 5 cm hohe Sandschicht, ausreichend Schlupfwinkel aus Steinen oder Blumentöpfe mit ausgebrochenem Boden. Sexualdimorphismus: Monomorphe Fische. Während der Laichzeit ist das Männchen farblich kontrastreicher, seine Genitalpapille ist spitz und schräg nach hinten gerichtet, die Genitalpapille des Weibchens ist abgerundet und senkrecht nach unten gerichtet. Verhältnis der Geschlechter: 1 : 1. Zuchtbedingungen: 25–27 °C; pH 6,5–7,0; dKH bis 2°. Eier: Inkubationsdauer 3 Tage. Anfüttern der Brut: Nauplien von *Artemia* oder *Cyclops*. Ersteinfuhr: 1894, P. Nitzsche, Berlin, im gleichen Jahr in Lankwitz in den Züchtereien von Matte vermehrt.

Einer der ältesten, heute schon in Vergessenheit geratenen Aquarienfische, der in der Gefangenschaft sehr zahm ist. Die Tiere wühlen stark im Substrat. Das Weibchen legt auf einer vorher gesäuberten festen Unterlage 300–1000 Eier. Nach dem Schlüpfen werden die Larven in Gruben getragen, die in der Nähe des Laichplatzes ausgewühlt wurden. Die elterliche Pflege dauert 6–8 Tage.

2 Perlcichlide, Perlmuttercichlide
'Cichlasoma' (Herichthys) cyanoguttatum (Baird et Girard, 1854)

Buntbarsche
Cichlidae

Syn.: *Heros cyanoguttatus, H. temporalis, Neetroplus carpinitis*

○
●
Vorkommen: Nordostmexiko und Texas. Gesamtlänge: 30 cm. Nahrung: Lebendes und künstliches Futter. Artenbecken. Zuchtbecken: 200 l und mehr, wir bedecken den Boden mit gröberem Kies und bringen einige schwere, flache Steine so an, daß eine Höhlung entsteht, in die wir gut einsehen können. Sexualdimorphismus: Undeutlich, ältere Männchen weisen auf der Stirn Fetthöcker auf. Diese Art ist farblich variabel. Verhältnis der Geschlechter: 1 : 1. Zuchtbedingungen: 24–26 °C; pH 7,0; dKH < 2°. Für die Inkubation der Eier ist die Wassertemperatur wichtig, die unter 24 °C und über 30 °C die Mortalität der Eier heftig ansteigen läßt. Rogen: Inkubationsdauer 58 Stunden. Anfüttern der Brut: *Artemia*-Nauplien oder fein gesiebtes Zooplankton. Ersteinfuhr: 1902, Von de Borne-Berneuchen.

Die Fische werden geschlechtsreif und laichen schon, wenn sie erst 10 cm groß sind. Die besten Zuchtpaare sind Paare, die sich im Schwarm der Jungfische selbst bilden. Bei manchen Paaren tritt Kannibalismus gegenüber der eigenen Brut auf. In der Natur erlebt *C. cyanoguttatum* in der Regenzeit zwei Laichperioden. Stimulus für das Laichen ist das Absinken des Luftdrucks und der Temperatur. Das Laichen erfolgt gewöhnlich in den Morgenstunden. Das Weibchen legt auf eine gesäuberte feste Unterlage bis zu 600 Eier. Wenn wir die feste Unterlage mit den Eiern von den Generationsfischen entfernen, laichen sie oft erneut. Die Brut wird von beiden Partnern gepflegt und von diesen in zuvor ausgewühlte Gruben übertragen. Die Brut ist nach dem Freischwimmen verhältnismäßig groß.

Cichlidae

1 Schulterfleckbuntbarsch
'Cichlasoma' (Parapetenia) trimaculatum (GÜNTHER, 1869)

Buntbarsche
Cichlidae

Syn.: *C. cajali, C. centrale, C. gordonsmithi, C. mojarra, Astronotus trimaculatus*

Vorkommen: Mexiko, Guatemala, San Salvador und Nordwesthonduras. Gesamtlänge: 30 cm. Nahrung: Gröberes lebendes Futter, wir können granulierte Nahrung beifügen. Artenbecken (in Gesellschaftsbecken nur mit Fischen gleicher Art oder gleichen Eigenschaften). Zuchtbecken: 200–500 l, auf dem Boden mit ausreichend Unterschlupfmöglichkeiten (Blumentöpfe mit ausgeschlagenem Boden u. ä.). Sexualdimorphismus: Das Männchen ist markanter gefärbt. Verhältnis der Geschlechter: 1 : 1. Zuchtbedingungen: 26 °C; pH 6,5–7,0; dKH bis 2°. Eier: Bräunlich transparent, oval mit einem Durchmesser von ca. 1,5 mm, Inkubationsdauer 72 Stunden. Anfüttern der Brut: *Artemia*-Nauplien, fein gesiebtes Zooplankton. Ersteinfuhr: ?

Aggressive und territoriale Fische. Sie laichen auf flachen Steinen, meistens an ruhigen und geschützten Stellen ab. Die durchschnittliche Zahl der abgegebenen Eier bewegt sich um 100 Stück. Sobald die Fische gelaicht haben, fangen wir das Männchen ab und können es zu einem anderen, reifen Weibchen setzen. Die Eier können wir ebenfalls abnehmen und selbständig inkubieren. 5 Tage nach dem Schlüpfen schwimmt die Brut frei und wächst rasch heran.

2 Variabler Buntbarsch
'Cichlasoma' (Amphilophus) labiatum (GÜNTHER, 1864)

Buntbarsche
Cichlidae

Syn.: *C. dorsatum, C. erythraeum, C. lobochilus, Amphilophus froebelii, Curraichthys dorsatum, C. erythraeum, C. labiatum, Astronotus erythraeus, A. lobochilus, A. labiatus, Heros erythraeus, H. labiatum, H. lobochilus, H. trimaculatus*

Vorkommen: Nicaragua, im gleichnamigen See und im kleineren See Managua. Gesamtlänge: 20 cm. Nahrung: Gröberes lebendes Futter, wir können auch künstliches Futter beigeben. Artenbecken. Zuchtbecken: 200 l für ein Paar, flache Steine, genügend Unterschlupfmöglichkeiten. Sexualdimorphismus: Undeutlich, ältere Männchen können geschwollene, nach vorn gestülpte Lippen aufweisen und sind heller gefärbt. Verhältnis der Geschlechter: 1 : 1. Zuchtbedingungen: 26 °C; pH 6,5–7,0; dKH bis 2°; dGH bis 10°. Eier: Bräunlich transparent, oval, die Längsachse mißt ca. 2 mm. Anfüttern der Brut: *Artemia*-Nauplien. Ersteinfuhr: ?

Territoriale und aggressive Fische, die entsprechend dem Alter und der Herkunft gelblich, rot, gefleckt oder auch schwach gestreift sein können (polychrome Art). Eine sehr ähnliche Art ist *C. citrinellum*, die in der Juvenilfärbung bis zum Alter von einem Jahr nicht unterschieden werden kann.

Einige Tage vor dem Ablaichen imponieren die Partner gegenseitig und reinigen eine feste Unterlage. Der eigentliche Laichakt vollzieht sich im offenen Wasser und dauert mehrere Stunden. Das Weibchen gibt durchschnittlich 250 Eier ab. Diese werden vom Weibchen gepflegt, während das Männchen die Umgebung des Laichplatzes bewacht. Die geschlüpften Embryonen werden vom Weibchen in einen Schlupfwinkel oder in eine Grube übertragen. Während ihrer fünftägigen Entwicklung wechseln die Embryonen dieses Versteck oft. Die endogene Ernährung dauert 5 Tage. Danach fangen wir das Männchen aus dem Becken, denn es wird jetzt eher zum Störenfried und vom Weibchen ständig verjagt. Die Jungfische wachsen schnell.

Cichlidae

1 Zebrabuntbarsch, Grünflossenbuntbarsch
'Cichlasoma' (Archocentrus) nigrofasciatum (GÜNTHER, 1869)

Buntbarsche
Cichlidae

Syn.: *Heros nigrofasciatus, Astronotus nigrofasciatum*

☐ Vorkommen: Guatemala, in den Seen Atitlan und Amatitlan. Gesamtlänge: 15 cm. Nahrung:
● Gröberes Lebendfutter, wir füttern pflanzliche und künstliche Kost zu. Artenbecken. Zuchtbecken: 100 l für ein Paar, auf dem Boden bringen wir flache Steine und Blumentöpfe mit ausgeschlagenen Böden an. Sexualdimorphismus: Das Männchen hat eine langgezogene Rücken- und Afterflosse, das Weibchen ist kleiner und am hinteren Teil des Bauchs bronzefarben. Verhältnis der Geschlechter: 1 : 1. Zuchtbedingungen: 24 °C; pH 6,5−7,0; dKH bis 2°. Eier: Inkubationsdauer 3 Tage. Anfüttern der Brut: Nauplien von *Artemia* oder *Cyclops,* später fein gesiebtes Zooplankton. Ersteinfuhr: 1934, J. P. Arnold, Hamburg.

Aggressive und unverträgliche Art mit intensiver Gelege- und Brutpflege. Die Fische bauen und organisieren im Becken ständig etwas um. Sie suchen mit Vorliebe verschiedene Schlupfwinkel auf. Die Pflege der Eier wird vor allem vom Weibchen übernommen, das Männchen bewacht die Umgebung. Nach dem Schlüpfen der Brut verbergen die Eltern ihre Nachkommen in vorher eingerichteten Gruben im Kies des Bodens zwischen den Steinen. Diese Gruben sind über die verschiedensten Teile des Beckens verstreut und die Eltern übertragen die Brut von einer Stelle zur anderen. Die Altfische können lange mit den Jungen zusammenbleiben, und zwar bis zu der Zeit, in der sie Interesse an erneutem Laichen zeigen. Bei ausreichender Fütterung wachsen die jungen Fische schnell und regelmäßig. *C. nigrofasciatum* kreuzt sich mit der Art *C. spilurum;* die Bastarde sind fruchtbar.

2 *‚Cichlasoma' (Archocentrus) nigrofasciatum* − xanthische Form

Buntbarsche
Cichlidae

☐ 1966 in der Tschechoslowakei veredelt und genetisch stabilisiert. Kreuzt sich mit der Art
● *C. spilurum*. Die erste Bastardgeneration ist sehr aggressiv, die zweite Generation ist meistens nicht lebensfähig, und die Larven sterben kurz vor dem Freischwimmen ab.

3 Feuermaulbuntbarsch, Rotbrustbuntbarsch
Thorichthys meeki (BRIND, 1918)

Buntbarsche
Cichlidae

Syn.: *Cichlasoma meeki, Thorichthys helleri meeki*

○ Vorkommen: Guatemala, Mexiko − Halbinsel Yucatan. Gesamtlänge: 15 cm. Nahrung: Le-
● bendfutter, wir setzen granulierte Kost bei. Artenbecken. Zuchtbecken: 100 l und mehr für ein Paar, auf dem Boden Schlupfwinkel und flache Steine. Sexualdimorphismus: Das Männchen ist mächtiger, seine Rücken- und Afterflosse sind zipfelartig verlängert, die Bauchpartie ist markant purpurfarben. Verhältnis der Geschlechter: 1 : 1. Zuchtbedingungen: 24 °C; pH 7,0−7,5; dKH 2°, frisch, gefiltert. Eier: Inkubationsdauer 48 Stunden. Anfüttern der Brut: Nauplien von *Artemia* oder *Cyclops.* Ersteinfuhr: 1937, H. Röse, Hamburg.

Territoriale und monogame Fische. Das Weibchen legt auf eine feste Unterlage 500 (und mehr) Eier ab. Es versorgt diese und später auch die Brut intensiv und lange. Saueres Wasser mit einem pH-Wert unter 6,0 und ein erhöhter Nitritgehalt gefährden die Gesundheit der Fische, und es kann ohne sichtbare Ursachen eine spürbare Mortalität eintreten. Für die Aufzucht großer Mengen von Jungfischen sind Durchflußaquarien ideal geeignet.

Cichlidae

1 Salvins Buntbarsch
'Cichlasoma' (Parapetenia) salvini (GÜNTHER, 1862)

Buntbarsche
Cichlidae

Syn.: *Heros salvini, H. triagramma, Astronotus salvini*

☐ Vorkommen: Südmexiko, Guatemala und Belize. Gesamtlänge: 15 cm. Nahrung: Lebendes und künstliches Futter, wir geben Pflanzenkost zu. Artenbecken. Zuchtbecken: 200 l für ein Paar, auf dem Boden flache Steine und Dränröhren. Sexualdimorphismus: Beim Männchen sind die Flossen langgezogen, seine Farben sind leuchtender. Geschlechterverhältnis: 1 : 1. Zuchtbedingungen: 24 °C; pH 7,0–7,5; dKH 2°. Eier: Inkubationsdauer 48 Stunden. Anfüttern der Brut: *Artemia*- oder *Cyclops*-Nauplien. Ersteinfuhr: 1913, C. Siggelkow, Hamburg.

Aggressive, bissige Art mit intensiver Gelege- und Brutpflege. Die Fische laichen im freien Wasser auf zuvor gesäuberten Steinen (lithophile Fische). Das Weibchen legt bis zu 500 Eier. 1907 schreibt Miller, daß er einige Fische dieser Art in einem schwefelhaltigen Fluß in der Nähe einer Gebirgsquelle gefangen hat, wo die Wassertemperatur 32 °C erreichte.

2 Achtbindenbuntbarsch
'Cichlasoma' (Parapetenia) octofasciatum (REGAN, 1903)

Buntbarsche
Cichlidae

Syn.: *C. biocellatum, C. hedricki, Heros octofasciatus*

☐ Vorkommen: Südmexiko, Yukatan, Guatemala und Belize. Gesamtlänge: 20 cm. Nahrung: Gröberes Lebendfutter, wir fügen Pflanzenkost zu. Artenbecken. Zuchtbecken: 200 l für ein Paar, Kiesboden und flache Steine. Sexualdimorphismus: Beim Männchen ist die Rückenflosse spitz verlängert, das Weibchen ist kleiner, seine Rückenflosse ist abgerundet, es ist markanter gefärbt. Verhältnis der Geschlechter: 1 : 1. Zuchtbedingungen: 24–28 °C; pH 6,5–7,0; dKH bis 2°. Eier: Inkubationsdauer 4 Tage. Anfüttern der Brut: *Artemia*- oder *Cyclops*-Nauplien. Ersteinfuhr: 1904, Umlauf, Hamburg.

Unverträgliche, im Boden wühlende Art. Das Weibchen legt bis 800 Eier. Die Eltern pflegen Gelege und Brut. Die Jungfische haben eine typische Juvenilfärbung.

3 Augenfleckbuntbarsch
Heros severus (HECKEL, 1840)

Buntbarsche
Cichlidae

Syn.: *Acara spuria, Astronotus (Heros) severus, A. (Cichlasoma) severus,*
A. (Heros) efasciatus, Heros coryphaeus, H. modestus, H. spurius,
H. efasciatus, Centrarchus notatus, Chromys appendiculata,
Ch. fasciata, Uaru centrarchoides, Cichlasoma severum

○ Vorkommen: Flüsse des Amazonasbeckens. Gesamtlänge: 20 cm. Nahrung: Lebendfutter, wir können künstliche Kost zufügen. Artenbecken (eventuell mit großen und ruhigen Fischarten). Zuchtbecken: 200 l für ein Paar, auf dem Grund flache Steine. Sexualdimorphismus: Undeutlich, das Männchen ist bunter, seine Rücken- und Afterflosse sind langgezogener als beim Weibchen, es trägt auf dem Kopf eine rotbraun gepunktete und gewellte Zeichnung, die Weibchen besitzen diese Zeichnung nicht. Verhältnis der Geschlechter: 1 : 1. Zuchtbedingungen: 25–28 °C; pH 6,0–6,5; dKH bis 1°. Eier: Inkubationsdauer 48 Stunden. Anfüttern der Brut: *Artemia*- oder *Cyclops*-Nauplien. Ersteinfuhr: 1909, C. Siggelkow, Hamburg.

Während des Laichens sind die Fische territorial und aggressiv, sonst sind sie ruhig und friedliebend. Das Weibchen legt 1000 und mehr Eier auf einer festen Unterlage ab. Beide Partner versorgen Gelege und Brut. In den letzten Jahren gelang es, eine xanthische Form ‚Gold Severum' zu erzüchten.

Cichlidae

1 Feuerkopf-Buntbarsch
Paratheraps synspilus (HUBBS, 1935)

Buntbarsche
Cichlidae

Syn.: *Cichlasoma hicklingi, C. synspilum* (manche Fachleute meinen, daß *C. synspilum* ein Synonym für die früher beschriebene Art *C. melanurum* ist.)

Vorkommen: Flüsse Mittelamerikas vom Usumancintabecken in Guatemala zu den Flüssen in der Umgebung von Belize. Gesamtlänge: 30 cm. Nahrung: Lebendes, künstliches und pflanzliches Futter, mit Vorliebe Regenwürmer. Artenbecken. Zuchtbecken: Wenigstens 500 l, auf dem Boden eine 5 cm hohe Sandschicht und flache Steine, die Hohlräume bilden, vielleicht auch Blumentöpfe mit ausgestoßenem Boden. Sexualdimorphismus: Undeutlich, das Männchen ist auf dem Kopf röter, ältere Männchen haben einen Fetthöcker. Verhältnis der Geschlechter: 1 : 1. Zuchtbedingungen: 22–30 °C, pH 7,0–7,5; dKH 2°; dGH 10–15°, frisch. Eier: Dunkelbeige, oval, in der Längsachse 2 mm. Inkubationsdauer bei 25 °C 4 Tage. Anfüttern der Brut: *Artemia*-Nauplien, fein gesiebtes Zooplankton, künstliches Brutfutter. Ersteinfuhr: 1977 in die USA, Europa?

P. synspilus ist der Art *V. maculicauda* sehr ähnlich. Innerhalb der Art sind die Fische sehr aggressiv. Sie laichen in großen, im Grund ausgewühlten Gruben oder auf festen, in Hohlräumen befindlichen Unterlagen ab. Die Eier der ersten Gelege werden von den Generationsfischen oft gefressen, später aber pflegen die Elterntiere ihre Nachkommen vorbildlich. Die Weibchen versorgen das Gelege, die Männchen bewachen den Laichplatz. Das Weibchen legt 200–800 Eier. Die geschlüpften Embryonen sind 6 mm lang und gehen nach 5 Tagen auf exogene Ernährung über. Die Brut wächst schnell. Nach 4 Wochen endet die elterliche Pflege. Jungfische, die umgesiedelt wurden, versuchen aus der neuen, fremden Umgebung herauszuspringen, und wir senken deshalb den Wasserstand oder decken das Aquarium sorgfältig ab. Mit 8 cm Länge sind die Tiere geschlechtsreif, ihre endgültige Färbung erzielen sie aber erst nach einigen Jahren.

2 Getupfter Buntbarsch
Viejia maculicauda (REGAN, 1905)

Buntbarsche
Cichlidae

Syn.: *Cichlasoma maculicauda, C. manana, C. nigritum, Chuco manana*

Vorkommen: Mittelamerikanische Atlantikküste von Guatemala bis Panama. Ruhige, seichte Ufergewässer, die Fische wandern oft ins Brackwasser. Gesamtlänge: 25–30 cm. Nahrung: Lebendes, künstliches und pflanzliches Futter (mit Vorliebe werden Regenwürmer gefressen), Artenbecken. Zuchtbecken: Wenigstens 500 l, auf dem Boden eine 5 cm starke Schicht aus halbgrobem Sand und einige flache Steine. Sexualdimorphismus: Undeutlich, das Männchen ist mächtiger und größer als ein gleichaltriges Weibchen, es ist auf dem Kopf und an der Kehle stärker rot gefärbt, seine Flossen sind etwas länger. Verhältnis der Geschlechter: 1 : 1. Zuchtbedingungen: 22–30 °C; pH 7,0–7,5; dKH 2°; dGH 10–15°, über Aktivkohle gefiltert, frisch (jede Woche 50 % Wasserwechsel). Eier: Olivgrau, oval, in Längsrichtung 2 mm lang, die Inkubation dauert bei 26 °C drei Tage. Anfüttern der Brut: *Artemia*-Nauplien, fein gesiebtes Zooplankton und künstliches Brutfutter. Ersteinfuhr: 1912, C. Siggelkow, Hamburg.

Die erwachsenen Fische sind innerhalb der Art sehr aggressiv. Wir entfernen aus dem Schwarm die aggressivsten Exemplare, es sind meistens Männchen. Vor dem Laichen wühlen die Fische Gruben aus, laichen dann aber auf einer festen Unterlage ab. Meistens übernimmt das Weibchen die Brutpflege, das Männchen bewacht die Umgebung des Laichplatzes. Die Weibchen legen 300–1000 Eier. Die endogene Ernährung dauert 4 Tage. Die Elternpflege endet nach 5 Wochen. Die jungen Fische wachsen schnell und sind schon mit 10 cm Größe geschlechtsreif.

Cichlidae

1 Gabelschwanz-Schachbrettcichlide
Crenicara filamentosa LADIGES, 1959

Buntbarsche
Cichlidae

○
◐

Vorkommen: Mittellauf des Amazonas, sehr weiches, saueres Wasser mit hohem Humingehalt. Gesamtlänge: Männchen 9 cm, Weibchen 6 cm. Nahrung: Lebendfutter. Gesellschaftsbecken, mit kleinen Salmlern. Zuchtbecken: 100 l für ein Paar, gut bewachsen, mit flachen Steinen auf dem Boden. Sexualdimorphismus: Ausgeprägt; das Männchen ist größer und farbiger, seine Schwanzflosse ist leierartig gestreckt, die Rücken-, Schwanz- und Afterflosse sind bunt (schwarz, rot und blau); das Weibchen ist weniger farbig, seine Flossen sind transparent. Verhältnis der Geschlechter: 1 : 1. Zuchtbedingungen: 26–28 °C; pH 5,5; dKH 0°; dGH bis 8°, über Torf gefiltert. Eier: Gelblich, Inkubationsdauer 3 Tage. Anfüttern der Brut: *Artemia*-Nauplien. Ersteinfuhr: 1951.

Das Weibchen legt auf flachen Steinen oder auf Blättern bis zu 120 Eier ab. Nach dem Laichen entfernen wir das Männchen aus dem Becken. Die Fische sind gegenüber Änderungen im Chemismus des Wassers empfindlich.

2 Felsen-Kammbuntbarsch
Crenicichla saxatilis (LINNAEUS, 1758)

Buntbarsche
Cichlidae

Syn.: *C. argynnis, C. frenata, C. labrina, C. proteus, C. proteus* var. *argynnis, C. albopunctatus saxatilis, C. saxatilis* var. *semicincta, C. vaillanti, Sparus saxatilis, S. rufescens, Perca saxatilis, Cichla saxatilis, Cychla rutilans, Sparus pavoninus*

◁
●

Vorkommen: Venezuela, Orinokoniederung, Guyana, Insel Trinidad und Brasilien. Gesamtlänge: 35–40 cm. Nahrung: Lebendfutter, vor allem Fische und auch Fleisch von Seefischen. Artenbecken. Zuchtbecken: Wenigstens 200 l für ein Paar, steiniger Grund, Höhlen, Überhänge. Sexualdimorphismus: Erst nach 1 1/2 Jahren deutlich; das Männchen ist größer, die untere Bauchpartie ist schwach rosafarben. Die Körperseite zeigt unregelmäßige, dichte, goldene Flecken, die Afterflosse ist größer. Das Weibchen ist kleiner und pastellfarben und hat keine Goldflecken, die Bauchpartie ist rosa- bis dunkel rosafarben. Verhältnis der Geschlechter: 1 : 1. Zuchtbedingungen: 25 °C, pH 5,5; dKH < 1°; dGH < 10°. Eier: Oval, 1×3 mm, weiß bis gelb, Inkubationsdauer 6 Tage. Anfüttern der Brut: Gesiebtes Zooplankton. Ersteinfuhr: ?

Das Weibchen legt an die Decke eines Hohlraumes bis zu 200 Eier und versorgt diese dann auch, während das Männchen das Revier bewacht. Die geschlüpften Embryonen haben einen großen Dottersack und befestigen sich mit Hilfe eines Fadens an der Unterlage. Am sechsten Tag nach dem Schlüpfen schwimmt die Brut frei und wird von beiden Eltern ausgeführt.

3 Pfauenaugenkammbarsch
Crenicichla lepidota HECKEL, 1840

Buntbarsche
Cichlidae

Syn.: *C. saxatilis* var. *lepidota*

◁
●

Vorkommen: Südamerika, von Nordbrasilien bis Nordargentinien. Gesamtlänge: 20 cm. Nahrung, Becken und Zuchtbecken wie bei *C. saxatilis*. Sexualdimorphismus: Undeutlich, die Weibchen sind nur in der Hochzeitstracht bunter. Verhältnis der Geschlechter: 1 : 1. Zuchtbedingungen: 24–28 °C; pH 5,5–6,0; dKH < 2°; dGH bis 10°. Eier: Inkubationsdauer 6 Tage. Anfüttern der Brut: *Artemia*-Nauplien, fein gesiebtes Zooplankton, später zerkleinerte Bachröhrenwürmer. Ersteinfuhr: 1907.

Das Weibchen legt einige Hundert Eier an die Decke der Höhle oder an die Felsüberhänge. Beide Partner pflegen Gelege und Brut. Die jungen Fische wachsen schnell, nach 3 Wochen trennen wir sie von den Eltern.

Cichlidae

1 Rotbuckelbuntbarsch
Geophagus hondae REGAN, 1912

Buntbarsche
Cichlidae

Syn.: *G. steindachneri, G. magdalenae, G. pellegrini*

○ Vorkommen: Kolumbien, Oberlauf des Rio Magdalena und dessen Zuflüsse. Gesamtlänge: 25 cm. Nahrung: Lebendes und künstliches Futter, möglichst abwechslungsreich. Gesellschaftsbecken, aber nur mit größeren, friedfertigen Barscharten, Inhalt wenigstens 500 l. Zuchtbecken: Für ein Paar 300 l. Wir bedecken den Boden 5 cm hoch mit feinem Sand, auf dem wir einen flachen Stein und einen größeren, geeignet ausgebrochenen Blumentopf, der dem Paar als Unterschlupf dient, anbringen. Sexualdimorphismus: Bei den älteren Männchen ist die Rücken- und Afterflosse verlängert, sie tragen auf dem Kopf eine Fettwulst. Die Genitalpapille der Männchen zeigt sich 10 Tage, die der Weibchen nur einige Stunden vor dem Laichen. Verhältnis der Geschlechter: 1 : 1. Zuchtbedingungen: 26–28 °C; pH 6,5–7,0; dKH < 2°. Eier: Die Entwicklung im Maul des Weibchens dauert 17–20 Tage. Anfüttern der Brut: *Artemia*-Nauplien. In Hinblick auf das großräumige Becken empfiehlt es sich, das Futter für die Brut mit Hilfe eines Glasröhrchens in der Nähe des Weibchens anzubringen (wir verhindern so eine stärkere Zerstreuung der Nahrung). Ersteinfuhr: 1974.

Außerhalb der Laichzeit friedliebende Fische. Das Weibchen legt ungefähr 50 gelbe Eier auf einen flachen Stein. Sobald das Weibchen alle Eier abgegeben hat, nimmt es sie ins Maul (manchmal sammelt es sie nacheinander nach jedem Ablegen). Sobald der Laichvorgang endet (ungefähr nach einer Stunde) fangen wir das Männchen ab. Es wird behauptet, daß *G. hondae* die einzige südamerikanische Buntbarschart ist, die die Eier sofort ins Maul nimmt. Während der Pflege der Eier und Larven im Maul nimmt das Weibchen keine Nahrung auf. Nach drei Wochen fangen wir auch das Weibchen, das wir zum Männchen zurückgeben, von den Jungfischen ab. Diese wachsen schnell heran.

2 Teufelsangel, Erdfresser
Geophagus jurupari HECKEL, 1840

Buntbarsche
Cichlidae

Syn.: *G. leucostictus, G. mapiritensis, G. pappaterra, Satanoperca pappaterra, S. jurupari, S. leucosticta, S. macrolepis*

○ Vorkommen: Brasilien, Guyana. Gesamtlänge: 25 cm. Nahrung: Lebendes und künstliches Futter, abwechslungsreich. Gesellschaftsbecken, siehe *G. hondae*. Zuchtbecken: Wie für *G. hondae*. Sexualdimorphismus: Undeutlich, das Männchen ist schlanker, es hat eine zugespitzte Genitalpapille, während die des Weibchens kurz und stumpf ist. Verhältnis der Geschlechter: 1 : 1. Zuchtbedingungen: 28 °C; pH 6,5–7,0; dKH < 2°. Eier: Die Entwicklung im Maul dauert 10 Tage. Anfüttern der Brut: Siehe *G. hondae*. Ersteinfuhr: 1909, C. Siggelkow, Hamburg. Erste Zucht: 1936, H. Haertel, Dresden.

Die Jungfische leben in kleineren Gruppen, in denen sich später auf natürliche Weise Paare bilden, die wir für die weitere Zucht absondern. Das Weibchen legt 150–400 Eier auf einen flachen Stein. Der Laichplatz wird von beiden Partnern gepflegt. 24 Stunden nach dem Laichen nehmen beide Elternfische die Eier ins Maul. Sie besitzen keinen Kehlsack und die Eier werden auf den Kiefern gelagert. Nach 10 Tagen verläßt die Brut das Maul der Eltern, sucht dieses weiterhin bei Gefahr und während der Nacht auf. Nach vier Wochen kommen die Jungen im Maul nicht mehr unter, werden aber noch weitere 4 Wochen von den Eltern versorgt. Dann siedeln wir das Zuchtpaar in ein anderes Becken um.

Cichlidae

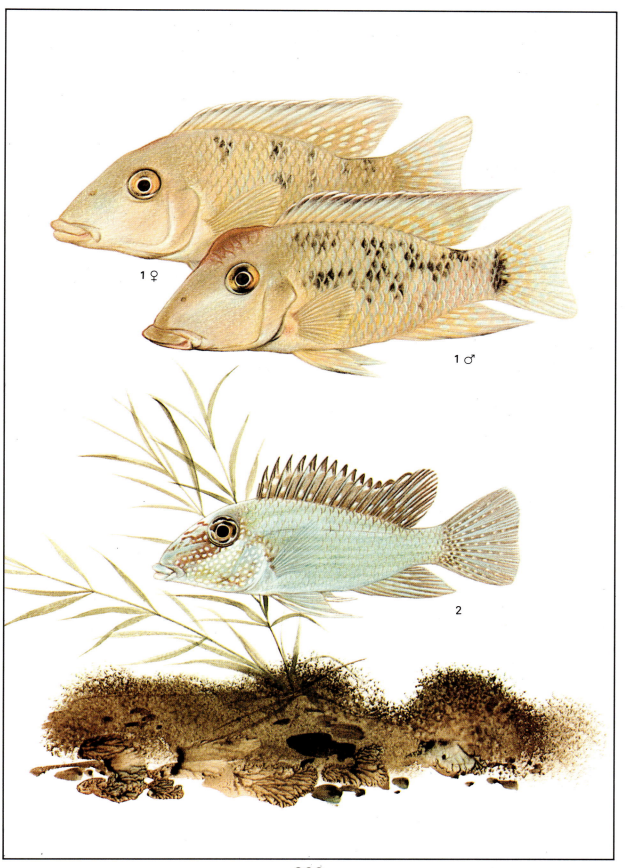

1 Glänzender Zwergbuntbarsch, Gestreifter Zwergbuntbarsch
Nannacara anomala REGAN, 1905

Buntbarsche
Cichlidae

Syn.: *Acara punctulata*

Vorkommen: Westguyana. Gesamtlänge: Männchen 9 cm, Weibchen 5 cm. Nahrung: Lebendfutter. Gesellschaftsbecken. Zuchtbecken: 50 l für ein Paar, auf dem Wasserspiegel schwimmende Pflanzen, Schlupfwinkel (Hohlräume), auf dem Boden flache Steine. Sexualdimorphismus: Die Rücken- und Afterflosse des Männchens sind zipfelig verlängert. Verhältnis der Geschlechter: 1 : 1. Zuchtbedingungen: 24–26 °C; pH 6,5–7,0; dKH bis 2°. Eier: Inkubationsdauer 3 Tage. Anfüttern der Brut: Nauplien von *Artemia* oder *Cyclops*. Ersteinfuhr: 1934, Fritz Mayer, Hamburg.

Das Weibchen legt seine Eier in die Hohlräume in den überdeckten Winkeln des Bodens oder auf Steine. Nach dem Ablaichen fangen wir das Männchen aus dem Becken, denn die Weibchen verhalten sich ihm gegenüber oft aggressiv. Die geschlüpften Larven werden von den Weibchen in die Vertiefungen im Sand oder in andere Schlupfwinkel auf dem Boden übertragen. Am 5.–7. Tag geht die Brut auf exogene Ernährung über. Wir können die Eier mit einem Schlauch absaugen oder auch mit der Unterlage in ein Aufzuchtbecken übertragen. Wir können auch warten, bis die Brut schlüpft, sie dann absaugen und einschließlich des Weibchens umsiedeln. Das Weibchen nimmt sich nach dem Überführen meistens der Brut wieder an. Es sind auch Fälle bekannt, daß ein Muttertier die Jungen eines anderen Weibchens seiner eigenen Brut anschließt. Sein Pflegeinstinkt ist so stark, daß es, verliert es die eigenen Jungen, Wasserflöhe um sich sammelt. Es wird empfohlen, das Weibchen so lange wie möglich mit der Brut zusammen zu lassen. Dadurch verlängert sich die Zeit zwischen den einzelnen Laichperioden, die Weibchen können sich erholen, und die Eiproduktion ist beim folgenden Laichen größer.

2 Südamerikanischer Schmetterlingsbuntbarsch
Papiliochromis ramirezi (MYERS et HARRY, 1948)

Buntbarsche
Cichlidae

Syn.: *Apistogramma ramirezi, Microgeophagus ramirezi*

Vorkommen: Westliches Venezuela, Kolumbien, westliches Brasilien, Bolivien. Gesamtlänge: Männchen 10 cm, Weibchen 7 cm. Nahrung: Lebendfutter. Gesellschaftsbecken. Zuchtbekken: 50 l für ein Paar, diffuses Licht, Schlupfwinkel und flache Steine auf dem Boden. Sexualdimorphismus: Das Weibchen ist in der Bauchpartie fülliger und roter, der zweite Strahl der Rückenflosse ist im Unterschied zum Männchen nur wenig verlänger. Verhältnis der Geschlechter: 1 : 1. Zuchtbedingungen: 24–26 °C; pH 6,5–7,0; dKH < 1°; dGH < 10°. Eier: Graugelb, Durchmesser ca. 1 mm, Inkubationsdauer 4 Tage. Anfüttern der Brut: Nauplien von *Artemia* oder *Cyclops*. Ersteinfuhr: 1947, USA (H. Blass und M. V. Ramirez aus dem Stromgebiet des Rio Apuré), 1948 aus den Züchtereien der USA nach Europa eingeführt.

Monogame Art, das Zuchtpaar versorgt Eier und Brut. Die einzelnen Gelege können in Zuchtbecken umgesiedelt werden, denn das Beisein der Eltern ist nicht notwendig. Die Fische sind lithophil, das Weibchen legt 300–400 Eier auf eine feste Unterlage. Die endogene Ernährung endet nach 8 Tagen. Die jungen Fische wachsen allmählich. In den Aquarienzuchten wurde eine xanthische (goldene) Form dieser Art erzüchtet und genetisch stabilisiert. Beide Formen, die wilde und die xanthische, sind gegenüber verschiedenen Infektionskrankheiten empfindlich. Diese Fische sind kurzlebig, sie werden nur ungefähr zwei Jahre alt.

Cichlidae

1 Hoher Segelflosser
Pterophyllum altum PELLEGRIN, 1903

Buntbarsche
Cichlidae

◁
●

Vorkommen: Südamerika, nur im Oberlauf des Orinoko in Venezuela. Gesamtlänge: 15 cm (18 cm). Nahrung: Kleines Lebendfutter, einschließlich Fischbrut. Artenbecken. Zuchtbecken: Wenigstens 500 l, teilweise dicht bewachsen, feste senkrechte Flächen oder breitblättrige Pflanzen. Sexualdimorphismus: Monomorphe Fische. Verhältnis der Geschlechter: 1 : 1, wir halten die Zuchtfische in einer kleineren Gruppe. Wasser: 26–30 °C; pH 6,5–7,0; dKH < 2°; dGH < 10° (hypothetische Angaben für die Entwicklung der Eier, denn die Fische wurden offensichtlich bis jetzt in der Gefangenschaft noch nicht fortgepflanzt). Ersteinfuhr: 1950, Aquarium Hamburg.

Friedliebende, ruhige, aber schreckhafte Fische. Nach H. Mayland ist es möglich, die Schreckhaftigkeit der Fische zu mildern, und zwar durch genügend große Aquarien, an denen man regelmäßig vorbeigeht. Hieran gewöhnen sich die Fische. Sie leben ähnlich wie die verwandten Arten *P. scalare* und *P. dumerili* im Schwarm. 1967 führte Dr. L. P. Schultz eine Revision der Gattung *Pterophyllum* durch, wobei er *P. altum* als Unterart von *P. scalare* ansah, schließlich aber zu der Meinung gelangte, daß *P. altum* eine selbständige Art ist. Er konnte nicht voraussehen, daß H. R. Axelrod später im Rio Negro Skalare entdeckte, die nicht nur durch die Anzahl der Rücken- und Afterflossenstrahlen, sondern auch äußerlich als Übergangsform zwischen *P. scalare* und *P. altum* erscheinen. Aus den Erwägungen von H. Mayland geht hervor, daß das früher angegebene Unterscheidungsmerkmal – die für *P. altum* typische Kopfform – plötzlich auch bei den von Axelrod entdeckten Exemplaren auftritt. Eine ähnliche Kopfform zeigt sich auch bei einigen Vertretern der Art *P. scalare*, die in Aquarien gezüchtet wurden. Hierdurch wird die Ansicht, die dieses Merkmal als arttypisch angibt, noch mehr in Frage gestellt. Das heißt jedoch, daß die Eingliederung von *P. altum* in die Nomenklatur bis jetzt nicht völlig geklärt ist.

Bei allen drei bekannten Arten der Gattung *Pterophyllum* verläuft über das Auge ein schwarzer Querstreifen. Bei *P. altum* folgt auf diesen Streifen ein bräunlicher oder grauer Streifen, der hinter den Kiemendeckeln den ganzen Körper umläuft. Hinter diesem Streifen folgt erneut ein schwarzer Streifen. Die Anordnung dieser Färbung tritt bei den anderen beiden Arten nicht auf. Für *P. altum* sind außerdem die vertikal extrem verlängerten Rücken- und Afterflosse typisch.

Cichlidae

1 Segelflosser, Skalar
Pterophyllum scalare (LICHTENSTEIN, 1823)

Buntbarsche
Cichlidae

Syn.: *P. eimekei, Platax scalaris, Zeus scalaris*

◁ Vorkommen: Brasilien – Amazonas, Tapajos und ihre Nebenflüsse. Gesamtlänge: 15 cm, Gesamthöhe: 26 cm. Nahrung: Lebendfutter einschließlich der Brut von lebendgebärenden Fischen. Gesellschaftsbecken, Inhalt 200 l und mehr, hoch. Zuchtbecken: 150 l für ein Paar, hoch, mit flachen Wänden (Schiefer, Glasscheiben) und großblättrige Pflanzen der Gattung *Echinodorus*. Sexualdimorphismus: Undeutlich; die älteren Männchen haben einen mächtigeren Kopf mit einem kleinen Fetthöcker. Verhältnis der Geschlechter: 1 : 1. Zuchtbedingungen: 26–28 °C; pH 6,5–7,0; dKH bis 2°. Eier: Gelblich, durchsichtig, Inkubationsdauer 48 Stunden. Anfüttern der Brut: Nauplien von *Artemia* oder *Cyclops*. Ersteinfuhr: 1909, Siggelkow, Hamburg.

In der Natur treten zwei lokale Rassen auf, von denen eine größer ist. Die kleinere Rasse wurde 1928 von Ahl als *Pterophyllum eimekei* beschrieben. 1967 führte L. P. Schultz eine Revision durch und strich die selbständige Art *P. eimekei*.

Bevor wir die Zuchtfische auswählen, halten wir junge Fische gemeinsam in einer größeren Gruppe, bis sie geschlechtsreif sind. Die selbständig gebildeten Paare trennen sich nacheinander vom Schwarm und laichen das erste Mal ab. Es ist ideal, wenn wir die einzelnen Paare gesondert züchten können. Die Fische laichen auf schrägen und senkrecht stehenden Unterlagen. Die Eltern pflegen und bewachen die Eier, die geschlüpfte Brut versorgen sie aber nur selten. Es ist am besten, die Eier in ein selbständiges Becken zu übertragen. Wir entnehmen sie entweder mit der gesamten Unterlage (Blatt, Schiefer, Glasscheibe) oder streichen sie mit einer Gänsefeder in ein dichtmaschiges Sieb ab. Die umgesiedelten Eier werden mit Methylenblau behandelt, wir halten eine konstante Temperatur von 26 °C und führen ausgiebig Luft zu. Die geschlüpften Larven hängen sich mit Hilfe von Fasern in Häufchen an die Unterlage. Nach einer Woche geht die Brut auf exogene Ernährung über und wächst schnell. Frisches Wasser, eine ausreichende Menge Lebendfutter und eine nicht zu dichter Beckenbesatz sind Faktoren, die das Wachstum der Jungfische beschleunigen.

2 *Pterophyllum scalare* – Schleierform

Buntbarsche
Cichlidae

◁ Die Schleierform wurde in Aquarien erzüchtet und genetisch stabilisiert. Sie entstand wahrscheinlich in den USA.

3 *Pterophyllum scalare* – halbschwarze Form

Buntbarsche
Cichlidae

◁ Die halbschwarze Form wurde in Aquarien erzüchtet und genetisch stabilisiert. Einigen Quellen entsprechend entstand sie in Schweden.

Cichlidae

1 *Pterophyllum scalare* − xanthische (goldene) Form Buntbarsche
Cichlidae

◁ 1969−1970 wurde diese Form unabhängig voneinander von zwei Züchtern veredelt: Von Peter Wong aus Hongkong und von Carl Naja aus Milwaukee in den USA. Die Fische des Amerikaners waren besser gefärbt.

2 *Pterophyllum scalare* − xanthische (goldene) Schleierform Buntbarsche
Cichlidae

◁ Durch weitere Veredelung wurde die goldene Schleierform genetisch stabilisiert.

3 *Pterophyllum scalare* − rauchfarbene Form Buntbarsche
Cichlidae

◁ Die rauchfarbene Form wurde in Aquarienzuchten wahrscheinlich in den vierziger Jahren oder früher genetisch stabilisiert.

4 *Pterophyllum scalare* − rauchfarbene Schleierform Buntbarsche
Cichlidae

◁ Durch längere Züchtung entstand die genetisch stabilisierte rauchfarbene Schleierform. Aus den rauchfarbenen Formen wurden schwarze Formen veredelt.

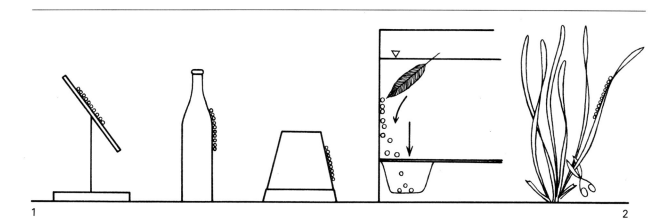

1 − Verschiedene Unterlagen für das Laichen der Skalare
2 − Zwei Arten der Gelegeübertragung in ein selbständiges Becken

Cichlidae

1 *Pterophyllum scalare* – marmorierte Form   Buntbarsche
Cichlidae

Die ersten marmorierten Skalare tauchten 1965 in den Züchtungen des Amerikaners Bud Goddard auf. Es gelang jedoch nicht, sie genetisch zu stabilisieren und sie gingen ein. 1969–1970 gelang es einem anderen amerikanischen Züchter, dem Kalifornier Charles Ash, als erstem, diese Form genetisch zu stabilisieren.

2 *Pterophyllum scalare* – marmorierte Schleierform   Buntbarsche
Cochlidae

Durch weitere Veredelung wurde offensichtlich ebenfalls in den USA die marmorierte Schleierform stabilisiert.

Die Fähigkeit, Mutationen zu bilden, die sich vor allem in der Zusammensetzung und dem Muster der Streifen äußern, regte die Züchter von Skalaren dazu an, immer neue Formen zu veredeln. So entstand Anfang der siebziger Jahre in der amerikanischen Zuchtanstalt Gulf Fish Farm auf Florida die genetisch stabile ‚Gespensterform' (a). Fast direkt anschließend taucht eine Form ‚Zebra' auf, deren Ursprung unbekannt ist und die als normale, rauchfarbene, kurzflossige oder Schleierform besteht (b). Aus der Form ‚Zebra' wurde offensichtlich eine weitere Form ‚Leopard' (c) veredelt, die auf dem Gebiet der ehemaligen UdSSR zahlreich verbreitet ist.

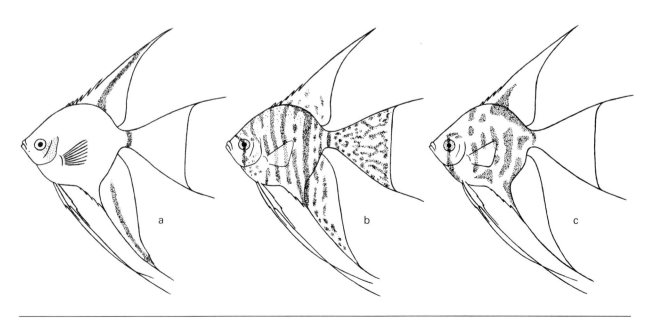

Cichlidae

1 *Pterophyllum scalare* – schwarze Form Buntbarsche
Cichlidae

Diese Form wurde aus der rauchfarbenen Form von dem amerikanischen Züchter James Ellis aus Kalifornien veredelt und Anfang der 50er Jahre in Los Angeles auf einer aquaristischen Ausstellung gezeigt. Nach Europa wurde diese Form 1955 durch die Firma Aquarium Westhandel aus Amsterdam eingeführt.

2 *Pterophyllum scalare* – schwarze Schleierform Buntbarsche
Cichlidae

Durch weitere Veredelung wurde die schwarze Schleierform genetisch stabilisiert. Beide schwarzen Formen sind im Vergleich zu den anderen empfindlicher und wärmeliebender. Die Jungfische wachsen auch langsamer.

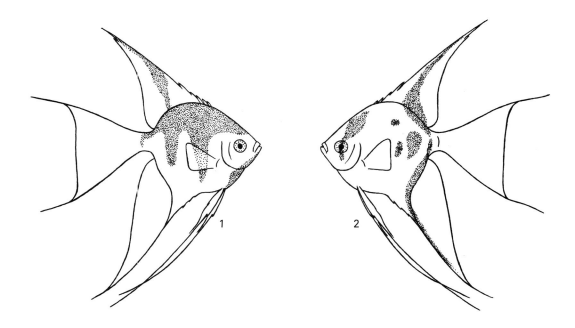

Durch die ständige Kreuzung in Aquarienzuchten entstehen zufällige Mutationen, die sehr attraktiv und interessant sein (1,2) und zu weiterer Veredlung anregen können

Cichlidae

1 Echter Diskus, Pompadurfisch
Symphysodon discus HECKEL, 1840

Buntbarsche
Cichlidae

Vorkommen: Brasilien, Mittellauf des Amazonas (Manaus, Teffé), Rio Negro, Rio Xingu. Gesamtlänge: 20 cm. Nahrung: Lebendfutter, wir fügen künstliche und pflanzliche Kost zu. Artenbecken. Zuchtbecken: 200–300 l für ein Paar, minimale Wasserstandshöhe 50 cm, gedämpfte Beleuchtung, auf dem Grund bringen wir in senkrechter Lage Dränröhren an, ruhiges Milieu. Sexualdimorphismus: Monomorphe Fische: Verhältnis der Geschlechter: 1 : 1. Zuchtbedingungen: 30 °C; pH 6,5; dKH 0; dGH < 8°. Eier: Inkubationsdauer 50–62 Stunden. Anfüttern der Brut: Sekret der Elterntiere, dann *Artemia*-Nauplien. Ersteinfuhr: 1921, W. Eimeke, Hamburg.

Viele Jahrzehnte gehörte dieser Fisch zu den aquaristischen Raritäten. Erst in den sechziger Jahren gelangen die ersten erfolgreichen Aufzuchten. Nach der Revision, die 1960 Dr. L. P. Schultz durchführte, unterscheiden wir heute den Echten Diskus *(S. discus)*, den Blauen Diskus *(S. aequifasciata haraldi)*, und den Braunen Diskus *(S. aequifasciata axelrodi)*. Die Aufzucht ist bei allen Formen gleich (siehe *S. aequifasciata axelrodi)*, aber bei *S. discus* schwieriger.

2 Blauer Diskusfisch
Symphysodon aequifasciata haraldi L. P. SCHULTZ, 1960

Buntbarsche
Cichlidae

Vorkommen: Mittlerer Amazonas, dort wo der Fluß Solimoes genannt wird. Gesamtlänge: 20 cm. Übriges wie bei *S. discus*. Ersteinfuhr: 1921?

Bei der Zucht der Blauen Diskusfische wurden auf der ganzen Welt viele farbige Formen erzielt. Die schönsten von ihnen heißen: Royal blue, Türkis-Diskus, Wattleys Türkis-Diskus. Bei den roten Formen müssen wir nach Mayland wirklich rote Fische von denen unterscheiden, die sich durch die Nahrung, zum Beispiel durch rote Garneleneier, verfärbt haben. Wirklich rote Diskusfische kommen nur selten auf den Markt, diese Form ist nicht stabilisiert.

3 Brauner Diskusfisch
Symphysodon aequifasciata axelrodi L. P. SCHULTZ, 1960

Buntbarsche
Cichlidae

Vorkommen: Amazonas und dessen Stromgebiet von Manacapur (westlich von Manaus) bis zur Mündung, Orinoko und dessen Stromgebiet. Gesamtlänge: 20 cm. Übriges wie bei *S. discus*. Ersteinfuhr: 1921.

Die Fische laichen auf einer schrägen oder senkrechten festen Unterlage ab. Die geschlüpften Embryonen hängen an kurzen Fäden. 5 Tage nach dem Schlüpfen beginnt die Brut zu schwimmen und hält sich an den Körperseiten der Eltern fest. Bei diesem „Tragen" der Brut wechseln sich beide Partner ab. Die Haut der Elternfische scheidet in dieser Zeit ein weißes Sekret aus, das den Jungen als erste Nahrung dient. Nach einigen Tagen dieser Ernährungsweise beginnt die Brut, aktiv zu jagen. Die Schwierigkeiten in der Aufzucht bestehen vor allem darin, daß eine ganze Reihe von Paaren ihr Gelege oder die Brut auffressen, oder daß die Generationsfische kein Sekret ausbilden, und die Brut verhungert. In den USA wurde eine erfolgreiche, aber arbeitsaufwendige Methode zur Aufzucht der Larven erarbeitet, mit der die kritische Zeit bis zur aktiven Nahrungssuche überbrückt werden kann. Dabei werden Gläschen, die als Attrappen der Elternfische dienen, mit einer Dotteremulsion bestrichen. Diese Emulsion muß ständig frisch sein und während des ganzen Tages regelmäßig verabreicht werden. Auf die Hygiene des Milieus ist besonders zu achten (ständig frisches Wasser). Einige Züchter vertreten aber die Ansicht, daß so aufgezogene Fische später, wenn sie erwachsen sind, Schwierigkeiten mit der Sekretbildung haben.

Cichlidae

1 Schachbrett-Schlankcichlide
Julidochromis marlieri POLL, 1956

Buntbarsche
Cichlidae

○
●
Vorkommen: Endemit des Tanganjikasees in Afrika, felsige Uferzonen in der nordwestlichen Ecke des Sees in Makabole und Luhangz in Zaire. Gesamtlänge: 15 cm. Nahrung: Lebendes und künstliches Futter. Artenbecken. Zuchtbecken: 100–200 l für ein Paar, auf dem Grund Steinhaufen mit genügend Hohlräumen oder Blumentöpfe mit ausgeschlagenem Boden. Sexualdimorphismus: Undeutlich, das völlig ausgewachsene Männchen trägt auf dem Kopf einen Fettbuckel, es ist kleiner als das Weibchen, seine Genitalpapille ist spitz, die des Weibchens stumpf. Verhältnis der Geschlechter: 1 : 1. Zuchtbedingungen: 24–26 °C; pH 7,5–8,0; dKH 2°; dGH 12°, frisch, sauber, gut gefiltert. Eier: Inkubationsdauer 3 Tage? Anfüttern der Brut: Nauplien von *Artemia*, später gesiebtes Zooplankton. Ersteinfuhr: 1958.

Territoriale und vor allem innerhalb der Art unverträgliche Fische. Sie sind monogam und laichen in Höhlen. Das Weibchen legt bis zu 300 Eier. Die Jungfische sind stark an den Laichplatz gebunden. Sie halten sich hier noch lange in den Spalten auf. Zwischen *J. marlieri* und *J. ornatus* wurden sterile Bastarde erzüchtet, die an die Art *J. transcriptus* erinnern. Nahe verwandt ist die Art *J. regani* POLL, 1942. Im Gebiet von Kigoma in Tansania leben Fische, deren Habitus den Eindruck einer Übergangsform zwischen *J. marlieri* und *J. regani* macht.

2 Schwarzweißer Schlankcichlide
Julidochromis transcriptus MATTHES, 1959

Buntbarsche
Cichlidae

○
●
Vorkommen: Endemit des Tanganjikasees, felsige Ufer. Gesamtlänge 7 cm (kleinster Vertreter der Gattung). Nahrung: Lebendes und künstliches Futter. Artenbecken. Zuchtbecken: 50–100 l für ein Paar, auf dem Boden mit angehäuften flachen Steinen, die ausreichende Hohlräume und Unterschlupfmöglichkeiten bieten. Sexualdimorphismus: Undeutlich (monomorphe Fische) – die Genitalpapille des Männchens ist länger, die Weibchen können größer und füliger sein als die Männchen. Verhältnis der Geschlechter: 1 : 1. Zuchtbedingungen: 24–26 °C; pH 7,5–8,0; dKH 2°; dGH 12°, frisch, sauber, gefiltert. Eier: Inkubationsdauer 3 Tage? Anfüttern der Brut: *Artemia*-Nauplien, später gesiebtes Zooplankton. Ersteinfuhr: 1964.

Mit der Färbung erinnern diese Fische an die Art *J. marlieri,* ihr Kopfprofil ist aber vollkommen anders gestaltet, die Stirnlinie ist flach und weist keinen Buckel auf. Die Fische sind gegenüber der eigenen Art aggressiv. Das Weibchen ist wenig produktiv und legt nur einige Dutzend Eier ab. Die Jungfische halten sich lange in der Umgebung des Laichplatzes auf.

Cichlidae

1 Schläfer
Nimbochromis livingstonii (GÜNTHER, 1893)

Buntbarsche
Cichlidae

Syn.: *Haplochromis livingstonii, Hemichromis livingstonii*

○
●
Vorkommen: Afrika, Endemit im Malawisee (Njassa), vor allem an den Lokalitäten Masimbe und Likoma Island. Gesamtlänge: 20 cm. Nahrung: Lebendfutter (Würmer, Bachröhrenwürmer, Larven von Wasserinsekten, Rindfleisch, Fische); wir können auch granulierte Kost zufüttern. Artenbecken mit 500 l und mehr Inhalt und ausreichend vielen Hohlräumen und Schlupfwinkeln. Zuchtbecken: 200 l für ein Paar. Sexualdimorphismus: Das Männchen besitzt eine mächtige, zu Spitzen ausgezogene Rücken- und Afterflosse, es ist blau schattiert, vor allem in der Kopfgegend. Die Jungfische und die Männchen und Weibchen, die sozial untergeordnet oder verschreckt sind, sind gleichfarbig, auf heller Unterlage dunkelbraun gefleckt. Verhältnis der Geschlechter: 1 : 1 bei weiter unten beschriebenen Verhältnissen, sonst 1 Männchen : 3–4 Weibchen. Zuchtbedingungen: 25–27 °C; pH 7,0–7,5; dKH 3°, frisch. Wir setzen je 10 l Wasser 1 Teelöffel NaCl und je 50 l Wasser 1 Teelöffel $NaHCO_3$ zu. Eier: Gelblichweiß bis gelb, birnenförmig, Durchmesser 3–4 mm. Die Entwicklung der Brut im Maul des Weibchens dauert 25 Tage. Anfüttern der Brut: Kleines, gesiebtes Zooplankton (*Artemia*-Nauplien). Ersteinfuhr: 1972.

Die Männchen gewähren nur reifen, laichfähigen Weibchen Zutritt in ihr großes Territorium. Gegen alle anderen Fische, auch die der gleichen Art, verhalten sie sich sehr aggressiv. In beengten Aquarien kann das herrschende Männchen sogar schwächere männliche Fische und Weibchen, die noch unreife Eier tragen, erschlagen. Die Aggressivität des Männchens schränken wir dadurch ein, daß wir das Becken mit einer durchsichtigen Glasscheibe trennen. Diese Scheibe wird so angebracht, daß am Grund eine Spalte von 10 mm offen bleibt, auf der einen Seite befindet sich das Männchen, auf der anderen das Weibchen. Der Laichakt erfolgt an dieser Spalte, danach senken wir die Scheibe bis auf den Boden, so daß die freischwimmende Brut nicht zum Männchen gelangen kann. Wir können dann unter ständiger Kontrolle die Zwischenwand für einige Zeit beseitigen und die Fische zueinander lassen. Wenn das Weibchen „reif" ist, kommt es in kurzer Zeit zum Laichen. Danach trennen wir die Tiere wieder. Das Weibchen legt ungefähr 50–100 Eier ab und erbrütet sie im Maul (Maulbrüter). Wenn die Jungen die Mutter verlassen, sind sie selbständig und ungefähr 1 cm groß. Am nächsten Tag können wir die Brut abfangen und in ein selbständiges Becken umsiedeln. Sie wächst rasch. Die Jungfische sind im Alter von einem Jahr geschlechtsreif.

Laichen der Maulbrüter

Cichlidae

1 ♂

1 ♀

1 juv.

1 Messerbuntbarsch
Dimidiochromis compressiceps (BOULENGER, 1908)

Buntbarsche
Cichlidae

Syn.: *Paratilapia compressiceps, Haplochromis compressiceps*

◁
●
Vorkommen: Endemit des Malawisees, sandige Litoralzone, die mit Schilf und Wasserpflanzen der Gattung *Vallisneria* bewachsen ist. Gesamtlänge: 25 cm. Nahrung: Lebendfutter, vor allem Fische (Räuber). Artenbecken. Zuchtbecken: 300–500 l, hell, mit Pflanzen besetzt, am besten aus der Gattung *Vallisneria*. Sexualdimorphismus: Das Männchen ist grün oder glitzernd blau mit rot angehauchten Flossen (je nach Lokalität), das Weibchen ist silbrig. Verhältnis der Geschlechter: 1 Männchen : 3–4 Weibchen. Zuchtbedingungen: 25–27 °C; pH 7,0–8,0; dKH 2–3°. Eier: Entwicklungsdauer im Maul des Weibchens 3 Wochen. Anfüttern der Brut: Nauplien von *Artemia*, fein gesiebtes Zooplankton. Ersteinfuhr: 1964, Walter Griem, Hamburg.

Charakteristisch für diese farblich variablen Fische sind der seitlich stark abgeflachte Körper und der große, spitze Kopf. Der Kopf nimmt 40 Prozent der gesamten Körperlänge der Tiere ein. Das Maul ist tief gespalten und weist einen markant vorgeschobenen Unterkiefer auf. Die Fische lauern mit schräg nach unten gehaltenem Kopf auf Beute. Die kleineren gefangenen Fische werden mit dem Kopf voran im Ganzen verschlungen. Die Kombination von Körperfarbe und Form erleichtert diesen Fischen die Jagd zwischen Schilf und Wasserpflanzen und schützt sie gleichzeitig vor den natürlichen Feinden, den fischfressenden Vögeln. Daß diese Fische anderen die Augen ausfressen, klingt unglaublich, wird ihnen aber zugeschrieben. Auch wenn das zeitweilig geschieht, gilt das ebenfalls für eine ganze Reihe anderer Arten.

2 Burtons Maulbrüter, Augenfleck-Maulbrüter
Astatotilapia burtoni (GÜNTHER, 1893)

Buntbarsche
Cichlidae

Syn.: *Chromis burtoni, Haplochromis burtoni*

◁
●
Vorkommen: Afrika, Tanganjikasee und dessen Zuflüsse, Kivusee. Gesamtlänge: 12 cm. Nahrung: Lebendfutter, wir können granulierte Kost beifügen. Artenbecken. Zuchtbecken: 200 l und mehr, auf dem Boden genügend Schlupfwinkel (Dränröhren). Sexualdimorphismus: Das Männchen ist mächtiger, seine Rücken-, Bauch- und Afterflosse sind größer, die Afterflosse ist mit 5–7 orangefarbenen, schwarz gesäumten Flecken geschmückt; das Weibchen ist kleiner und weniger farbig, die Flecken in der Afterflosse sind weniger markant, ihre Anzahl ist geringer. Verhältnis der Geschlechter: 1 Männchen : 3–4 Weibchen. Zuchtbedingungen: 25–27 °C; pH 7,0–8,0; dKH 2°. Eier: Die Entwicklung im Maul des Weibchens dauert 15–20 Tage. Anfüttern der Brut: *Artemia*-Nauplien oder fein gesiebtes Zooplankton. Ersteinfuhr: 1960.

Den Artnamen *burtoni* wählte Günther zu Ehren von R. Burton, der zusammen mit Spek 1858 den Tanganjikasee entdeckte.

Das abgelaichte Weibchen verläßt mit der Brut im Maul den Laichplatz und sucht einen Schlupfwinkel auf. Die Brut kehrt auch nach vollendeter Entwicklung noch einige Tage bei Gefahr und nachts in das Maul der Mutter zurück. Dieser Instinkt ist so stark, daß auch das Maul von Attrappen aufgesucht wird. Nach 3–4 Tagen trennen wir das Weibchen von den Jungen. Manche Jungweibchen laichen schon mit einer Größe von 4 cm ab.

Cichlidae

1 Fünffleckenbarsch, Fünffleckenbuntbarsch
Hemichromis fasciatus PETERS, 1857

Buntbarsche
Cichlidae

Syn.: *H. auritus, H. desguezi, H. leiguardi, Chromichthys elongatus*

◁
●
Vorkommen: Westafrika, vom Fluß Senegal bis im Osten zum Turkanasee (Rudolfsee), Wald- und Savannengewässer; trübes, sedimentreiches Wasser; die Fische dringen auch in Flußmündungen mit Brackwasser vor, schnellfließende Gewässer und freie Seezonen bewohnen sie nicht. Gesamtlänge: 25 cm. Nahrung: Gröberes Lebendfutter, Larven von Wasserinsekten, Würmer, lebende Fische. Artenbecken. Zuchtbecken: Wenigstens 200 l für ein Paar, auf dem Boden eine Schicht aus grobem Kies, flache Steine, Höhlen und andere Schlupfwinkel. Sexualdimorphismus: Undeutlich, das Weibchen kann kleiner und fülliger sein, es ist zur Laichzeit dunkler als das Männchen. Verhältnis der Geschlechter: 1 : 1. Zuchtbedingungen: 24–26 °C; pH 7,0–7,5; dKH bis 2°; dGH 10–12° (diese Art ist in der Lage, sich den Veränderungen des Wasserchemismus anzupassen), wir geben auf 50 l Wasser einen Eßlöffel Meersalz (eventuell NaCl) zu. Eier: Inkubationsdauer 3–5 Tage. Anfüttern der Brut: *Artemia*-Nauplien, später gesiebtes Zooplankton. Ersteinfuhr: 1905, Groch, Hamburg.

Die Fische sind unverträglich, bissig. Es ist empfehlenswert, außerhalb der Laichzeit die Männchen und Weibchen durch eine Glasscheibe zu trennen. Sobald die Geschlechtspapillen der Weibchen anschwellen, können wir die Tiere „zulassen". Das Weibchen legt auf einem oberflächlich gesäuberten flachen Stein bis zu 1000 Eier ab. Das Männchen bewacht das Revier, das Weibchen das Gelege. Nach dem Schlüpfen wird die Brut in zuvor im Kies ausgewühlte Gruben übertragen. Die Eltern pflegen ihre Nachkommen, bis sie 3 cm groß sind. Die jungen Männchen sind mit einer Größe von 10 cm, die Weibchen mit 7 cm geschlechtsreif.

2 Roter Buntbarsch, Roter Cichlide
Hemichromis bimaculatus GILL, 1862

Buntbarsche
Cichlidae

Syn.: *H. letourneuxii, H. rolandi, H. saharae*

○
●
Vorkommen: Nord-, West- und Mittelafrika, im Süden und Osten bis Zaire. Die einzelnen Lokalitäten befinden sich in fließenden und stehenden Gewässern und reichen bis zu den Brackwasserlagunen an der Küste. Gesamtlänge: 15 cm. Nahrung: Lebendfutter, wir fügen granulierte Kost bei. Artenbecken. Zuchtbecken: 200 l für ein Paar, auf dem Boden flache Steine (lithophile Fische). Sexualdimorphismus: Das Weibchen ist während der Laichzeit leuchtend rot, das Männchen eher braunrot. Verhältnis der Geschlechter: 1 : 1. Zuchtbedingungen: 24 °C; pH 7,0–7,5; dKH 2°. Eier: Gelblich, Inkubationsdauer 3–5 Tage. Anfüttern der Brut: Nauplien von *Artemia* oder *Cyclops*. Ersteinfuhr: 1907, Vereinigte Zierfischzüchtereien, Berlin-Conradshöhe.

Die Fische aus Wildfängen sind roter, vor allem die Form, die aus Mali stammt und 1960 eingeführt wurde. Territoriale und unverträgliche Fische. Das Weibchen legt auf die sorgfältig gesäuberte, feste Unterlage bis zu 500 Eier. Eier und Brut werden von beiden Eltern gepflegt. Bei der Vorbereitung der Zuchtfische für das nächste Laichen fangen wir die Jungen ab. Nach einem halben Jahr sind sie 7 cm groß und erwachsen.

Cichlidae

1 Fünfstreifen-Tanganjikabuntbarsch
Neolamprologus tretocephalus (BOULENGER, 1899)

Buntbarsche
Cichlidae

Syn.: *Lamprologus tretocephalus*

Vorkommen: Endemit des Tanganjikasees, felsige Zonen des Uferstreifens. Gesamtlänge: 15 cm. Nahrung: Lebendes und künstliches Futter, wir fügen Pflanzenkost bei. Artenbecken. Zuchtbecken: 200 l für ein Paar, genügend Unterschlupfmöglichkeiten (Hohlräume). Sexualdimorphismus: Undeutlich, das Männchen kann dunkle Flossen haben, seine Rücken-, Bauch- und Afterflosse können länger sein als beim Weibchen. Verhältnis der Geschlechter: 1 : 1. Zuchtbedingungen: 25–28 °C; pH 7,5–8,0; dKH 2–3°. Eier: Klein, weiß, Inkubationsdauer 48 Stunden. Anfüttern der Brut: *Artemia*-Nauplien. Ersteinfuhr: 1974.

Aggressive Art. Die Fische zeigen wenig Laichbereitschaft. Ein Laichen kann 400–700 Jungfische erbringen. Die freischwimmende Brut wird von den Eltern nicht geführt. Der abgebildeten Art sind *Cyphotilapia frontosa* und *Lamprologus sexfasciatus* ähnlich. Sie unterscheiden sich dadurch, daß sie über den Körper 6 Streifen haben, während *N. tretocephalus* nur 5 besitzt.

2 Tanganjika-Goldcichlide
Neolamprologus leleupi leleupi (POLL, 1956)

Buntbarsche
Cichlidae

Syn.: *Lamprologus leleupi*

Vorkommen: Endemit des afrikanischen Tanganjikasees, nordwestlicher Teil von Luhanga und östliche Ufer. Gesamtlänge: 10 cm. Nahrung: Lebendfutter, wir können auch künstliche Kost zusetzen. Artenbecken. Zuchtbecken: Steiniger Grund mit genügend Unterschlupfmöglichkeiten. Sexualdimorphismus: Undeutlich; das Männchen ist größer, seine Flossenfläche ist ein wenig größer, es ist aggressiver, ältere Männchen tragen einen kleinen Auswuchs auf der Stirn. Der deutlichste Unterschied besteht bei den Genitalpapillen. Verhältnis der Geschlechter: 1 : 1. Zuchtbedingungen: 22–26 °C; pH 7–7,5; härter bis hart, zum Beispiel dKH 7°; dGH 21°, aber auch dKH 2°; dGH 10°, frisch. Eier: Durchmesser 1,5 mm, weiß gelblich angehaucht, Inkubationsdauer 3 Tage. Anfüttern der Brut: *Artemia*-Nauplien. Ersteinfuhr: 1958.

Vor dem Laichen imponieren die Partner gegenseitig durch das Öffnen des Mauls. Sie wühlen in der Nähe des Laichplatzes Gruben im Sand aus. Das Weibchen legt seine Eier an den vorher gesäuberten, dunklen und senkrechten Wänden von Hohlräumen ab. Es bringt dabei oft ein Ei über dem anderen an, so daß eine Traube entsteht. Die Zahl der Eier beträgt um 200 Stück. Eier und Brut werden vom Weibchen gepflegt, das Männchen bewacht die Umgebung. Während der Brutpflege verfärbt sich das Weibchen dunkel. 3 Tage nach der Eiablage saugt die Mutter die Embryonen aus den Eihüllen und überträgt sie in die vorbereiteten Gruben (junge Weibchen können hierbei die Embryonen auffressen). Die Embryonen sind 5 mm lang und haben einen großen Dottersack. Sie werden von der Mutter nacheinander an verschiedene Stellen übertragen. Nach 9 Tagen schwimmen die Larven frei, in dieser Zeit sind sie 7 mm lang und gehen auf exogene Ernährung über. Vor dem nächsten Laichen fangen wir die Jungfische aus dem Becken, die Zuchtfische werden am ursprünglichen Platz belassen.

Cichlidae

1 *Neolamprologus tetracanthus* (BOULENGER, 1899)

Syn.: *Lamprologus brevianalis, L. marginatus, L. tetracanthus*

Buntbarsche
Cichlidae

◁
●

Vorkommen: Endemit des Tanganjikasees, sandig-steinige Biotope von den oberen Wasserschichten bis zu Tiefen von 10 m. Gesamtlänge: 20 cm. Nahrung: Lebendfutter, vor allem Schnecken, kleine Fische und Larven von Wasserinsekten. Artenbecken. Zuchtbecken: 200–300 l für ein Paar, auf dem Boden Dränröhren. Sexualdimorphismus: Monomorphe Fische. Verhältnis der Geschlechter: 1 : 1. Zuchtbedingungen: 26 °C; pH 7,5–8,0; dKH 2–3°. Eier: Weißlich, Inkubationsdauer 3 Tage. Anfüttern der Brut: *Artemia*-Nauplien. Ersteinfuhr: 1969/70?

Das Generationspaar sucht seinen Laichplatz in einem Hohlraum, wo das Weibchen ungefähr 500 Eier an die Wände legt. Beide Eltern pflegen Gelege und Brut. Nach einer Woche gehen die Larven auf exogene Ernährung über. Sobald sich die Altfische für das nächste Laichen vorbereiten, müssen wir die Brut aus dem Becken fangen.

2 Nanderbuntbarsch
Altolamprologus compressiceps (BOULENGER, 1898)

Syn.: *Lamprologus compressiceps*

Buntbarsche
Cichlidae

◁
●

Vorkommen: Endemit des Tanganjikasees, felsige Uferzone. Gesamtlänge: 15 cm. Nahrung: Lebendfutter (Larven von Wasserinsekten, kleine Fische). Artenbecken, geräumig. Zuchtbecken: 200–300 l für ein Paar, genügend Spalten und Höhlen. Sexualdimorphismus: Monomorphe Fische. Wasser: 24–26 °C; pH 7,0–7,5; dKH 2–3°. Über die Vermehrung in der Gefangenschaft gibt es keine Angaben. Ersteinfuhr: 1958.

Es wurden zwei Formen importiert: a) die nördliche Form, deren Körper und Flossen ocker getönt sind und die an den Seiten 6 doppelte, dunklere Querstreifen hat, b) die südliche Form, deren Seiten weißlich-beige in der Grundfarbe sind und die mehr als 6 Querstreifen aufweist, von denen 2 Streifen hinter den Augen liegen und im unteren Abschnitt der Kiemendeckel zusammenlaufen (s. Abb.). Beide Formen sind hochrückig und seitlich stark gedrückt. Größeren Fischen gegenüber verhält sich diese einzelgängerische Art gleichgültig.

3 Prinzessin von Burundi, Feenbarsch, Gabelschwanzbuntbarsch
Neolamprologus brichardi (POLL, 1974)

Syn.: *Lamprologus brichardi, L. savoryi elongatus*

Buntbarsche
Cichlidae

◁
●

Vorkommen: Sehr zahlreicher Endemit des Tanganjikasees. Gesamtlänge: 10 cm. Nahrung: Lebendfutter (Zooplankton, *Artemia*). Artenbecken (in getrennten Paaren). Zuchtbecken: 50–100 l für ein Paar, auf dem Boden Haufen aus flachen Steinen mit genügend Schlupfwinkeln und Spalten. Sexualdimorphismus: Ältere Männchen haben einen kleinen Fettbuckel auf dem Kopf. Verhältnis der Geschlechter: 1 : 1. Zuchtbedingungen: 25 °C; pH 7,0–8,0; dKH 2–4°, frisch, gefiltert. Eier: Durchmesser 1 mm, satt dunkelrot mit weißlichem Pol, Inkubationsdauer 3 Tage. Anfüttern der Brut: *Artemia*-Nauplien. Ersteinfuhr: 1958.

Das Generationspaar duldet in seiner Umgebung keine anderen Fische. Das Weibchen legt ungefähr 200 Eier an die Decke eines Hohlraums. 6 Tage nach dem Schlüpfen geht die Brut auf exogene Ernährung über. Es geschieht oft, daß ein Paar, das seine Jungen ausführt, erneut laicht und dann weiter zwei oder drei Generationen gleichzeitig intensiv pflegt. Die Jungfische wachsen nur langsam. Sie sind bei der Nahrungsaufnahme wählerisch, verbrauchen aber nicht viel Futter. Im Alter von 9 Monaten müssen wir die Fische sorgfältig überwachen und Paare, die sich gebildet haben, abfangen. Heranwachsende Fische töten sich gegenseitig.

Cichlidae

1 Gestreckter Schabemundmaulbrüter
Labeotropheus trewavasae FRYER, 1956

Buntbarsche
Cichlidae

☐ Vorkommen: Endemit des afrikanischen Malawisees, felsige Ufer. Gesamtlänge: 12 cm. Nahrung: Lebendes und künstliches Futter, wir setzen Pflanzenkost zu. Artenbecken (in Gesellschaftsbecken mit Maulbrütern ähnlicher Eigenschaften). Zuchtbecken: 200 l, auf dem Boden Dränröhren. Sexualdimorphismus: Das Männchen ist blau, es kann auch gescheckt sein. Seine Rückenflosse ist rostfarben bis orangerot, auf der Afterflosse befinden sich einige markante gelbe Flecken; die Weibchen sind kleiner, grau oder gelbbraun, können aber auch verschiedene Tupfen aufweisen. Verhältnis der Geschlechter: 1 Männchen : 3–4 Weibchen. Zuchtbedingungen: 26 °C; pH 7,5–8,0; dKH 2–4°; Eier: Die Entwicklung im Maul des Weibchen dauert 20 Tage. Anfüttern der Brut: *Artemia*-Nauplien, fein gesiebtes Zooplankton. Ersteinfuhr: 1964.

L. trewavasae ist der Art *L. fuelleborni* nahe verwandt. Diese beiden Maulbrüter leben an den gleichen Lokalitäten. *L. trewavasae* ist um weniges schlanker. Da diese Art an steinigen Grund gebunden ist, wandert sie nicht über Abschnitte mit anderem Charakter (Sand-, Schlammboden), wodurch es zur Isolation der Populationen und der Entstehung einer ganzen Reihe von Farbformen kommt. Die Haltung der Fische in Gesellschaftsbecken mit anderen Maulbrütern ähnlicher Eigenschaften dämpft die angeborene Aggressivität. Die abgelaichten Weibchen erkennen wir am hellen Kehlsack; wir übertragen jedes mit der Dränröhre in ein selbständiges Becken (wir können die Tiere auch vorsichtig mit einem Netz abfangen). Sobald die Jungfische das Maul des Weibchens verlassen, entfernen wir dieses aus dem Becken.

2 *Labeotropheus trewavasae* – andere Formen

Buntbarsche
Cichlidae

☐ Die Fische bilden an den verschiedensten Standorten eine Reihe geographischer Farbformen. Die farbliche Variabilität zeigt sich am stärksten bei den Weibchen, sie sind entweder grau, gelb, orange oder gescheckt. Die Männchen sind überwiegend blau. Die Männchen im nördlichen Gebiet des Sees sind durch eine rote Rückenflosse und den roten Glanz in der Schwanz- und Afterflosse charakterisiert. Die gelbe Form, die unter der Handelsbezeichnung ‚*Labeotropheus pernostus*' bekannt ist und ihren Standort am östlichen Seeufer hat, ist im Hinblick auf die systematische Einordnung unklar.

3 Schabemundbuntbarsch
Labeotropheus fuelleborni AHL, 1927

Buntbarsche
Cichlidae

Syn.: *Labeotropheus curvirostris*

☐ Vorkommen: Endemit des afrikanischen Malawisees, kiesige und felsige Ufer. Gesamtlänge: 15 cm. Nahrung: Lebendes und künstliches Futter, wir setzen Pflanzenkost zu. Artenbecken (in Gesellschaftsbecken mit Maulbrütern ähnlicher Eigenschaften). Zuchtbecken: 200 l für eine Zuchtgruppe, auf dem Boden Dränröhren. Sexualdimorphismus: Das Männchen ist intensiv blau und markant quergestreift, farblich variabel; das Weibchen ist kleiner und schmutzig grauviolett gefärbt. Verhältnis der Geschlechter: 1 Männchen : 3–4 Weibchen. Zuchtbedingungen: 26 °C; pH 7,5–8,0; dKH 2–4°. Eier: Die Entwicklung im Maul der Mutter dauert 19–20 Tage. Anfüttern der Brut: *Artemia*-Nauplien und fein gesiebtes Zooplankton, zerkleinerte Bachröhrenwürmer. Ersteinfuhr: 1964.

Das Maul des Weibchens verlassen vollkommen entwickelte und selbständige, 1 cm große Junge. Während der Inkubation der Eier halten wir jedes Weibchen gesondert. Hierfür reichen Becken mit 14 l Inhalt, die an einer ungestörten Stelle angebracht, mit einer Dränröhre versehen und mit guter Luftzufuhr ausgestattet sind. Die Jungfische wachsen schnell.

Cichlidae

1 Roter Kongocichlide
Nannochromis dimidiatus (PELLEGRIN, 1900)

Buntbarsche
Cichlidae

Syn.: *Pelmatochromis dimidiatus*

○
●
Vorkommen: Mittelafrika, Fluß Ubangi – Zufluß des Kongo (Zaire). Gesamtlänge: Männchen 8 cm, Weibchen 7 cm. Nahrung: Lebendes Futter, wir können auch künstliches Futter zugeben (Zuchtfische werden nicht überfüttert, es empfiehlt sich, die Fische ab und zu eine ganze Woche hungern zu lassen und sie dann wieder ausgiebig zu füttern). Artenbecken. Zuchtbecken: 50–100 l für ein Paar, auf dem Boden eine 3 cm hohe Sandschicht, Höhlungen aus Stein, Blumentöpfen oder Kokosschalen. Sexualdimorphismus: Das Männchen ist größer, die Rücken- und Afterflosse ist länger, das Weibchen ist kleiner, farbiger und auf der Rückenflosse mit einem perlmuttern glänzenden Band versehen. Im letzten Drittel der Rückenflosse befindet sich ein schwarzer Fleck. Die Bauchpartie ist lilarot gefärbt. Geschlechterverhältnis: 1 : 1. Zuchtbedingungen: 26–28 °C; pH 6,5; dKH bis 1°; dGH < 10°, wir filtern über Torfmull oder fügen Torfextrakt hinzu. Eier: Inkubationsdauer 40–50 Stunden (entsprechend der Wassertemperatur). Anfüttern der Brut: Nauplienstadium von *Artemia* oder *Cyclops*. Ersteinfuhr: 1952.

Diese Fische laichen in Hohlräumen ab. Das Weibchen legt ungefähr 60 Eier. Die endogene Ernährung dauert 4–6 Tage. Die Eltern kümmern sich um die Eier und die Brut.

2 Blauer Kongocichlide
Nannochromis nudiceps (BOULENGER, 1899)

Buntbarsche
Cichlidae

Syn.: *Pseudoplesiops nudiceps* (*N. nudiceps* ist einigen Quellen zufolge das Synonym der Art *N. parilius* ROBERTS et STEWART, 1976)

○
●
Vorkommen: Stromgebiet des Kongo (Zaire), auch im See Stanley Pool (Malebo Pool). Gesamtlänge: Männchen 8 cm, Weibchen 6 cm. Nahrung: Lebendfutter, wir können auch künstliches Futter beigeben. Zuchtfische dürfen nicht überfüttert werden! Artenbecken. Zuchtbecken: 50 l für ein Paar, auf dem Boden eine 3 cm hohe Sandschicht, umgestürzte Blumentöpfe mit in den Seitenwänden ausgebrochenen Öffnungen. Sexualdimorphismus: Das Männchen ist größer, die Rücken- und Afterflosse sind mächtiger, das Weibchen ist kleiner, seine Bauchpartie ist ausgeprägt smaragdgrün und zur Reifezeit rundlich. Verhältnis der Geschlechter: 1 : 1. Zuchtbedingungen: 26–28 °C; pH 6,5; dKH bis 1°, dGH < 10°; wir filtern über Torfmull oder geben Torfextrakt hinzu. Eier: Gelb, mit dünnen Fäden an der Unterlage befestigt. Inkubationsdauer 40–50 Stunden, (der Wassertemperatur entsprechend). Anfüttern der Brut: Nauplien von *Artemia* oder *Cyclops*. Ersteinfuhr: 1952.

Im Verborgenen lebende, unverträgliche Fische. Sie suchen ihre Laichplätze in Hohlräumen, die sie zuvor sorgfältig säubern; sie tragen Sand vor die Öffnung der Höhle. Das Weibchen legt bis zu 200 Eier an die Decke des Unterschlupfs und versorgt sie, es verwehrt dem Männchen den Zutritt zur Höhle. Die Brut verläßt die Höhle nach 8–10 Tagen, wird aber für die Nacht vom Weibchen zurückgeführt, das Männchen verbirgt sich in der Umgebung. Die Jungfische wachsen schnell heran und erreichen im Alter von 5 Wochen eine Gesamtlänge von 3 cm.

Cichlidae

1 *Pseudotropheus lombardoi* BURGES, 1977   Buntbarsche
Im Handel unter der Bezeichnung *„Pseudotropheus liliancinius'*   *Cichlidae*

Vorkommen: Endemit des afrikanischen Malawisees (Njassa), schroff abfallende, felsige Uferwände der Mbenji Inseln. Gesamtlänge: 12 cm (in der Natur allgemein kleiner). Nahrung: Gröberes lebendes und pflanzliches Futter, wir können auch künstliches Flocken- oder granuliertes Futter zusetzen. Gesellschaftsbecken (mit afrikanischen Seebuntbarschen), Inhalt 500 l und mehr. Zuchtbecken: 200 l für eine Zuchtgruppe, auf dem Boden genügend Hohlräume, zum Beispiel Dränröhren. Sexualdimorphismus: Dichromatismus – das Männchen ist gelb und trägt auf der Afterflosse eiförmige Flecken, das Weibchen ist hellblau, schwarz-blau quergestreift und hat auf der Afterflosse keine eiförmigen Flecken. Ausnahmsweise treten auch schmutzig gelbbraune Weibchen auf. Verhältnis der Geschlechter: 1 Männchen : 2–3 Weibchen (Zuchteinheit). Zuchtbedingungen: 24–28 °C; pH 7,5–8,0; dKH 2°; dGH 10–15°. Eier: Die Entwicklung im Maul des Weibchens dauert 4 Wochen. Anfüttern der Brut: *Artemia*-Nauplien, fein gesiebtes Zooplankton. Ersteinfuhr: ?

Der Artname wurde zu Ehren des amerikanischen Importeurs John Lombardo festgelegt.

P. lombardoi ist sowohl innerhalb der Art wie auch unter Fischen anderer Arten sehr aggressiv. Die Männchen beanspruchen ein großes Territorium. Die Haltung dieser Fische in Gesellschaftsbecken mit anderen, gleichgroßen Maulbrütern, die ähnliche Eigenschaften aufweisen, dämpft die natürliche Aggressivität. Die jungen Fische sind ähnlich gefärbt wie das Weibchen. Wenn die Fische eine Größe von 4 cm erreicht haben, beginnen sich die Geschlechter farblich zu differenzieren; die Männchen verblassen und gehen allmählich in graue und gelbe Töne über, die Querstreifen sind aber ständig sichtbar; die Weibchen (einschließlich der Flossen) dagegen sind bläulich, ihnen fehlt immer der eiförmige Fleck auf der Afterflosse. Der Sexualdimorphismus bei *P. lombardoi* kann als beispielhaft angesehen werden. Die Weibchen und Jungfische sind etwa der Art *Cynotilapia afra* (GÜNTHER, 1893) ähnlich, die zu einer Gesamtlänge von 10 cm heranwächst. Morphologisch steht *P. lombardoi* der Art *P. zebra* (BOULENGER, 1899) nahe.

Cichlidae

1 Blauer Malawibuntbarsch
Pseudotropheus zebra (BOULENGER, 1899)

Syn.: *Tilapia zebra*

Buntbarsche
Cichlidae

Vorkommen: Endemit des afrikanischen Malawisees, felsige Ufer. Gesamtlänge: 12 cm. Nahrung: Lebendes, künstliches und pflanzliches Futter. Artenbecken (eventuell mit ähnlichen Maulbrüterarten). Zuchtbecken: 200 l und mehr, der Anzahl der Fische entsprechend, auf dem Boden Dränröhren. Sexualdimorphismus: Das Männchen ist größer, die Bauch- und Afterflosse sind größer; auf der Afterflosse befinden sich markante gelbe Flecken, die beim Weibchen wenig ausgeprägt oder gar nicht vorhanden sind. Verhältnis der Geschlechter: 1 Männchen : 3–4 Weibchen. Zuchtbedingungen: 26 °C; pH 7,5–8,5; dKH 2–4°, frisch. Eier: Durchmesser 4 mm, die Entwicklung im Maul des Weibchens dauert 21 Tage. Anfüttern der Brut: *Artemia*-Nauplien, fein gesiebtes Zooplankton. Ersteinfuhr: 1964.

P. zebra (Form BB-black-blue, Abb. 1) mit leuchtenden schwarzen und blauen Streifen gehört zu der am längsten bekannten Maulbrütergruppe ‚Mbuna', das sind Fische, die an felsige Seenbiotope gebunden sind.

Es sind territoriale und aggressive Fische. Das Ablaichen erfolgt wie bei den anderen Maulbrütern mit dem charakteristischen „Laichgehabe". Das durchschnittliche Gelege eines Weibchens enthält 25–35, maximal 60 Eier. Das Maul des Weibchens wird von 1 cm großer, völlig selbständiger Brut verlassen und die Anwesenheit des Altfisches ist nicht mehr notwendig.

2 *Pseudotropheus* sp. aff. *zebra*

Buntbarsche
Cichlidae

Die Abkürzung aff. (von lat. affinis = verwandt) wird dort angewendet, wo es sich um eine Gruppe von Einzelexemplaren handelt, die sich von den bekannten Arten morphologisch unterscheiden, aber einer Art am meisten verwandt sind, und wo es nicht möglich ist, für diese Einzelexemplare mit Sicherheit eine neue Art zu bestimmen. Sie wird auch dann benutzt, wenn Zweifel an der Zugehörigkeit zu einer bestimmten Art ausgedrückt werden sollen.

Die einzelnen Populationen dieser Fische sind polymorph (vielgestaltig), das betrifft ihre Form, Größe und Färbung. Verschiedene Färbungen treten sowohl bei den Männchen wie auch bei den Weibchen auf (zum Beispiel bei der nicht näher bestimmten Form – Abb. 2b). Es entstehen einerseits durch eine dauerhafte Isolation wenig voneinander entfernter Lokalitäten, deren unüberwindliche Grenze durch die Sandzonen an den Mündungen der Wasserläufe in den See gebildet wird, lokale Populationen dieser Fische, zum anderen Mutationen, plötzliche Abweichungen der vererblichen Merkmale, die sowohl in der Natur wie auch in künstlichen Zuchten auftreten. Diese Tatsachen sind die Ursache für erhebliche Schwierigkeiten in der Systematik dieser Maulbrüter. Die Verwirrung vervielfacht sich noch durch die Einfuhr roter, blauer und gescheckter Fische aus der Natur, die ebenfalls als *P. zebra* bezeichnet werden, obwohl es sich wahrscheinlich um andere, nahe verwandte Arten handelt.

Abb. 2a zeigt die gescheckte Form, OB genannt (Orange blossom), deren Männchen hellblau, das Weibchen dunkelblau ist. Die Grundfärbung beider Geschlechter wird durch dunkle Tupfen ergänzt. Abb. 2c zeigt die blaue Form, B genannt (blue), bei der beide Geschlechter blau sind.

Nach Meinung der Züchter sind Bedenken wegen einer möglichen Kreuzung der einzelnen Formen überflüssig; sie werden eher als Besonderheiten angesehen. Trotzdem kann es zur Kreuzung kommen, obwohl nicht jede Form mit jeder anderen ablaicht. Die Bereitschaft zum Laichen besteht vor allem bei den Männchen und nicht bei den Weibchen. Die bisher erzielten Bastarde sind fruchtbar.

Cichlidae

1 ♂

2 a ♂

2 b ♂

2 c ♂

1 *Pseudotropheus* sp. aff. *zebra* – Form TB (tangarine blue)

Buntbarsche
Cichlidae

Eine der Formen dieser polymorphen Art, die sich durch markanten Dichromatismus auszeichnet, der sich schon kurz nach dem Schlüpfen der Brut äußert: Das Männchen ist blau, das Weibchen gelb bis rotorange.

2 Gelber Maulbrüter
Pseudotropheus tropheops REGAN, 1921

Buntbarsche
Cichlidae

Vorkommen: Endemit des Malawisees, felsige Ufer. Gesamtlänge: 15 cm (20 cm). Nahrung: Lebendfutter, wir geben granuliertes und pflanzliches Futter zu. Artenbecken (eventuell mit endemischen Maulbrütern, die ähnliche Eigenschaften aufweisen). Zuchtbecken: 500 l für eine Zuchteinheit, auf dem Boden werden Dränrohre angebracht (genügend Unterschlupfmöglichkeiten sind Bedingung!). Sexualdimorphismus: Dichromatismus; das Männchen ist graublau, das Weibchen kann goldgelb oder ockergelb sein und weist ein Muster von gelb-weißen Tupfen auf (je Schuppe ein Fleck), es kann auch braungelb mit dunkel gesäumten Schuppen (Netzmuster), gescheckt mit rot-blauem Muster und schwarzen Flecken usw. auftreten. Die Männchen tragen auf der Afterflosse ein oder mehrere „Eiflecken," die Weibchen sind kleiner. Verhältnis der Geschlechter: 1 Männchen : 3–4 Weibchen (Zuchteinheit). Zuchtbedingungen: 26–27 °C; pH 7,0–8,5; dKH 2°; dGH bis 10°, frisch. Eier: Dauer der Inkubation im Maul des Weibchens 21 Tage? Anfüttern der Brut: *Artemia*-Nauplien oder fein gesiebtes Zooplankton. Ersteinfuhr: 1964.

Aggressiver, territorialer und unverträglicher Fisch. Er gehört zu den größten Arten dieser Gattung. Das Weibchen legt ca. 40 Eier. Polymorphe Art, die sich nicht nur in der Färbung unterscheidet, sondern auch in den Ausmaßen und in den anatomisch-morphologischen Merkmalen. Hier liegt die Ursache für viele Unklarheiten in der Systematik.

1935 unterteilte die britische Ichthyologin Dr. E. Trewavas diese Art in zwei Unterarten: *P. tropheops tropheops* REGAN, 1921 und *P. tropheops gracilior* TREWAVAS, 1935. *P. tropheops gracilior* ist etwas schlanker, was auch sein Name verrät (gracilis = grazil, schlank).

Kampf zweier Männchen

Cichlidae

1 Vielfarbiger Maulbrüter, Kleiner Maulbrüter
Pseudocrenilabrus multicolor (HILGENDORF, 1903)

Buntbarsche
Cichlidae

Syn.: *Paratilapia multicolor, Haplochromis multicolor, Hemihaplochromis multicolor*

○
●
Vorkommen: Nordostafrika, bis nach Tansania. Gesamtlänge: 8 cm. Nahrung: Lebendfutter, wir können granulierte Kost beifügen. Artenbecken. Zuchtbecken: 50–100 l, auf dem Boden werden flache Steine und günstig gelagerte Dränröhren angebracht. Sexualdimorphismus: Das Weibchen ist farbiger, der Zipfel der Afterflosse ist intensiv rot. Verhältnis der Geschlechter: 1 Männchen : 3–4 Weibchen. Zuchtbedingungen: 22–26 °C; pH 7,0–7,5; dKH 2°. Eier: Orange, Entwicklung im Maul des Weibchens dauert 10–12 Tage. Anfüttern der Brut: Nauplien von *Artemia* oder *Cyclops*. Ersteinfuhr: 1902, Dr. C. H. Schoeller.

Das Männchen wühlt im Sand an der Stelle des zukünftigen Laichplatzes eine Grube aus, gibt sich aber auch mit einer festen Unterlage zufrieden. Der Kehlsack des Weibchens ist so groß, daß er auch 100 Eier aufnehmen kann, und so gespannt, daß er fast durchsichtig ist und die sich entwickelnden Embryonen gut zu sehen sind. Nach dem Laichen suchen die Weibchen ein Versteck auf. Wir trennen sie immer voneinander in einzelne Becken (das gilt für alle Maulbrüter). Die Brut verläßt das Maul der Mutter voll entwickelt und ist dann 6 mm groß. Sie kehrt noch einige Tage dorthin zurück, dann können wir das Weibchen aus dem Becken entfernen.

2 Messingmaulbrüter, Kupfermaulbrüter
Pseudocrenilabrus philander dispersus (TREWAVAS, 1936)

Buntbarsche
Cichlidae

○
●
Syn.: *Haplochromis moffati, H. philander dispersus, Tilapia philander, Hemihaplochromis philander dispersus* (taucht Ende der sechziger Jahre im Handel unter der Bezeichnung ‚Haplochromis kirawira' auf)

Vorkommen: Südafrika – Namibia, Sambia, Simbabwe, Moçambique, Angola, Südzaire. Gesamtlänge: 11 cm. Nahrung: Lebendfutter, wir können auch granulierte Kost zusetzen. Artenbecken. Zuchtbecken: 50–100 l auf dem Boden bringen wir flache Steine und Dränröhren an. Sexualdimorphismus: Das Männchen ist im Gegensatz zum Weibchen bunt und größer und trägt auf der Afterflosse einen charakteristischen, klar roten Fleck. Verhältnis der Geschlechter: 1 Männchen : 3–4 Weibchen. Zuchtbedingungen: 22–26 °C; pH 7,0–7,5; dKH 2°, frisch. Eier: Gelb, Durchmesser 2 mm, die Entwicklung im Maul des Weibchens dauert 12 Tage. Anfüttern der Brut: Nauplien von *Artemia* oder *Cyclops*. Ersteinfuhr: 1911, Vereinigte Zierfischzüchtereien Conradshöhe, Berlin.

P. philander dispersus tritt in Flüssen und Seen auf. Durch die zahlreichen und unterschiedlichen Lokalitäten ihres Vorkommens bildet diese Art viele lokale Formen, die sowohl in der Farbe wie auch in der Größe voneinander abweichen. Das Laichen erfolgt ähnlich wie bei anderen Maulbrüterarten während eines „Reigens". Ein erwachsenes Weibchen legt bis zu 150 Eier ab und nimmt diese in den Kehlsack auf. Nach dem Laichen schwimmt es abseits und sucht in der Regel den Hohlraum einer Dränröhre auf. Während der Inkubation der Eier nehmen die Weibchen keine Nahrung auf und magern ab. Die Brut verläßt mit einer Größe von 7 mm das Maul, ist völlig selbständig, wächst aber langsam.

Cichlidae

1 Augenfleck-Prachtbarsch, Rotvioletter Prachtbarsch
Pelvicachromis subocellatus (GÜNTHER, 1871)

Buntbarsche
Cichlidae

Syn.: *Hemichromis subocellatus, Pelmatochromis subocellatus*

○
●
Vorkommen: Küstengebiet Westafrikas von Libreville (Gabun) bis zur Kongomündung (Zaire), auch im Brackwasser. Gesamtlänge: Männchen 10 cm, das Weibchen ist kleiner. Nahrung: Lebendfutter, wir können auch künstliche Kost zufügen. Artenbecken. Zuchtbecken: 100 l für ein Paar, auf dem Boden genügend Schlupfwinkel (Hohlräume). Sexualdimorphismus: Die Rücken- und Afterflosse des Männchens sind spitz, das Weibchen ist kleiner, fülliger, farbiger und in der Bauchpartie rundlich. Während der Laichzeit ist beim Weibchen der hintere und vordere Teil des Körpers schwarz, die Bauchgegend rotviolett. Verhältnis der Geschlechter: 1 : 1. Zuchtbedingungen: 24–26 °C; pH 6,5; dKH bis 2°; dGH 8–12°. Eier: Die Inkubation dauert 3 Tage. Anfüttern der Brut: Nauplien von *Artemia* oder *Cyclops*. Ersteinfuhr: 1907, W. Schroot, Hamburg.

Die Paare suchen ihre Laichplätze in Höhlen. Das Weibchen legt 60–200 Eier. Wenn sich auf dem Aquariengrund Kies befindet, überträgt das Weibchen die Brut in eine ausgewühlte Grube. Die Eltern pflegen Gelege und Brut und wir können die Jungfische deshalb mit den Generationstieren solange zusammen lassen, bis sich diese auf ein erneutes Laichen vorbereiten. Friedliche, farblich variable Art. Aus Südnigeria sind ähnliche, größere Fische bekannt, die aber bis jetzt wissenschaftlich nicht beschrieben wurden.

2 Purpurprachtbarsch, Königscichlide
Pelvicachromis pulcher (BOULENGER, 1901)

Buntbarsche
Cichlidae

Syn.: *Pelmatochromis pulcher* (der Name *Pelmatochromis kribensis* wurde von Boulenger für die Art *Pelvicachromis taeniatus* verwendet)

○
●
Vorkommen: Südnigeria, Nigerdelta. Die Fische dringen bis ins Brackwasser vor. Gesamtlänge: Männchen 10 cm, Weibchen etwas kleiner. Nahrung: Lebendfutter, wir können künstliche Nahrung zufügen. Artenbecken. Zuchtbecken: 50–100 l für ein Paar, auf dem Boden mittelgrober Kies und ausreichend Hohlräume. Sexualdimorphismus: Die Rücken- und Afterflosse des Männchens sind spitzer, die des Weibchens sind abgerundet. Die Strahlen der männlichen Schwanzflosse sind verlängert; die Weibchen sind in der Regel bunter gefärbt. Verhältnis der Geschlechter: 1 : 1. Zuchtbedingungen: 24–26 °C; pH 6,5–7,0; dKH bis 2°; dGH 8–10°. Eier: Durchmesser 2 mm, Inkubationsdauer 3 Tage. Anfüttern der Brut: Nauplien von *Artemia* oder *Cyclops*. Ersteinfuhr: 1913, Christian Brüning, Hamburg.

Territoriale, monogame, verhältnismäßig verträgliche Fische. Das Männchen sucht zwischen Hohlräumen einen Laichplatz, zu dem es dann das Weibchen hinlockt. Beide Partner reinigen die Decke der Höhle gemeinsam. Hier legt das Weibchen später 200–300 Eier ab. Das Weibchen pflegt das Gelege, das Männchen bewacht die Grenze des Reviers. Nach einer Woche geht die Brut auf exogene Ernährung über. Wir belassen sie mit den Eltern solange zusammen, bis sich diese erneut zum Laichen vorbereiten. Dadurch wird ermöglicht, daß das Weibchen vollkommen ausreifen kann.

Cichlidae

1 Roloffs Prachtbarsch
Pelvicachromis roloffi (THYS, 1968)

Buntbarsche
Cichlidae

◁
●

Vorkommen: Westafrika – Liberia, Sierra Leone und Guinea. Gesamtlänge: Männchen 8,5 cm, Weibchen 6 cm. Nahrung: Lebendfutter. Artenbecken. Zuchtbecken: 50 l für ein Paar, auf dem Boden Kies und ausreichende Schlupfwinkel. Sexualdimorphismus: Das Männchen trägt beim Laichen einen markanten violetten Fleck auf den Körperseiten und schwarze Brustflossen. Verhältnis der Geschlechter 1 : 1. Zuchtbedingungen: 25–28 °C; dKH 2°; dGH 8°, frisch. Eier: Die Inkubation dauert 3 Tage. Anfüttern der Brut: *Artemia*-Nauplien. Ersteinfuhr: 1968, E. Roloff, Karlsruhe.

Bei den meisten Fischen treten farbige Muster auf, die aus Flecken bestehen, die entlang der Rückenflossenbasis Reihen bilden und auf der Schwanzflosse zerstreut sind. Diese Flecken sind sehr variabel und kein Geschlechtsmerkmal. Ein Stimulus für das Ablaichen des reifen Paares kann das teilweise Auswechseln des Wassers und eine leichte Temperaturerhöhung sein. Die Fische laichen in Höhlen. Das Weibchen versorgt die Eier und Larven, das Männchen verteidigt die Umgebung des Laichplatzes.

2 Streifenprachtbarsch, Smaragdprachtbarsch
Pelvicachromis taeniatus (BOULENGER, 1901)

Buntbarsche
Cichlidae

Syn.: *Pelmatochromis taeniatus, P. klugei, P. kribensis, P. kribensis klugei, P. kribensis* var. *callipterum*

◁
●

Vorkommen: Westafrika – Südnigeria und Kamerun. Gesamtlänge: Männchen 9 cm, Weibchen 7 cm. Nahrung: Lebendfutter. Artenbecken: 50 l für ein Paar, genügend Unterschlupfmöglichkeiten. Sexualdimorphismus: Das Männchen ist, vor allem in der Schwanzflosse, bunter, das Weibchen ist fülliger, es trägt in der Bauchpartie einen markanten weinroten Fleck. Verhältnis der Geschlechter: 1 : 1. Zuchtbedingungen: 25–28 °C; pH 6,5–7,5; dKH 2°; dGH 8°, frisch. Eier: Die Inkubation dauert 3 Tage. Anfüttern der Brut: *Artemia*-Nauplien. Ersteinfuhr: 1911, Christian Brüning, Hamburg.

P. taeniatus bildet lokale, farblich abweichende Formen, zum Beispiel ‚Lobe', ‚Kienke', ‚Nigeria'. Weitere Farbformen ‚Muyuka' und ‚Moliwe' ordnete Linke auch der Art *P. taeniatus* zu. Die Form ‚Lobe' ist der Art *P. taeniatus* eigen, die 1901 von Boulenger beschrieben wurde. Die Form ‚Kienke' beschrieb Boulenger 1911 als *Pelmatochromis kribensis*. Dieser Name wurde dann auch für andere Arten verwendet, vor allem für die Art, deren gültiger Name *Pelvicachromis pulcher* ist. Die Form ‚Nigeria' wurde 1960 fälschlicherweise von Meinken als *Pelmatochromis klugei* beschrieben. Obwohl sich die ersten drei Formen farbig voneinander unterscheiden, erkannte der belgische Ichthyologe Thys van den Andeanerde, daß sie zu der einen Art *P. taeniatus* gehören. Die natürlichen Gewässer an den Lokalitäten der genannten Formen sind klar und rein und unterscheiden sich markant in den pH-Werten. Die Formen ‚Lobe' und ‚Kienke' leben in weichem Wasser mit einem pH-Wert von 5,5–6,5, die Formen ‚Muyuka' und ‚Moliwe' leben in wesentlich härterem Wasser mit pH-Werten von 7,7–7,9. Die Bezeichnungen der einzelnen Formen wurden von den örtlichen Namen der Flüsse oder Dörfer der Gebiete in denen die Fische auftreten, übernommen. Die Aufzucht von *P. taeniatus* entspricht der der Art *P. pulcher*.

Cichlidae

1 Mosambik-Maulbrüter, Weißkehlbarsch, Mosambikbuntbarsch
Sarotherodon mossambicus (PETERS, 1852)

Buntbarsche
Cichlidae

Syn.: *Chromis mossambicus, C. dumerili, Tilapia mossambica, T. natalensis*

☐
● Vorkommen: Die ursprüngliche Heimat dieser Art ist das ostafrikanische Gebiet, das im Süden bis Natal (SAR) reicht. Es handelt sich um einen wichtigen Speisefisch, der im Süß- und Brackwasser auftritt. Als Folge der Einführung in warme Gebiete lebt er heute auf Jawa, Borneo, Sumatra, Celebes, den Philippinen, in Thailand, Südkorea und auch anderswo. Gesamtlänge: 40 cm (die Fische sind schon mit einer Größe von 10 cm geschlechtsreif). Nahrung: Lebendes, künstliches und pflanzliches Futter. Artenbecken. Zuchtbecken: 200–500 l für ein Paar. Auf dem Boden eine 10 cm starke Schicht aus feinem Sand und verstreute Steine. Sexualdimorphismus: Das Männchen ist während der Laichzeit markant schwarz, das Weibchen graugrün. Verhältnis der Geschlechter: 1 : 1. Zuchtbedingungen: 24–26 °C; pH 7,0–7,5; dKH bis 2° (diese Art ist an die Zusammensetzung des Wassers sehr anpassungsfähig). Eier: Die Entwicklung im Maul des Weibchens dauert 4 Wochen. Anfüttern der Brut: *Artemia*-Nauplien, fein gesiebtes Zooplankton, wir setzen Pflanzennahrung zu. Ersteinfuhr: 1925, Dietz, Hamburg.

Aggressive, den Vertretern der eigenen Art gegenüber unverträgliche Fische. Das in der Sozialordnung am höchsten stehende Männchen ist intensiv gefärbt. Die Fische verteidigen ihr Revier nur zur Laichzeit. Das Männchen wühlt im Grund Gruben mit einem Durchmesser bis zu 25 cm. Es wurde beobachtet, daß sich junge, laichfähige Männchen zu Kolonien zusammenschließen (bis zu 8 Exemplare/m^2 Boden) und ihre Laichgruben bauen. Das Weibchen legt in die Grube einige Hundert Eier, die es aber gleichzeitig zusammen mit den Spermien ins Maul nimmt. Während der Entwicklung der Eier frißt das Weibchen nicht und magert ab. Die freischwimmende Brut sucht bei Einbruch der Dämmerung und bei Gefahr das Maul der Mutter auf. Dieser Trieb schwächt sich aber langsam ab, und die Jungen werden selbständig.

2 Buckelkopfbuntbarsch
Steatocranus casuarius POLL, 1939

Buntbarsche
Cichlidae

Syn.: *Steatocranus elongatus*

○
● Vorkommen: Afrika, Fluß Kongo zwischen den Städten Kinshasa und Matadi, ruhige Stellen innerhalb der schnellfließenden Abschnitte des Stromes. Gesamtlänge: Männchen 12 cm, Weibchen 8 cm. Nahrung: Lebendes und künstliches Futter. Artenbecken. Zuchtbecken: 200 l für ein Paar, auf dem Boden genügend Hohlräume. Sexualdimorphismus: Das auffallendste Kennzeichen des Männchens ist ein großes Fettpolster auf dem Kopf, das mit zunehmendem Alter wächst, die Rücken- und Afterflosse sind länger ausgezogen; das Fettpolster des Weibchens ist wesentlich kleiner, die Flossen weniger langgezogen. Verhältnis der Geschlechter: 1 : 1. Zuchtbedingungen: 26–28 °C; pH 6,5–7,0; dKH bis 2°; dGH 10–15° (die Fische tolerieren Abweichungen von den angegebenen Werten). Eier: Durchmesser 2,5–2,8 mm, Inkubationsdauer 24 Stunden. Anfüttern der Brut: *Artemia*-Nauplien, später fein gesiebtes Zooplankton. Ersteinfuhr: 1956.
später fein gesiebtes Zooplankton. Ersteinfuhr: 1956.

Monogame, unverträgliche und zur Laichzeit aggressive Fischart. Das Paar sucht seinen Laichplatz in Hohlräumen, wo das Weibchen ca. 150 Eier ablegt. Der Autor beobachtete die intensive Gelege- und Brutpflege beider Partner; (nach Mayland übernimmt das Weibchen die Pflege der Eier und Larven). Die endogene Ernährung der Brut dauert 14 Tage, dann schwimmt sie frei und der Pflegetrieb des Weibchens erlischt. Die Fische sind an das Leben in stark strömendem Wasser angepaßt: Ihre Schwimmblase ist stark reduziert und die Tiere schwimmen deshalb ruckartig, sie können sich im freien Wasser nicht ausdauernd bewegen.

Cichlidae

1 Weißpunkt-Brabantbuntbarsch
Tropheus duboisi MARLIER, 1959

Buntbarsche
Cichlidae

Vorkommen: Endemit des Tanganjikasees, wo er an zwei voneinander isolierten Lokalitäten lebt. Die eine erstreckt sich über das Gebiet am östlichen (tansanischen) Ufer des Sees zwischen Kigoma-Udschidschi und der Mündung des Flusses Malagarasi, die andere Lokalität befindet sich am gegenüberliegenden Ufer in Zaire in der Nähe der Siedlung Bemba. Gesamtlänge: 12 cm (max. 14 cm). Nahrung: Lebendfutter, vor allem Zooplankton und die Larven von Wasserinsekten, wir füttern Pflanzennahrung zu. Artenbecken. Zuchtbecken: 200 l und mehr, auf dem Boden bringen wir Dränrohre an. Sexualdimorphismus: Monomorphe Fische; die älteren Männchen besitzen eine längere Bauchflosse, sie können auch größer sein und einen höheren Körperbau aufweisen. Verhältnis der Geschlechter: 1 Männchen : 6 Weibchen. Zuchtbedingungen: 24–27 °C; pH 7,5–8,5; dKH 2–3° (auch mehr); dGH 10° (auch höher), frisch, gefiltert. Eier: Größe 6–7 mm, die Entwicklung im Maul des Weibchens dauert 25 Tage/26 °C (± 3 Tage in Abhängigkeit von der Wassertemperatur). Die Embryonen schlüpfen im Maul der Mutter eine Woche nach dem Ablaichen. Nach einer weiteren Woche zeigt sich bei ihnen die Pigmentierung. Noch im Alter von 18 Tagen trägt die Brut einen recht großen Dottersack, sobald sie aber aus dem Maul des Weibchens entfernt wird, zeigt sie Interesse am Futter. Anfüttern der Brut: Nauplien von *Artemia* oder fein gesiebtes Zooplankton. Ersteinfuhr: 1958.

Ein innerhalb der Art sehr aggressiver Fisch. Er ist in mehreren Farbformen bekannt. Im Unterschied zum verwandten *T. moorei* lebt *T. duboisi* einsiedlerisch und in größeren Tiefen. Die erwachsenen Fische halten sich meistens in Tiefen von 5–15 m auf. Sie laichen auf Steinen ab. Einige Männchen bemühen sich, die Laichunterlage zu säubern. Das Weibchen legt maximal 25 Eier und nimmt während der ganzen Zeit, in der sich Eier und Brut im Maul entwickeln, keine Nahrung auf. Wenn die Brut das Maul des Weibchens verläßt, ist sie 12–14 mm groß und völlig selbständig. Die Mutter kümmert sich aber noch einige Tage um die Jungen, die eine gescheckte Juvenilfärbung aufweisen. Im Alter von 14 Tagen sind sie samtschwarz, ihr Körper ist mit leuchtendweißen Punkten bedeckt. Die Fische sind nach 14–16 Monaten geschlechtsreif.

Cichlidae

1 Brabantbuntbarsch
Tropheus moorei BOULENGER, 1898
Syn.: *T. annectens*

Buntbarsche
Cichlidae

Vorkommen: Endemit des afrikanischen Tanganjikasees. Gesamtlänge: 15 cm. Nahrung: Lebendes und pflanzliches Futter. Artenbecken. Zuchtbecken: 200 l und mehr, auf dem Boden Dränröhren. Sexualdimorphismus: Monomorphe Fische. Verhältnis der Geschlechter: 1 Männchen : 3 Weibchen. Zuchtbedingungen: 25–28 °C; pH 7,8–8,5; dKH 2–4°, frisch, gefiltert. Eier: Durchmesser 7 mm. Entwicklung im Maul des Weibchens 42 Tage/25 °C. Anfüttern der Brut: Nauplien von *Artemia,* fein gesiebtes Zooplankton. Ersteinfuhr: 1958, Walter Griem.

Aggressive, territoriale Fische. Während des Laichens legt das Weibchen 7–17 Eier, die es in das Maul aufnimmt. Nach dem Laichen sondert es sich ab. Wir trennen die abgelaichten Weibchen und bringen sie einzeln in kleineren Becken unter. Während der Inkubationszeit nimmt das Muttertier Nahrung auf. Die vollkommen selbständige Brut verläßt das Maul, wenn sie 12–14 mm groß ist, und weist eine typische Juvenilfärbung auf. Die Mutter kümmert sich ungefähr eine Woche um die Nachkommen. Die Juvenilfärbung verschwindet innerhalb von 5–8 Monaten, nach einem Jahr sind die Fische geschlechtsreif.

Das Laichen erfolgt im freien Wasser, wo auch das Weibchen die Eier aufsammelt. Es ist aber interessant, daß die Fische vor dem Laichen Steine säubern und Gruben bauen, obwohl sie beides nicht benutzen. Dieses Verhalten stellt einigen Kennern zufolge einen nicht abgeschlossenen Prozeß der Evolution dar, der Reste der Verhaltensweise der Vorfahren enthält, die auf festen Unterlagen ablaichten.

2 *Tropheus moorei* – andere Formen

Buntbarsche
Cichlidae

Im Handel unter der Bezeichnung Orange II., Gelb-Roter Moorei, Kigoma, Kaiser

T. moorei bildet im See lokale Ökotypen in abgegrenzten und unveränderlichen Populationen. Nach Scheurmann wurden davon insgesamt 18 Rassen gefunden. Sie unterscheiden sich vor allem in der Färbung, die schwarz, blauschwarz, olivgrün, verschieden gestreift, orange, gelbrot, gelb, braun, regenbogenfarben usw. sein können. Diese Farbformen wurden nacheinander an den Lokalitäten entdeckt und als Varietäten der Art eingeführt. Die Form mit der leierartigen Schwanzflosse, die unter dem Namen ‚Wimpel-Moorei' bekannt ist, wurde von Glen Axelrod in eine selbständige Art *T. polli* AXELROD, 1977 überführt.

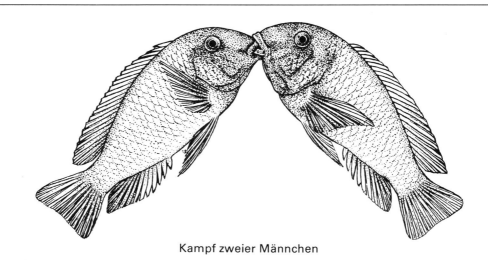

Kampf zweier Männchen

Cichlidae

Familie *Anabantidae* — Kletterfische

Zur Familie *Anabantidae* wurden früher alle Labyrinthfische gerechnet, das sind Fische, bei denen ein zusätzliches Atmungsorgan, das Labyrinth, ausgebildet ist. Das Labyrinth liegt hinter den Kiemen. In seiner Höhlung befinden sich zahlreiche Lamellen, die die Oberfläche des reich durchbluteten Epithels vergrößern. In den Gefäßkapillaren wird das Blut mit Luftsauerstoff beladen, den die Fische am Wasserspiegel einatmen. Auf Grundlage der Arbeit von Liem aus dem Jahre 1963 wird diese Familie nur noch von 3 afrikanischen Gattungen vertreten: *Anabas*, *Ctenopoma* und *Sandelia*. Außerhalb der Laichzeit reicht den Fischen eine Wassertemperatur, die 2–3 °C niedriger liegt, als bei der Artenbeschreibung angegeben ist.

1 Schwanzfleck-Buschfisch
Ctenopoma kingsleyae GÜNTHER, 1896

Kletterfische
Anabantidae

Vorkommen: Mittel- und Westafrika von Zaire bis Gambia; fließende Gewässer. Gesamtlänge: 20 cm. Nahrung: Lebendes und künstliches Futter, wir fügen Pflanzennahrung bei. Artenbecken. Zuchtbecken: 100–200 l für ein Paar, Pflanzendickichte, ruhige Wasseroberfläche ohne Luftzufuhr. Sexualdimorphismus: Undeutlich. Verhältnis der Geschlechter: 1 : 1. Zuchtbedingungen: 25 °C; pH 6,5–7,0; dKH bis 2°. Eier: Enthalten eine Menge Fettröpfchen und steigen zum Wasserspiegel auf, Inkubationsdauer 24–48 Stunden. Anfüttern der Brut: *Artemia*-Nauplien. Ersteinfuhr: 1933.

Relativ friedliche Art. Mit Ausnahme der Laichzeit können wir die Fische im Gesellschaftsbecken mit gleichgroßen Tieren anderer Arten halten. Die Fische befressen mit Vorliebe zarte Wasserpflanzen. Während des Imponierens und Laichens lassen sie schmatzende und knurrende Laute hören und stoßen aus den Kiemenöffnungen Luftblasen aus. Das Männchen verhält sich dem Weibchen gegenüber aggressiv und zerreißt diesem oft die Flossen. Die Weibchen sind außerordentlich produktiv: Ostermöller gibt an, daß sie bis zu 20 000 Eier abgeben. Das Laichen erfolgt unter dem Wasserspiegel, das Männchen baut kein Schaumnest. Wir sammeln die schwimmenden Eier ab und übertragen sie in selbständige Becken mit niedrigem Wasserstand. Nach 4–5 Tagen schwimmt sich die Brut frei. Sie wächst rasch, aber nicht gleichmäßig. Nach 1/2 Jahr erreichen die Jungfische eine Größe von ungefähr 5 cm und ihr Wachstum verlangsamt sich. Während dieser Entwicklung senken wir allmählich die Dichte des Beckenbesatzes und sortieren die Fische entsprechend ihrer Größe. Einmal wöchentlich wechseln wir 2/3 des alten Wassers gegen frisches aus.

2 Pfauenaugen-Buschfisch
Ctenopoma oxyrhynchum (BOULENGER, 1902)

Kletterfische
Anabantidae

Syn.: *Anabas oxyrhynchus*

Vorkommen: Zaire, Stanley Pool. Gesamtlänge: 10 cm. Nahrung: Lebendes, eventuell auch granuliertes Futter. Artenbecken. Zuchtbecken: 50 l für ein Paar, genügend Pflanzen, gedämpfte Beleuchtung, ruhige Wasserfläche ohne Luftzufuhr. Sexualdimorphismus: Die Rücken- und Afterflosse des Männchens sind zu einer Spitze ausgezogen; das Weibchen ist heller und in der Bauchpartie fülliger; die Unterschiede zwischen Männchen und Weibchen sind jedoch wenig deutlich. Verhältnis der Geschlechter: 1 : 1. Zuchtbedingungen: 28–30 °C; pH 6,5–7,0; dKH bis 2°. Eier: Klein, fettreich, schwimmen an der Wasseroberfläche, Inkubationsdauer 3–4 Tage. Anfüttern der Brut: *Artemia*-Nauplien. Ersteinfuhr 1952.

Relativ friedliebender Fisch, der nur kleineren Fischen gefährlich werden kann. Das Männchen baut kein Nest, die Eier schwimmen frei an der Wasseroberfläche. Wir sammeln sie mit Hilfe einer Glasglocke und übertragen sie in ein selbständiges Becken mit niedrigem Wasserstand. Die freischwimmende Brut ist lichtscheu. Die Jungfische haben eine abweichende Juvenilfärbung. Sie sind erst nach einigen Jahren geschlechtsreif. Das Aquarium ist mit einer Deckscheibe abzusichern.

Anabantidae

1 Leopard-Buschfisch
Ctenopoma acutirostre (PELLEGRIN 1899)

Kletterfische
Anabantidae

◁
●
Vorkommen: Mittel- und Unterlauf des Zaire (Kongo). Gesamtlänge: 15 cm. Nahrung: Gröberes Lebendfutter, vor allem kleine Fische. Artenbecken. Zuchtbecken: 100 l für ein Paar, Schlupfwinkel, diffuses Licht. Sexualdimorphismus: Das Männchen trägt am Körper Dornenfelder, das Weibchen hat auf den Flossen kleine Flecken. Verhältnis der Geschlechter: 1 : 1. Wasser: 23–26 °C; pH 6,5–7,0; dKH bis 2°. Diese Fische wurden bis jetzt noch nicht vermehrt. Ersteinfuhr: 1955.

Die Aktivität der Fische setzt in der Dämmerung ein und gipfelt in den Nachtstunden. Die Tiere ähneln abgestorbenen Blättern, lauern im Pflanzendickicht und überfallen blitzschnell ihre Beute. Die jungen Fische werden sehr langsam erwachsen (es wird angegeben, daß dies auch einige Jahre dauern kann).

2 Orange-Buschfisch
Ctenopoma ansorgei (BOULENGER, 1912)

Kletterfische
Anabantidae

Syn.: *Anabas ansorgii*

◁
●
Vorkommen: Tropisches Westafrika im Chiloango-Stromgebiet in Angola. Gesamtlänge: 8 cm. Nahrung: Gröberes Lebendfutter. Artenbecken. Zuchtbecken: 50 l für ein Paar, Unterschlupfmöglichkeiten, Pflanzendickichte, diffuses Licht. Sexualdimorphismus: Die geschlechtsreifen Männchen sind größer und bunt gefärbt. Verhältnis der Geschlechter: 1 : 1. Zuchtbedingungen: 24 °C; pH 6,0–6,5; dKH bis 1° und Torfextrakt oder Filterung über Torf. Ruhige Wasserfläche. Eier: Fettreich, schwimmen an der Wasseroberfläche, Inkubationsdauer 24 Stunden. Anfüttern der Brut: *Artemia*-Nauplien. Ersteinfuhr: 1958, Holland.

Dämmerungsfische, die nach mehrtägigem Imponieren des Männchens nachts ablaichen. Das Männchen baut aus großen Blasen und Pflanzenbruchstücken ein Schaumnest. Im Unterschied zu anderen Arten der Labyrinthfische wird hier das Weibchen beim Laichen nie mit dem Bauch nach oben gekehrt, sondern verbleibt in der Normallage. Es gibt ungefähr 400 Eier ab. Sobald die Embryonen schlüpfen, übertragen wir sie mit dem Nest in ein selbständiges Becken. 3 Tage nach dem Schlüpfen geht die Brut auf exogene Ernährung über.

3 Kletterfisch
Anabas testudineus (BLOCH, 1795)

Kletterfische
Anabantidae

Syn.: *A. elongatus, A. macrocephalus, A. microcephalus, A. oligolepis, A. scandens, A. spinosus,*
A. trifoliatus, A. variegatus, Antias testudineus, Cojus cobujius, Lutjanus scandens,
L. testudo, Perca scandens, Sparus testudineus, Amphiprion scausor, A. testudineus

☐
●
Vorkommen: Pakistan, Indien, Sri Lanka, Südchina, Taiwan, Philippinen, Malaiischer Archipel, Indonesien, Süß- und Brackwasser. Gesamtlänge: 20 cm. Nahrung: Lebendes und pflanzliches Futter, wir können auch künstliche Kost zugeben. Artenbecken. Zuchtbecken: 200 l und mehr, flach, gut abgedeckt, Wasserstandshöhe 30 cm, ausreichende Unterschlupfmöglichkeiten im Pflanzenwuchs, diffuse Beleuchtung, ruhiger Wasserspiegel. Sexualdimorphismus: Undeutlich, die Afterflosse des Männchens ist langgezogener. Verhältnis der Geschlechter: 1 : 1. Zuchtbedingungen: 24–30 °C; pH 6,5–7,5; dKH bis 2°; dGH 10°. Eier: Steigen zum Wasserspiegel, Inkubationsdauer 24 Stunden. Anfüttern der Brut: *Paramecium caudatum*, Nauplien von *Cyclops* und *Artemia*. Ersteinfuhr: 1870, London; 1891, Deutschland, Dr. Schad, Treptow.

Diese Fische ertragen starke Unterschiede in der Wassertemperatur (zwischen 15° und 30 °C). In der Natur vergraben sie sich während der Trockenzeit im Schlamm. Sie sind in der Lage, mit Hilfe der Dornen an den Kiemendeckeln und durch Abstoßen mit der Schwanzflosse über Land zu springen. Das Männchen baut kein Nest, nach dem Laichen kümmern sich die Eltern nicht mehr um die Brut.

Anabantidae

Familie *Belontiidae* — Kletterfische

Diese Familie wurde 1963 von Liem eingeführt. Sie faßt asiatische Fische zusammen, die den Barschen nahe verwandt sind. Sie unterscheiden sich von diesen durch das Labyrinth. Das Labyrinth entwickelte sich wahrscheinlich als Adaptation an das Leben in tropischen, oft verschlammten Gewässern, die sehr sauerstoffarm sind. Aber auch in sauerstoffreichen Gewässern kommen die Labyrinthfische mit der Kiemenatmung allein nicht aus. Ohne Zutritt zum Wasserspiegel müssen die Tiere ersticken. Die Rücken- und Afterflosse haben Dornen. Die Männchen einer ganzen Reihe von Arten sind territorial und aggressiv. Bei einigen Arten bauen sie Schaumnester, bei anderen bewahren sie das Gelege und die Brut im Maul auf.

1 Kampffisch
Betta splendens REGAN, 1909

Kletterfische
Belontiidae

Syn.: *B. trifasciata* (nicht BLEEKER) *B. pugnax, B. rubra* (nicht Perugio)

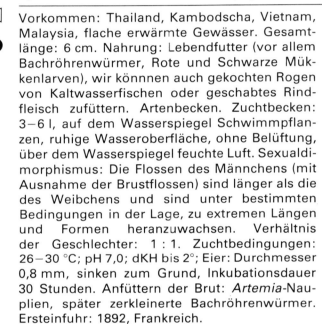

Vorkommen: Thailand, Kambodscha, Vietnam, Malaysia, flache erwärmte Gewässer. Gesamtlänge: 6 cm. Nahrung: Lebendfutter (vor allem Bachröhrenwürmer, Rote und Schwarze Mückenlarven), wir können auch gekochten Rogen von Kaltwasserfischen oder geschabtes Rindfleisch zufüttern. Artenbecken. Zuchtbecken: 3–6 l, auf dem Wasserspiegel Schwimmpflanzen, ruhige Wasseroberfläche, ohne Belüftung, über dem Wasserspiegel feuchte Luft. Sexualdimorphismus: Die Flossen des Männchens (mit Ausnahme der Brustflossen) sind länger als die des Weibchens und sind unter bestimmten Bedingungen in der Lage, zu extremen Längen und Formen heranzuwachsen. Verhältnis der Geschlechter: 1 : 1. Zuchtbedingungen: 26–30 °C; pH 7,0; dKH bis 2°; Eier: Durchmesser 0,8 mm, sinken zum Grund, Inkubationsdauer 30 Stunden. Anfüttern der Brut: *Artemia*-Nauplien, später zerkleinerte Bachröhrenwürmer. Ersteinfuhr: 1892, Frankreich.

Vor dem Laichen und beim Nestbau sind die Männchen aggressiv und können die Weibchen töten. Deshalb sind dichte Pflanzenbüschel im Becken nötig, in denen sich die Weibchen verbergen können. Schwächere Männchen werden im Gegenteil hierzu von den Weibchen angefallen, und es kommt nicht zum Laichen. Solche Männchen nehmen wir aus der weiteren Zucht. Das Männchen baut an der Wasseroberfläche ein Schaumnest. Es wurde festgestellt, daß der Schaum bakteriostatische Stoffe und Substanzen enthält, die den Chemismus des Wassers in der Umgebung der Eier günstig beeinflussen. Die Anzahl der Eier beträgt einige Hundert. Während des Laichens sammelt das Paar die Eier und drückt sie in das Nest. Sofort nach Beendigung des Laichens fangen wir das Weibchen, nach dem Freischwimmen der Brut auch das Männchen aus dem Becken. Wir beseitigen vorsichtig die meisten Pflanzen und senken den Wasserstand auf 5 cm. Der erhebliche Stoffwechsel der Jungfische erfordert reichliche Pflege und genügend frisches Wasser. Die Jungen wachsen sehr schnell. Schon nach 5 Wochen sind einige Exemplare geschlechtsreif. Die besten Zuchtergebnisse erzielen wir aber mit Generationsfischen im Alter von 5–6 Monaten (*B. splendens* ist ein kurzlebiger Fisch). Die Fähigkeit des Flossenwachstums bei den Männchen wird züchterisch ausgenützt. Die Männchen werden, wenn sie die Geschlechtsreife erreicht haben, getrennt und in kleinen Gläsern untergebracht, die wir nebeneinander aufstellen. Das ständige gegenseitige Imponiergehabe der Männchen, das vom unaufhörlichen Spannen der Flossen begleitet wird, unterstützt deren Wachstum. Das regelmäßige Säubern der Gläser und sauberes, frisches Wasser sind Voraussetzungen für den Erfolg. Das beste Männchen wählen wir dann für die weitere Zucht aus. Die Weibchen werden zusammen gehalten.

Belontiidae

1 Smaragdbetta, Smaragd-Kampffisch
Betta smaragdina LADIGES, 1972

Kletterfische
Belontiidae

Vorkommen: Nordostthailand. Gesamtlänge: 7 cm. Nahrung: Lebendfutter. Artenbecken. Zuchtbecken: 6–10 l, Schwimmpflanzen, ruhige Wasserfläche ohne Belüftung. Sexualdimorphismus: Das Männchen hat längere Bauchflossen, das Weibchen weist während des Laichens einige markante Streifen auf dem Körper auf. Verhältnis der Geschlechter: 1 : 1. Zuchtbedingungen: 28 °C; pH 7,0; dKH bis 2°. Eier: Inkubationsdauer 24–26 Stunden. Anfüttern der Brut: *Artemia*-Nauplien. Ersteinfuhr: 1970, Dietrich Schaller.

Haltung und Zucht entspricht der Art *B. splendens,* mit dem Unterschied, daß die jungen Männchen nicht getrennt werden, denn es sind friedliebende Fische. Das Männchen baut am Wasserspiegel ein Schaumnest. Wir können die Brut der einzelnen Paare, deren Altersunterschied eine Woche nicht überschreitet, in ein größeres, flaches Becken mit einem Wasserstand von 5–10 cm zusammensetzen. Während des Wachstums füllen wir Wasser zu. Ungleichmäßig wachsende Jungfische werden aussortiert.

2 Maulbrütender Kampffisch
Betta pugnax (CANTOR, 1850)

Kletterfische
Belontiidae

Syn.: *B. brederi, Macropodus pugnax*

Vorkommen: Malaysia, Indonesien, Kambodscha, in fließenden Gewässern. Gesamtlänge: 10 cm. Nahrung: Lebendfutter. Artenbecken (in Paaren). Zuchtbecken: 50 l für ein Paar; ausreichend Schlupfwinkel im Pflanzenwuchs, diffuses Licht. Zur Erzielung von sauberem und fließendem Wasser wird der Anschluß eines Umwälzfilters empfohlen. Sexualdimorphismus: Das Männchen ist ausdrucksvoller gefärbt und hat längere Flossen. Verhältnis der Geschlechter: 1 : 1. Zuchtbedingungen: 26–28 °C; pH 6,5–7,0; dKH bis 10°. Eier: Inkubationsdauer im Maul des Männchens 12–16 Tage (entsprechend der Wassertemperatur). Anfüttern der Brut: *Artemia*-Nauplien. Ersteinfuhr: 1905, Reichelt, Berlin.

Im fließenden Wasser können die Fische keine Schaumnester bauen. Vielleicht gelangte diese Art im Verlaufe des Evolutionsprozesses deshalb dazu, daß das Männchen die Brut im Maul aufbewahrt. Während der einzelnen Laichakte fängt das Männchen die Eier mit der Afterflosse ab, von wo sie vom Weibchen ins Maul genommen werden. Anschließend speit das Weibchen dem Männchen die Eier vor das Maul. Dieser Vorgang wiederholt sich vielmals, und das Männchen sammelt allmählich das gesamte Gelege (ungefähr 150 Eier) im Maul. Sobald die Brut das Maul verläßt, ist sie völlig selbständig, und die Rolle des Vaters beendet. Die Aufzucht der Jungfische ist einfach. Auf ähnliche Weise laichen auch die Arten *B. anabatoides* BLEEKER, 1850; *B. foerschi* VIERKE, 1979; *B. taeniata* REGAN, 1909; *B. picta* (CUVIER et VALENCIENNES, 1846); *B. macrostoma* REGAN, 1910 und *Pseudobetta unimaculata* (POPTA, 1906).

Belontiidae

1 Friedlicher Kämpfer, Kleiner Kampffisch
Betta imbellis LADIGES, 1975

Kletterfische
Belontiidae

Vorkommen: Malaysia, Umgebung von Kuala Lumpur. Gesamtlänge: bis 5 cm. Nahrung: Lebendfutter. Artenbecken. Zuchtbecken: 3−6 l, auf dem Wasserspiegel Schwimmpflanzen, ruhige Wasserfläche, ohne Belüftung. Sexualdimorphismus: Das Männchen ist bunt und hat größere Flossen. Verhältnis der Geschlechter: 1 : 1. Zuchtbedingungen: 26−28 °C; pH 7,0; dKH bis 2°. Eier: Durchmesser 1 mm, sinken auf den Boden, Inkubationsdauer 32 Stunden. Anfüttern der Brut: *Artemia*-Nauplien. Ersteinfuhr: 1970, E. Schaller.

Lebt mit der Art *B. splendens* im gleichen Gebiet, aber an anderen Lokalitäten. Das Männchen baut ein Schaumnest. Das Weibchen legt ungefähr 200 Eier, wir fangen es nach dem Ablaichen aus dem Becken, nach dem Freischwimmen der Brut auch das Männchen. Die jungen Fische wachsen verhältnismäßig langsam. Die Zuchtfische laichen oft und während des ganzen Jahres. Sie sind innerhalb der Art verträglich. Ihr Aussehen erinnert am stärksten an die Art *B. smaragdina*, mit der sie sich auch kreuzen. Die Hybriden sind aber nicht lebensfähig. Demgegenüber sind die Hybriden zwischen den Arten *B. imbellis* und *B. splendens* nicht nur lebensfähig, sondern auch fruchtbar. Da die Art *B. imbellis* in der Gefangenschaft nur wenig gezüchtet wird, kommt es zwischen ihr zu langandauernden und wiederholten verwandtschaftlichen Kreuzungen. Diese Art ist kurzlebig (durchschnittliches Alter 1 Jahr) und die Generationsfolge sehr schnell. Die Exemplare aus Aquarienzuchten sind deshalb wenig widerstandsfähig und schwächlich. Das ähnliche Problem der vielfachen verwandtschaftlichen Kreuzung treffen wir auch bei der Zucht von *B. splendens* an.

2 Riesenkampffisch
Pseudobetta unimaculata (POPTA, 1906)

Kletterfische
Belontiidae

Syn.: *Parophiocephalus unimaculatus, Betta ocellata, B. unimaculata*

Vorkommen: Nordöstliches Borneo, Fluß Kretam Kechil, Bewässerungskanäle und Waldbäche. In den Bächen sind die einzelnen Biotope (Untiefen) durch starke Strömungen und Wasserfälle voneinander getrennt. Diese Hindernisse müssen von den Fischen bei der Wanderung zwischen den isolierten Tümpeln überwunden werden. Gesamtlänge: Männchen 11 cm, Weibchen 9 cm. Nahrung: Gröberes Lebendfutter (gröberes Zooplankton, Larven von Wasserinsekten, Obstfliegen, kleine Grillen, kleine Würmer usw.). Artenbecken. Zuchtbecken: 50 l für ein Paar, auf dem Grund Schlupfwinkel aus Pflanzen und Hohlräume. Sexualdimorphismus: Das Männchen weist eine dunklere Rückenfärbung und eine auffallend grün glitzernde Zeichnung auf, das Weibchen ist klar braun. Verhältnis der Geschlechter: 1 : 1. Zuchtbedingungen: 23−28 °C; pH 7,0; dKH bis 2°; dGH bis 10°, frisch. Eier: Durchmesser 1 mm, weiß, die Entwicklung im Maul des Männchens dauert 11 Tage. Anfüttern der Brut: *Artemia*-Nauplien. Ersteinfuhr: 1980, H. Linke, Berlin.

Die Fische springen ausgezeichnet und wir müssen die Becken gut mit Glas abdecken. Wöchentlich wird 1/3 des Wassers gegen frisches ausgetauscht. Das „reife" Weibchen weist eine stark abgerundete Bauchpartie auf. Das Heranreifen der Eier unterstützen wir durch das Füttern mit Stechmückenlarven (Schwarze Mückenlarven). Nach dem 2−3 Stunden dauernden Laichen, was gewöhnlich abends geschieht, ist der Kehlsack des Männchens stark mit Eiern gefüllt, und das Tier sucht einen Schlupfwinkel auf. Sobald die Brut das Maul des Männchens verläßt, ist sie völlig selbständig und nimmt sofort Nahrung auf. Wir fangen dann das Elternpaar ab und senken den Wasserstand auf 3−5 cm.

Belontiidae

1 Zwergfadenfisch
Colisa lalia (HAMILTON-BUCHANAN, 1822)

Kletterfische
Belontiidae

Syn.: *C. unicolor, Trichopodus lalius, Trichopsis lalius, Trichogaster unicolor, T. lalius*

○
◐

Vorkommen: Indien, Flußgebiete des Ganges, Jumnas, Brahmaputras; Borneo, Fluß Baram. Gesamtlänge: 5 cm. Nahrung: Lebendfutter, vor allem Bachröhrenwürmer, wir können auch künstliche Kost zufügen. Gesellschaftsbecken. Zuchtbecken: 3–5 l für ein Paar, auf dem Wasserspiegel Schwimmpflanzen, ruhige Wasserfläche, keine Belüftung. Sexualdimorphismus: Das Männchen ist bunt gefärbt und größer. Verhältnis der Geschlechter: 1 : 1. Zuchtbedingungen: 26–28 °C; pH 6,5–7,0; dKH bis 2°. Eier: Klein, mit starkem Fettgehalt, steigen zur Wasseroberfläche auf, Inkubationsdauer 24 Stunden. Anfüttern der Brut: 10 Tage Monokultur des Wimpertierchens *Paramecium caudatum*, danach *Artemia*-Nauplien. Ersteinfuhr: 1874, Paris (für P. Carbonnier), erster umfangreicher Import 1903 von der deutschen Fa. H. Stüve, Hamburg.

Das Männchen baut am Wasserspiegel ein Schaumnest, das es mit Pflanzenbruchstücken verfestigt. Das Weibchen ist sehr produktiv. Die an der Wasseroberfläche verstreuten Eier werden vom Männchen gesammelt und im Nest konzentriert. Nach dem Ablaichen fangen wir das Weibchen aus dem Becken, nach Freischwimmen der Brut auch das Männchen. Wir senken den Wasserstand auf 5 cm. Die jungen Fische wachsen ungleichmäßig und recht langsam. Nach einigen Tagen gießen wir die Brut mehrerer Paare in ein größeres Becken mit großer Wasserfläche und niedrigem Wasserstand (5 cm). Die Fische sind gegenüber Infektions- und Parasitenerkrankungen empfindlich.

2 Roter Zwergfadenfisch
Colisa lalia ‚Sunset'

Kletterfische
Belontiidae

○
◐

1979 tauchten in den Becken der westdeutschen Großhandlungen unter der Handelsbezeichnung ‚Roter Lalius' Männchen einer interessanten Farbmutation auf. Sie riefen in der aquaristischen Welt nicht nur durch ihre interessante Färbung, sondern auch durch die hohen Preise Aufregung hervor. Später veröffentlichte die amerikanische Fachpresse erste Nachrichten über den Ursprung dieser Fische. *C. lalia* ‚Sunset' (Sonnenuntergang) war geheim und wurde längere Zeit zusammen mit anderen Neuheiten vom Züchter Tan Guk Eng auf der Fischfarm in Singapur veredelt. Singapurer Zeitungen schrieben, daß auf dieser Farm ‚Sunset' im Werte von 32 000 US Dollar entwendet wurden. Der Fisch wurde unter der Bezeichnung *C.* ‚gukengi' angeboten. Man gab ihn auch als Männchen der kleineren und ähnlich gefärbten Art *C. chuna* aus. Aus kommerziellen Gründen wurden anfangs nur Männchen nach Europa eingeführt, die man mit mehr oder weniger Erfolg mit Weibchen der Wildform kreuzte. Jetzt werden aus Singapur auch Weibchen importiert.

Belontiidae

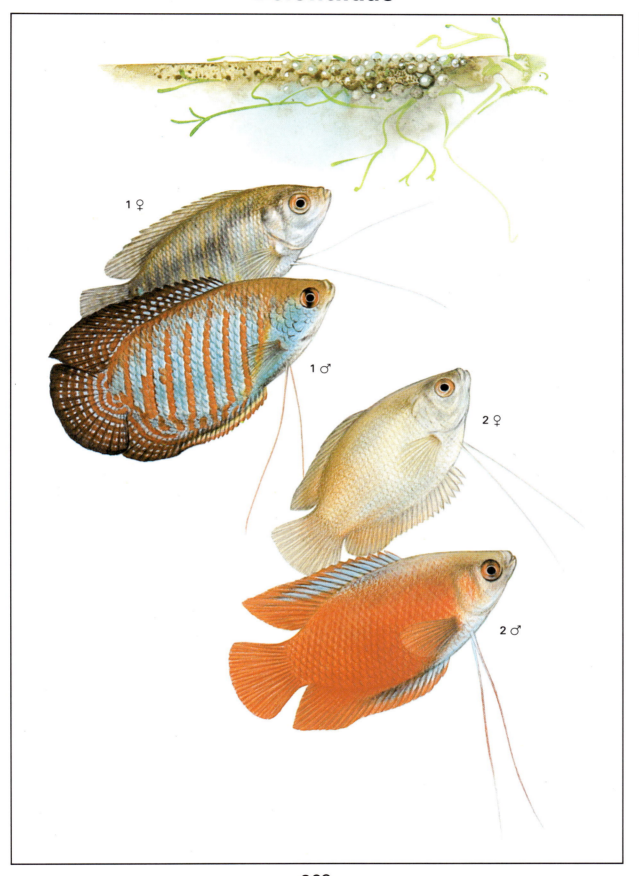

1 Honiggurami
Colisa chuna (HAMILTON-BUCHANAN, 1822)

Kletterfische
Belontiidae

Syn.: *Trichopodus chuna, T. sota, Chuna kolisha, Trichogaster chuna, T. sota*

○
◐
Vorkommen: Nordostindien, Assam, Bangladesch. Gesamtlänge: 5 cm. Nahrung: Lebendfutter, wir können künstliche Kost beifügen. Gesellschaftsbecken. Zuchtbecken: 10 l für ein Paar, Wasserstandshöhe 6–8 cm, Schwimmpflanzen, ruhige Wasserfläche, keine Belüftung. Sexualdimorphismus: Das Männchen ist intensiv braunrot gefärbt, das Weibchen ist in der Bauchpartie fülliger und graubraun, es weist einen braunen Streifen auf, der sich vom Auge bis zur Basis der Schwanzflosse erstreckt. Verhältnis der Geschlechter: 1 : 1. Zuchtbedingungen: 28–30 °C; pH 7,0; dKH bis 2°. Eier: Enthalten einen großen Fettropfen und steigen daher zur Wasseroberfläche auf, Inkubationsdauer 12 Stunden/30 °C. Anfuttern der Brut: 10 Tage *Paramecium caudatum*, später *Artemia*-Nauplien. Ersteinfuhr: 1962, Holland und USA.

Einige Männchen bauen überhaupt kein Nest, andere errichten es vor oder während des Laichens. Die Männchen übertragen ihre Brut solange von einer Stelle zur anderen, bis sie freizuschwimmen beginnt. Im Alter von 3–6 Wochen ist die Brut besonders empfindlich. In dieser Zeit entwickelt sich das Labyrinth. Das Wachstum verläuft ungleichmäßig.

2 Gestreifter Fadenfisch
Colisa fasciata (BLOCH et SCHNEIDER, 1801)

Kletterfische
Belontiidae

Syn.: *C. vulgaris, C. bejeus, C. cotra, C. ponticeriana, Polyacanthus fasciatus, Trichogaster fasciatus, Trichopodus colisa, T. bejeus, T. cotra*

○
◐
Vorkommen: Indien, Assam, Bangladesch, Burma, Thailand, Malaiische Halbinsel. Gesamtlänge: 10 cm. Nahrung: Lebendes und künstliches Futter. Gesellschaftsbecken. Zuchtbecken: 50 l für ein Paar, Schwimmpflanzen, ohne Belüftung. Sexualdimorphismus: Das Männchen ist farbiger, die Rücken- und Afterflosse sind hinten spitz verlängert. Verhältnis der Geschlechter: 1 : 1. Zuchtbedingungen: 28 °C; pH 6,7–7,0; dKH bis 2°. Eier: Steigen zum Wasserspiegel empor, Inkubationsdauer 24 Stunden. Anfüttern der Brut: 4 Tage *Paramecium caudatum*, dann *Artemia*-Nauplien. Ersteinfuhr: 1897, Paul Matte, Berlin Lankwitz.

Die Männchen sind territorial und untereinander raufsüchtig. Sie bauen große Schaumnester. Das Weibchen gibt während des Laichens bis zu 800 Eier ab. Die Brut wird bei einem Wasserstand von 3–5 cm aufgezogen. Während des Wachstums sortieren wir die Fische entsprechend der Größe und füllen Wasser nach.

3 Wulstlippiger Fadenfisch, Dicklippiger Fadenfisch
Colisa labiosa (DAY, 1878)

Kletterfische
Belontiidae

Syn.: *Trichogaster labiosus*

○
◐
Vorkommen: Burma, Thailand, Laos. Gesamtlänge: 9 cm. Nahrung: Lebendes und künstliches Futter. Gesellschaftsbecken. Zuchtbecken wie für *C. fasciata*. Sexualdimorphismus: Die Rücken- und Afterflosse des Männchens sind zu einer Spitze verlängert, das Ende seiner Afterflosse ist blau, beim Weibchen rot. Verhältnis der Geschlechter: 1 : 1. Zuchtbedingungen, Inkubationsdauer und Anfüttern der Brut wie bei *C. fasciata*. Ersteinfuhr: 1911, Fa. Scholze und Pötzschke, Berlin.

Die Aufzucht gleicht der von *C. fasciata*. Das Männchen baut ein großes flaches Schaumnest, das nur bei ruhiger Wasseroberfläche und feuchter Luft zusammenhält. Wir belüften deshalb die Becken nicht und decken sie mit Glasscheiben ab (das gilt für alle Labyrinthfische, die Schaumnester bauen). Die Unterscheidung von *C. labiosa* und *C. fasciata* ist bei den in Gefangenschaft gezüchteten Fischen fast unmöglich, denn die Populationen beider Arten sind vielmals gekreuzt.

Belontiidae

1 Makropode, Großflosser, Paradiesfisch
Macropodus opercularis (LINNAEUS, 1758)

Kletterfische
Belontiidae

Syn.: *M. viridi-auratus, M. concolor, M. filamentosus, M. venustus, M. opercularis* var. *viridi-auratus, Labrus opercularis, Polyacanthus opercularis, Platypodus gurca*

Vorkommen: Korea, China, Südvietnam, Taiwan, Insel Ryukyu, Malaiische Halbinsel, seichte Gewässer und Reisfelder. Gesamtlänge: 9 cm. Nahrung: Lebendfutter, vor allem Bachröhrenwürmer, Insektenlarven, kleine Brut von Lebendgebärenden, aber auch granulierte Kost, Rindfleisch usw. Artenbecken. Zuchtbecken: 20–25 l für ein Paar, auf dem Wasserspiegel Schwimmpflanzen, ruhige Wasserfläche, keine Belüftung. Sexualdimorphismus: Das Männchen ist größer, seine unpaarigen Flossen sind zipfelig verlängert. Verhältnis der Geschlechter: 1 : 1. Zuchtbedingungen: 20–24 °C; pH 7,0; dKH bis 2°. Eier: Durchmesser 1 mm, Inkubationsdauer 36 Stunden / 24 °C, 24 Stunden / 28 °C. Anfüttern der Brut: Nauplien von *Artemia* oder *Cyclops*. Ersteinfuhr: 1869, Paris (für P. Carbonnier).

Widerstandsfähiger, während der Laichzeit immer aggressiver Fisch. In Gartenbassins ausgesetzte Tiere überleben auch leichte Herbstfröste. Das Männchen baut ein Schaumnest, wobei es mit einem, ausnahmsweise mit mehreren Weibchen ablaicht. Erfolgt das Laichen in einem großen Aquarium, warten wir, bis die Larven schlüpfen und entnehmen dann mit Hilfe einer großen Fangglocke das gesamte Nest und siedeln es in ein Aufzuchtsbecken mit niedrigem Wasserstand (ca. 5 cm) um. Während des Wachstums füllen wir Wasser nach und sortieren die Fische entsprechend ihrer Größe. Bei der Auswahl der Zuchtfische bevorzugt man Tiere mit hohem rotem oder blauem Farbanteil. In den Aquarien benutzen wir diese Fische im biologischen Kampf gegen Schnecken und Planarien.

2 *Macropodus opercularis* – Albinoform

Kletterfische
Belontiidae

Die Albinoform wurde in Aquarien erzüchtet und genetisch stabilisiert.

3 Schwarzer Makropode
Macropodus concolor AHL, 1937

Kletterfische
Belontiidae

Syn.: *M. opercularis concolor*

Vorkommen: Südchina, Vietnam, Malaysia. Gesamtlänge: Männchen 12 cm, Weibchen 8 cm. Nahrung: Lebendfutter. Gesellschaftsbecken mit Fischen, die ähnliche Eigenschaften haben. Zuchtbecken: 50–100 l für ein Paar, ruhige Wasseroberfläche mit Schwimmpflanzen. Sexualdimorphismus: Die Rücken- und Afterflosse des Männchens sind länger, die Strahlen der Schwanzflosse sind gestreckt, gestreckt sind auch die Strahlen der rot gefärbten Bauchflossen, die Rücken- und Schwanzflosse zeigen weiße, bläulich glitzernde Ränder. Verhältnis der Geschlechter: 1 : 1. Zuchtbedingungen: 22–30 °C; pH 7,0–7,5; dKH 2°. Eier: Inkubationsdauer 36 Stunden/24 °C, 24 Stunden/28 °C. Anfüttern der Brut: Nauplien von *Artemia* oder *Cyclops*. Ersteinfuhr: 1935.

Lange Zeit wurde dieser Fisch als unbestimmte Art angeführt, was vor allem daran lag, daß der Autor bei der ersten Beschreibung den Ursprungsort nicht kannte. Ursprünglich ordnete Ahl den Fisch als Unterart der Art *M. opercularis* ein. Die Kreuzung von *M. opercularis* und *M. concolor* ergibt fruchtbare Hybriden. Die Hybriden sind aber schlecht gefärbt, suchen mit Vorliebe fließendes Wasser auf und springen haufenweise aus den Becken. Die Kreuzung beider Arten kann nicht empfohlen werden.

Belontiidae

1 „Schwarzer" Spitzschwanzmakropode
Pseudosphromenus cupanus (CUVIER et VALENCIENNES, 1831)

Kletterfische
Belontiidae

Syn.: *Polyacanthus cupanus, Macropodus cupanus*

Vorkommen: Indien, Sri Lanka, bis Südostasien, in stehenden oder langsam fließenden Gewässern, Gräben und Sümpfen. Gesamtlänge: 8 cm. Nahrung: Lebendfutter. Artenbecken (in Gesellschaftsbecken nur mit kleineren, ruhigen Fischarten). Zuchtbecken: 20–50 l, hell bis sonnig, ohne Belüftung, auf der Wasserfläche locker verteilte Schwimmpflanzen, Wasserstand 20 cm. Am Rand können wir Moorkienholz so aufhängen, daß 1/4–1/2 davon eingetaucht ist, im unteren Abschnitt sollen sich Vertiefungen oder ebene Flächen befinden. Auf den Boden legen wir einen Blumentopf auf die Seite. Sexualdimorphismus: Außerhalb der Laichzeit wenig deutlich, das Männchen hat eine spitzere Rückenflosse und ist während des Laichens farbiger, wobei die Rottöne überwiegen, das Weibchen ist fast schwarz. Verhältnis der Geschlechter: 1 : 1. Zuchtbedingungen: 26 °C; pH 7,0; dKH bis 2°. Eier: Inkubationsdauer 36–42 Stunden. Anfüttern der Brut: Nauplien von *Cyclops* oder *Artemia*. Ersteinfuhr: 1903, Stüve, Hamburg.

Farblich variable Fische. Ursache für diese Variabilität ist das große Verbreitungsgebiet der Art. Gewöhnlich laichen die Paare in Hohlräumen ab. Befindet sich im Becken keine geeignete Höhlung, baut das Männchen in der Nähe eines großen Blatts auf der Wasserfläche oder direkt unter diesem Blatt ein Schaumnest. Das Weibchen legt 20–50 Eier. Nach dem Laichen fangen wir das Weibchen und nach dem Freischwimmen der Brut (ungefähr 3 Tage nach dem Schlüpfen) auch das Männchen aus dem Becken. Der Wasserstand wird dann auf 5 cm gesenkt. Die Jungfische haben im Schwanzteil des Körpers einen charakteristischen Juvenilfleck.

2 Roter Spitzschwanzmakropode
Pseudosphromenus dayi (KÖHLER, 1909)

Kletterfische
Belontiidae

Syn.: *Polyacanthus dayi, P. cupanus* var. *dayi, Macropodus dayi, M. cupanus dayi*

Vorkommen: Südostasien (Burma bis Vietnam), Vorderindien, in Gräben und Sümpfen. Gesamtlänge: 8 cm. Nahrung: Lebendfutter. Artenbecken. Zuchtbecken: 20–50 l, ohne Belüftung, Streulicht, Schwimmpflanzen. Auf dem Boden bringen wir einen umgestürzten Blumentopf an. Sexualdimorphismus: Das Männchen hat eine Rücken- und Afterflosse mit längeren Strahlen, die mittleren Strahlen der Schwanzflosse sind ebenfalls verlängert. Verhältnis der Geschlechter: 1 : 1. Zuchtbedingungen: 26–30 °C; pH 6,5–7,5; dKH bis 2°. Eier: Inkubationsdauer 30 Stunden. Anfüttern der Brut: *Paramecium caudatum, Cyclops*-Nauplien, nach 3–4 Tagen *Artemia*-Nauplien. Ersteinfuhr: 1908, Fa. Scholze und Pötzschke, Berlin.

Die Männchen errichten manchmal an der Wasseroberfläche Schaumnester, ziehen aber das Laichen in Hohlräumen vor. Das Gelege und die geschlüpfte Brut werden meistens vom Männchen und nur gelegentlich vom Weibchen versorgt. Wenn die Brut frei schwimmt, fangen wir die Eltern aus dem Becken und senken den Wasserstand auf 5–10 cm. Frisches Wasser unterstützt das Wachstum der Jungfische.

Belontiidae

1 Punktierter Fadenfisch, Blauer Gurami
Trichogaster trichopterus trichopterus (PALLAS, 1777)

Kletterfische
Belontiidae

Syn.: *Labrus trichopterus, Osphronemus trichopterus* var. *koelreuteri, O. saigonensis, O. siamensis, O. trichopterus, Trichopodus trichopterus, Trichopterus trichopterus, T. sepat, T. cantoris, T. siamensis*

Vorkommen: Malaysia, Thailand, Burma, Vietnam, Große Sundainseln. Gesamtlänge: 15 cm. Nahrung: Lebendes und künstliches Futter. Gesellschaftsbecken. Zuchtbecken: 50–100 l für ein Paar, Schwimmpflanzen auf dem Wasserspiegel, ruhige Wasserfläche, keine Belüftung. Sexualdimorphismus: Das Männchen ist größer, seine Rückenflosse ist zu einer Spitze gestreckt. Verhältnis der Geschlechter: 1 : 1. Zuchtbedingungen: 24–26 °C; pH 7,0; dKH 2°. Eier: Haben einen großen Fettgehalt und steigen zur Oberfläche, Inkubationsdauer 24 Stunden. Anfüttern der Brut: Frisch geschlüpfte *Artemia*-Nauplien. Ersteinfuhr: 1896, J. F. G. Umlauf, Hamburg.

Das Generationspaar lehnt es meistens ab, in der Gesellschaft anderer Fische (auch der eigenen Art) zu laichen. Das Männchen baut ein recht liederliches und auseinandergezogenes Nest auf den Wasserspiegel. Die Fische sind sehr produktiv, das Weibchen gibt während des Laichens bis zu 4000 Eier ab. Nach dem Laichen fangen wir das Weibchen und sobald die Brut beginnt, das Nest zu verlassen, auch das Männchen aus dem Becken. Bei Anfüttern der Brut senken wir den Wasserstand auf ca. 10 cm. Wir verabreichen das Futter täglich in 3–4 Gaben und während der ersten Woche bei schwacher Beleuchtung in einer Gabe auch nachts. Im Verlauf des Wachstums der Fische füllen wir Wasser zu. Wegen des starken Stoffwechsels der Tiere reinigen wir das Aquarium oft und tauschen dabei 50–70% des Wassers gegen frisches aus. Die Jungfische wachsen recht ungleichmäßig und müssen entsprechend ihrer Größe sortiert werden.

2 Blauer Fadenfisch
Trichogaster trichopterus sumatranus LADIGES, 1933

Kletterfische
Belontiidae

Vorkommen: Sumatra. Gesamtlänge: 15 cm. Nahrung: Lebendes und künstliches Futter. Gesellschaftsbecken. Zuchtbecken: Wie bei *T. trichopterus trichopterus*. Ersteinfuhr: 1896.

Haltung und Aufzucht gleichen der von *T. trichopterus trichopterus*.

3 Marmorierter Fadenfisch
Trichogaster trichopterus ‚COSBY'

Kletterfische
Belontiidae

Zuchtform. Erzüchtet von dem amerikanischen Aquaristen Cosby, wahrscheinlich schon vor dem Zweiten Weltkrieg. Die Ausgangsform der Elterngeneration war *T. trichopterus sumatranus*.

Belontiidae

1 *Trichogaster trichopterus* – Goldform

Kletterfische
Belontiidae

○
◐
Zuchtform. Die Fische erreichen eine etwas geringere Gesamtlänge als *T. trichopterus trichopterus* und *T. trichopterus sumatranus*. Die Ausgangsform für die Veredelung (Elterngeneration) war *T. trichopterus* ‚Cosby'. Die goldene, xanthische Form wurde 1971 in der ehemaligen DDR erzüchtet. Es wird angegeben, daß diese Form ganz zufällig im Sommer in einem Gartenbassin beim Ablaichen von *T. trichopterus* var. ‚Cosby' entstand. Im gleichen Jahr (1971) wurde sie in die USA exportiert. Sie ist genetisch stabilisiert. Sexualdimorphismus: Das Männchen ist größer als das Weibchen, seine Rückenflosse ist zu einer Spitze gestreckt.

2 *Trichogaster trichopterus* – Silberform

Kletterfische
Belontiidae

○
◐
Zur Zeit der Veredelung der Goldform tauchten in den Populationen auch silberne Exemplare auf. Die Silberform ist bisher genetisch noch nicht völlig stabilisiert. Sexualdimorphismus: Gleich wie bei den wilden und goldenen Formen.

Alle Formen der Art *T. trichopterus* sind sehr produktiv. Das Ablaichen und auch das Schlüpfen der Embryonen verläuft bei ihnen ohne Schwierigkeiten. Züchterische Probleme tauchen erst nach dem Freischwimmen der Brut auf und bestehen vor allem in der großen Anzahl und im ungleichmäßigen Wachstum. Wir müssen die Jungfische im Verlauf ihres Wachstums nach ihrer Größe sortieren und allmählich die Besatzungsdichte der Becken senken. In nicht sortierten Populationen kommt es zu Kannibalismus (durch rasches Wachstum von Einzelexemplaren). Die Wachstumsgeschwindigkeit wird nicht nur durch die Nahrungsmenge beeinflußt, sondern hängt indirekt auch mit der Populationsdichte zusammen. Die übermäßige Anhäufung von Jungfischen ruft im Organismus offensichtlich die Bildung und das Freiwerden von Stoffen hervor, die in den frühen Stadien ein schwächeres Individuum töten können und später das Wachstum der Tiere unterdrücken. Das Funktionieren dieses Mechanismus in der Natur garantiert der Population, wenn auch in einer beschränkten Anzahl, solange zu überleben, bis günstigere Lebensbedingungen eintreten.

Belontiidae

1 ♂

2 ♂

1 Mondschein-Gurami, Mondschein-Fadenfisch
Trichogaster microlepis (GÜNTHER, 1861)

Kletterfische
Belontiidae

Syn.: *Osphronemus microlepis, Trichopsis microlepis, Trichopodus microlepis, Trichopus microlepis, T. parvipinnis, Deschauenseeia chryseus*

Vorkommen: Thailand und Kambodscha, in stehenden und langsam fließenden Gewässern. Gesamtlänge: 18 cm. Nahrung: Lebendes und künstliches Futter. Gesellschaftsbecken. Zuchtbecken: 50–100 l für ein Paar, Dickichte aus wurzelnden und schwimmenden Pflanzen, ruhige Wasserfläche, ohne Belüftung. Sexualdimorphismus: Das Männchen hat eine orange gesäumte Afterflosse und orange bis rote, fadenförmige Bauchflossen, die beim Weibchen gelb sind. Verhältnis der Geschlechter: 1 : 1. Zuchtbedingungen: 26–30 °C; pH 6,5–7,0; dKH bis 2°. Eier: Inkubationsdauer 24 Stunden. Anfüttern der Brut: 3–5 Tage Monokultur von *Paramecium caudatum*, dann Nauplien von *Artemia* oder *Cyclops*. Ersteinfuhr: 1952.

Friedliebende und scheue Fische. Das Männchen baut ein Schaumnest, das es mit abgezupften Wasserpflanzenteilen aussteift. Das Weibchen ist sehr produktiv, es gibt während des Laichens ungefähr 5 000 Eier ab. Nach dem Laichen fangen wir das Weibchen, nach dem Freischwimmen der Brut auch das Männchen aus dem Becken. Die Brut füttern wir anfangs bei abgesenktem Wasserstand, den wir im Verlauf des Wachstums der Jungfische dann allmählich wieder erhöhen. Ungleichmäßig wachsende Brut sortieren wir während der Entwicklung entsprechend ihrer Größe aus. Zu dichter Beckenbesatz verlangsamt das Wachstum der Jungfische.

2 Schaufelfadenfisch, Schlangenhautfadenfisch
Trichogaster pectoralis (REGAN, 1910)

Kletterfische
Belontiidae

Syn.: *Trichopodus pectoralis, Osphronemus trichopterus* var. *catoris*

Vorkommen: Kambodscha, Thailand (wurde im Süden und Norden Thailands künstlich in die Natur eingeführt), Malaiische Halbinsel, in flachen, fließenden Gewässern, aber auch im Morast der Reisfelder. Gesamtlänge: 20 cm. Nahrung: Lebendes und künstliches Futter. Gesellschaftsbecken. Zuchtbecken: 100 l für ein Paar, auf dem Wasserspiegel Schwimmpflanzen, ruhige Wasserfläche, keine Belüftung. Sexualdimorphismus: Die Rückenflosse des Männchens ist zu einer Spitze langgezogen, der Saum der Afterflosse und die fadenförmigen Bauchflossen sind orangerot, beim Weibchen gelb. Verhältnis der Geschlechter: 1 : 1. Zuchtbedingungen: 26–30 °C; pH 6,5–7,0; dKH bis 2°. Eier: Inkubationsdauer 24 Stunden. Anfüttern der Brut: 3 Tage Monokultur des Wimpertierchens *Paramecium caudatum*, weiter dann Nauplien von *Cyclops* oder *Artemia*. Ersteinfuhr: 1896, J. F. G. Umlauf, Hamburg.

Es sind friedliebende, produktive Fische, die sich in gut bewachsenen Becken sicherer fühlen. *T. pectoralis* ist die größte Art der Gattung *Trichogaster* (in Thailand ein beliebter Speisefisch). Der Artenname wurde von den besonders großen Brustflossen abgeleitet, die länger als der Kopf sein können. Eine höhere Wassertemperatur erhöht die Aktivität der Fische und es scheint, daß 24 °C die untere Grenze darstellen. Das Männchen baut ein Schaumnest und pflegt das Gelege und die geschlüpfte Brut. Bei manchen Männchen fehlt jedoch dieser Trieb. Nach dem Laichen der Fische fangen wir das Weibchen, nach dem Freischwimmen der Brut auch das Männchen aus dem Becken. Wir senken dann den Wasserstand auf 10 cm ab. Während des Wachstums sortieren wir die Jungfische entsprechend ihrer Größe. Der Beckenbesatz sollte bei den Jungfischen nicht zu dicht sein.

Belontiidae

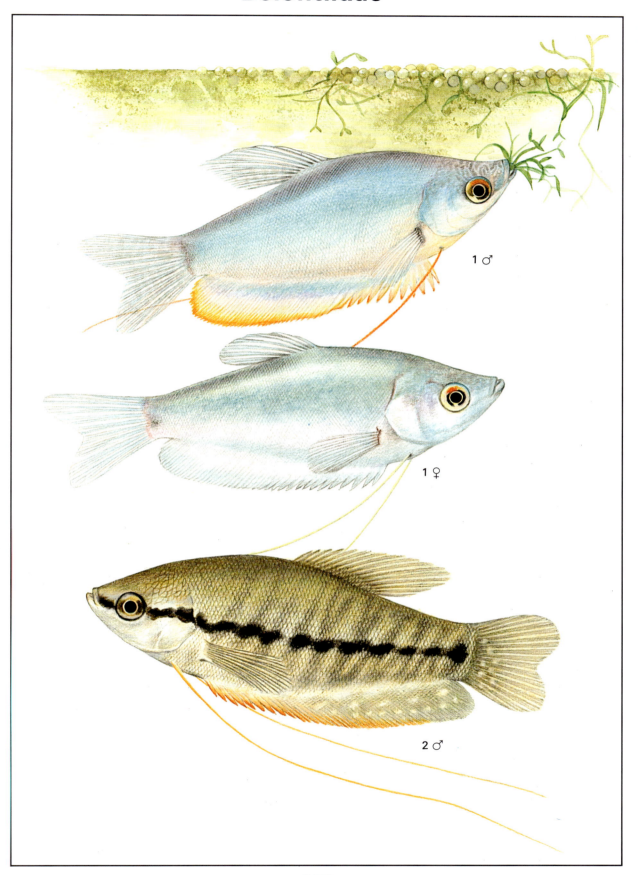

1 Mosaikfadenfisch
Trichogaster leeri (BLEEKER, 1852)

Kletterfische
Belontiidae

Syn.: *Trichopodus leeri, Osphronemus trichopterus, Trichopus leeri*

Vorkommen: Thailand, Malaiische Halbinsel, Sumatra, Borneo. Gesamtlänge: 11 cm. Nahrung: Lebendes und künstliches Futter. Gesellschaftsbecken. Zuchtbecken: 50 l für ein Paar, Schwimmpflanzen, Streulicht, ruhige Wasserfläche ohne Belüftung. Sexualdimorphismus: Das Männchen hat eine blutrote Bauchpartie, seine Rückenflosse ist lang und spitz ausgezogen, die Afterflosse ist größer und weist fransenartig verlängerte Strahlen auf. Verhältnis der Geschlechter: 1 : 1. Zuchtbedingungen: 25–28 °C; pH 7,0; dKH bis 2°. Eier: Reich an Fettröpfchen, steigen zum Wasserspiegel auf, Inkubationsdauer 24 Stunden. Anfüttern der Brut: 4–5 Tage *Paramecium caudatum,* dann *Cyclops*-Nauplien oder feinste, frisch geschlüpfte *Artemia*-Nauplien. Ersteinfuhr: 1933.

Schreckhafter, wärmeliebender Fisch. Vor oder während des Laichens baut das Männchen in der Regel ein großes Schaumnest. Manchmal verbleibt ihm hierzu aber keine Zeit, denn das Weibchen mit völlig reifen Eier nötigt es geradezu zum sofortigen Ablaichen. In diesem Fall baut das Männchen das Nest erst nach dem Schlüpfen der Brut oder überhaupt nicht, und die Eier schwimmen frei an der Wasseroberfläche umher. Nach dem Laichen fangen wir das Weibchen, nach dem Freischwimmen der Brut auch das Männchen ab. Beim Anfüttern der großen Brutmenge senken wir den Wasserstand auf 10 cm. Wir füttern 3–4 mal täglich, während der ersten Woche verabreichen wir auch eine Futtergabe nachts bei schwacher Beleuchtung. Es ist nötig, die Fische entsprechend ihrer Größe zu sortieren und im Verlauf des Wachstums die Besatzdichte zu verringern. Die jungen Fische wachsen langsam.

2 Schokoladengurami, Malaiischer Gurami
Sphaerichthys osphromenoides CANESTRINI, 1860

Kletterfische
Belontiidae

Syn.: *Osphronemus malayanus, O. nonatus*

Vorkommen: Malaiische Halbinsel, Sumatra bei Djambi. Gesamtlänge: 5 cm. Nahrung: Lebendfutter. Artenbecken. Zuchtbecken: 50 l, mit Dikkichten aus Wasserpflanzen, diffuses Licht, Wasserstand ca. 20 cm. Sexualdimorphismus: Wenig deutlich; das Männchen ist schlanker und seine Schwanzflosse ist zart gelb gesäumt. Verhältnis der Geschlechter: 1 : 1. Zuchtbedingungen: 28–30 °C; pH 6,0; dKH < 1°; dGH < 10°, über Torf gefiltert. Eier: Weißlich, undurchsichtig, Durchmesser ca. 1,5 mm, Inkubationsdauer im Maul der Eltern 14 Tage? Anfüttern der Brut: *Artemia*-Nauplien. Ersteinfuhr: 1905 (die Fische gingen ein), zum zweiten Mal erst 1934.

Die Aufzucht dieser Fische ist problematisch. Die Angaben über eine erfolgreiche Aufzucht sind vereinzelt und widersprüchlich. Es wird einerseits behauptet, daß die Inkubation der Eier im Kehlsack des Weibchens verläuft, andere schreiben dieses Verhalten dem Männchen zu. Die Männchen bauen oft Schaumnester, ohne sie später zu benutzen (offensichtlich ein Fragment der Evolution). Die Anzahl der Eier reicht von einigen Dutzend bis 150 Stück. Die Brut verläßt das Maul des Weibchens (Männchens) nach 14 Tagen und ist etwa 7 mm groß. Diese seltene Fischart wird noch zahlreiche Beobachtungen und exakte Schlüsse erfordern.

Belontiidae

1 Knurrender Zwerggurami
Trichopsis pumilus (ARNOLD, 1936)

Kletterfische
Belontiidae

Syn.: *Ctenops pumilus*

Vorkommen: Vietnam, Thailand, Sumatra. Gesamtlänge: 3,5 cm. Nahrung: Lebendes und künstliches Futter. Artenbecken. Zuchtbecken: 3–6 l für ein Paar, ruhige Wasserfläche und Schwimmpflanzen. Sexualdimorphismus: Das Männchen ist bunter und besitzt längere Flossen. Verhältnis der Geschlechter: 1 : 1. Zuchtbedingungen: 25–28 °C; pH 7,0; dKH bis 2°. Eier: Inkubationsdauer 36 Stunden. Anfüttern der Brut: 10 Tage Monokultur des Wimpertierchens *Paramecium caudatum*, Rädertierchen, kleinste Nauplien von *Cyclops*, dann *Artemia*-Nauplien. Ersteinfuhr: 1913.

Das Männchen baut unter den Blättern von Wasserpflanzen in den mittleren Wasserschichten ein kleines Schaumnest. Während des Imponierens und Laichens geben die Männchen schwache knurrende Laute von sich. Man nimmt an, daß diese Laute beim Ausstoßen der Luftblasen in den paarigen Höhlungen des Labyrinths entstehen. Die Pflege des Schaumnests übernimmt das Männchen. Die geschlüpften Larven hängen an Fäden, die sich während der Entwicklung zurückbilden. Die Anzahl der Eier bewegt sich zwischen 50 und 100 Stück. Nach dem Laichen fangen wir das Weibchen, nach dem Freischwimmen der Brut auch das Männchen aus dem Becken. Die sehr kleine Brut wird anfangs bei einem auf 5 cm abgesenkten Wasserstand gefüttert.

2 Knurrender Gurami
Trichopsis vittatus (CUVIER et VALENCIENNES, 1831)

Kletterfische
Belontiidae

Syn.: *T. harrisi, T. striata, T. schalleri, Osphronemus vittatus, O. striatus, Trichopus striatus, Ctenops nobilis* (nicht MC CLELAND), *C. vittatus*

Vorkommen: Thailand, Kambodscha, Südvietnam, Malaiische Halbinsel und Große Sundainseln. Gesamtlänge: 7 cm. Nahrung: Lebendfutter. Artenbecken. Zuchtbecken: 50 l mit ca. 15 cm Wasserstand, ohne Belüftung, auf dem Wasserspiegel Schwimmpflanzen. Sexualdimorphismus: Das Männchen ist intensiver gefärbt, die Afterflosse ist spitz ausgezogen. Verhältnis der Geschlechter: 1 : 1. Zuchtbedingungen: 26–30 °C; pH 6,5–7,0; dKH bis 2°. Eier: Inkubationsdauer 48 Stunden 27 °C. Anfüttern der Brut: *Paramecium caudatum*, kleinste *Cyclops*-Nauplien, Rädertierchen, nach 4–5 Tagen *Artemia*-Nauplien. Ersteinfuhr: 1899, Stüve, Hamburg.

An den einzelnen Lokalitäten des ausgedehnten Areals, in dem diese Art vorkommt, leben farblich abweichende Populationen, die oft als selbständige Arten bewertet werden (zum Beispiel die erst unlängst anerkannte Art *T. schalleri*). Die erste Aufzucht in der Gefangenschaft gelang 1903. Das Männchen baut ein Schaumnest, das Weibchen legt 100–200 Eier. Die Männchen stoßen während des Imponierens und Laichens ähnlich wie *T. pumilus* knurrende Laute aus. Sobald das Laichen beendet ist, fangen wir das Weibchen, 2 Tage nach dem Schlüpfen der Brut auch das Männchen aus dem Becken. Wir senken anschließend den Wasserstand auf 5 cm ab. Bei regelmäßiger Versorgung mit geeignetem Futter wachsen die Jungfische schnell.

Belontiidae

Familie *Helostomatidae* — Küssende Guramis

Diese Familie wird von einer einzigen, hochspezialisierten Art vertreten, die sich durch eine ganze Reihe von Merkmalen, die Liem 1963 beschrieb, von den übrigen Labyrinthfischen unterscheidet. Markante Merkmale sind die Form der Bauchflossen, die niemals fadenförmige Strahlen aufweisen und die Anordnung der Rückenflosse, die über der Basis der Brustflossen beginnt. Verschiedene Autoren vertreten die Ansicht, daß sich *Helostoma temmincki* in den Gewässern seiner Heimat von Planktonorganismen ernährt, die der Fisch mit Hilfe seines als Filter ausgebildeten Kiemenapparates direkt aus dem Wasser entnimmt.

1 Küssender Gurami
Helostoma temminckii CUVIER et VALENCIENNES, 1831

Küssende Guramis
Helostomatidae

Syn.: *H. rudolfi, Holostoma oligacanthum, H. servus, H. tambakhan*

Vorkommen: Thailand, See Bung Boraphet, grüne Form (nach Riehl und Baensch), andere Autoren führen auch die Malaiische Halbinsel an; stehende Gewässer. Gesamtlänge: 30 cm, nach Angaben von H. M. Smith aus dem Jahre 1945 können die Fische auch ausnahmsweise 56 cm erreichen. Nahrung: Lebendes und künstliches Futter, wir fügen regelmäßig auch Pflanzenkost und Haferflocken zu. Gesellschaftsbecken. Zuchtbecken: Wenigstens 200 l, flach, mit Pflanzendickichten an der Wasseroberfläche. Sexualdimorphismus: Undeutlich, beim Männchen ist der hintere Teil der Rücken- und Afterflosse mit den verzweigten Strahlen eckig, beim Weibchen abgerundet. Das Weibchen ist in der Rückenpartie breiter. Verhältnis der Geschlechter: 1 : 1. Zuchtbedingungen: 24—26 °C; pH 7,0; dKH bis 2°. Eier: Stark klebrig, sie steigen zur Wasseroberfläche auf, Inkubationsdauer: 50 Stunden. Anfüttern der Brut: *Paramecium caudatum*, feines künstliches Brutfutter, später *Artemia*-Nauplien. Wir füttern Soja- oder Hafermehl zu. Ersteinfuhr: 1950, aus den Züchtereien von Florida, USA.

Die Männchen führen unschädliche, oft langandauernde Zweikämpfe aus, wobei sie sich mit dem Maul (mit den breiten Lippen) berühren. Diese Gewohnheit hat den Fischen den Namen „Küssender Gurami" eingebracht. *H. temnickii* ist eine friedliebende, algenfressende Art. Die Fische sind auch in der Lage, sich von Nanoplankton zu ernähren (kleinste planktische Organismen), das sie mit ihrem Kiemenapparat aus dem Wasser filtern. Das Männchen baut kein festes Schaumnest, das Weibchen ist beim Laichen aktiver und kann bis zu 5000 Eier abgeben. Das Laichen erfolgt in den unteren Wasserschichten, die Eier steigen nach oben und kleben sich an Pflanzen oder schwimmen frei auf dem Wasser. Gelege und Brut wird von den Generationsfischen nicht gepflegt, und wir fangen sie nach dem Ablaichen aus dem Becken. Die geschlüpfte Brut geht nach 5 Tagen auf exogene Ernährung über.

2 *Helostoma temminckii* — xanthische Form

Küssende Guramis
Helostomatidae

Fleischfarbene Fische. Nach Riehl und Baensch leben sie auf Jawa wild. Nach anderen Autoren handelt es sich um eine Zuchtform, deren Ursprung aber nicht angegeben wird. Die Aufzucht ist mit der der grünen Form identisch.

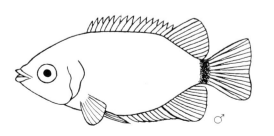
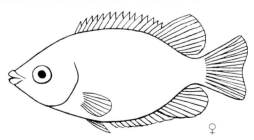

Helostomatidae

Familie *Osphronemidae* — Großguramis

Diese Familie ist monotypisch, sie wird nur von einer einzigen Gattung *Osphronemus* mit der einzigen Art *Osphronemus gorami* Lacépéde, 1802 repräsentiert. 1963 begründet Liem in seiner Arbeit die Berechtigung der Selbständigkeit dieser Familie, die sich durch eine Reihe von Merkmalen von der Familie *Belontiidae* unterscheidet.

1 Speisegurami
Osphronemus gorami LACÉPEDE, 1802

Großguramis
Osphronemidae

Syn.: *O. olfax, O. notatus, O. satyrus, O. gourami*

Vorkommen: Diese Fische sind über ein weites Gebiet Südostasiens verbreitet, was wahrscheinlich vom Menschen verursacht wurde, da es sich um wirtschaftlich sehr wertvolle Fische handelt (Speisefisch). Gesamtlänge: 60 cm. Nahrung: Lebendes und pflanzliches Futter, einschließlich von Haferflocken. Artenbecken mit 1000 l und mehr Inhalt (Bassin), flach, mit großer Wasserfläche, auf der Pflanzen schwimmen. Zuchtbecken entspricht dem Artenbecken. Sexualdimorphismus: Beim Männchen sind die Rücken- und Afterflosse stärker zugespitzt. Verhältnis der Geschlechter: 1 : 1. Zuchtbedingungen: 24–26 °C; pH 6,5–7,5; dKH bis 2°. Eier: Durchmesser 2,7–2,9 mm, schwimmen auf dem Wasser, Inkubationsdauer 24 Stunden. Anfüttern der Brut: Anfangs *Artemia*-Nauplien, dann feingesiebtes Zooplankton, später zerkleinerte Bachröhrenwürmer. Ersteinfuhr: 1895.

Die Jungfische sind bräunlich und weisen einige dunkle Querstreifen auf. Bei älteren Exemplaren ist die Stirn stark gewölbt und bildet einen Fetthöcker. Die Fische sind gegenüber niedrigen Temperaturen widerstandsfähig. Das Männchen baut an der Wasseroberfläche ein kegelförmiges, mit Pflanzenteilen verfestigtes Schaumnest, in das das Weibchen während des Laichens mehr als 1000 Eier abgibt. Gelege und geschlüpfte Larven werden vom Männchen gepflegt. Die jungen Fische wachsen schnell und erreichen im zweiten Lebensjahr eine Gesamtlänge von 30 cm. Ältere Fische leben einzelgängerisch.

Osphronemidae

1 juv.

Familie *Gobiidae* — Grundeln

Die meisten Arten leben im seichten Wasser an den Küsten warmer Meere, einige Arten leben auch im Brackwasser von Flußmündungen oder dringen ins Süßwasser vor. Die Bauchflossen sind in der Regel teilweise oder ganz zu einer Saugscheibe verwachsen, mit der sich die Fische an der Unterlage festhalten können, oder die ihnen zusammen mit den Brustflossen als Stützorgan bei der Fortbewegung auf dem Grund dient. Die Fische besitzen zwei Rückenflossen, die erste hat nur Hartstrahlen, die zweite verzweigte Weichstrahlen. Die Schwanzflosse ist abgerundet.

1 Goldringelgrundel
Brachygobius xanthozona (BLEEKER, 1849)

Grundeln
Gobiidae

Syn.: *Gobius xanthozona, Thaigobiella sua*

Vorkommen: Thailand, Südvietnam, Malaiische Halbinsel und Große Sundainseln, in Süß- und Brackwasser. Gesamtlänge 4 cm. Nahrung: Lebendfutter. Artenbecken. Zuchtbecken: 20 l, auf dem Boden Hohlräume und Überhänge. Sexualdimorphismus: Undeutlich. Verhältnis der Geschlechter: 1 : 1. Zuchtbedingungen: 26–30 °C; pH 7,0–8,5; dKH bis 4°; dGH 20–30° + 1 Eßlöffel NaCl je 10 l Wasser, wir filtern über Aktivkohle. Eier: Weißlich, tropfenförmig mit einem Durchmesser von 1 mm, Inkubationsdauer 5–6 Tage. Anfüttern der Brut: Schwierig; Rädertierchen, kleinste Nauplien von *Cyclops* und *Artemia*. Ersteinfuhr: 1905, J. Reichelt, Berlin.

Das Weibchen legt an die Decke einer Höhlung 100–150 Eier. Der Laichplatz wird vom Männchen gepflegt. Die geschlüpften Larven besitzen keinen Dottersack und nehmen sofort Nahrung auf.

Familie *Eleotridae* — Schläfergrundeln

Diese Fische leben am Grund, die meisten von ihnen in seichtem Meerwasser in Küstennähe oder im Brackwasser, nur einige Arten sind ausgesprochene Süßwasserfische. Bei ihnen sind die Bauchflossen im Unterschied zur verwandten Familie *Gobiidae* immer völlig getrennt. Die Fische besitzen zwei Rückenflossen, von denen die erste harte, die zweite verästelte, weiche Strahlen aufweist. Die Schwanzflosse ist abgerundet.

2 Gefleckte Schläfergrundel
Dormitator maculatus (BLOCH, 1785)

Schläfergrundeln
Eleotridae

Syn.: *D. gundlaichi, D. lineatus, D. microphthalmus, Sciaena maculata, Eleotris latifrons, E. megiloides, E. omocyaneus, E. quadriquama, E. sima, E. somnolentus*

Vorkommen: Atlantikküste – von Carolina (USA) über Mexiko bis nach Brasilien. Die Fische leben vor allem im Meer- und Brackwasser und dringen nur kurzzeitig auch in Süßwasser vor. Gesamtlänge: 25 cm. Nahrung: Lebendfutter. Artenbecken. Zuchtbecken: Wenigstens 100 l, auf dem Boden mit einer Schicht feinen Sandes, flachen Steinen und genügend Wurzeln, gute Aktivkohlefilterung. Sexualdimorphismus: Das Männchen ist dunkler gefärbt und dichter gefleckt, das Weibchen ist in der Bauchpartie sehr umfangreich. Verhältnis der Geschlechter: 1 Männchen : 3–4 Weibchen Zuchtbedingungen: 25 °C, Brack- oder Meerwasser, gut mit Sauerstoff versorgt. Eier: Klein, Inkubationsdauer 25–26 Stunden. Anfüttern der Brut: *Artemia*-Nauplien. Ersteinfuhr: 1961.

Die Fische sind nicht in der Lage, sich an Süßwasser zu adaptieren. Vor dem Laichen säubern beide Partner eine feste Unterlage (Stein), auf die dann das Weibchen die Eier in Reihen anbringt. Wir können die einzelnen Gelege in selbständige Becken übertragen.

Gobiidae Eleotridae

Familie *Mastacembelidae* — Stachelaale

Die Vertreter dieser Familie sind Fische, deren Körperbau an Aale erinnert. Sie leben in Süß- und Brackwasser in Südostasien und Afrika. Die Rücken- und Afterflosse haben verzweigte Strahlen und bilden einen Saum, der in der Regel mit der Schwanzflosse verbunden ist. Vor dem Rückenflossensaum befinden sich aufstellbare Dornen. Der Kopf ist spitz und mit einem weit über das Maul hinausstehenden Rüssel versehen, der als Tastorgan dient. Es sind Dämmerungsfische mit Nachtaktivität. Sie bewohnen vor allem bewachsene Küstenzonen.

1 Augenfleck-Stachelaal
Macrognathus aculeatus (BLOCH, 1788)

Stachelaale
Mastacembelidae

Syn.: *M. maculatus*

Vorkommen: Thailand, Sumatra, Java, Borneo, Molukken, im Süß- und Brackwasser. Gesamtlänge: 35 cm. Nahrung: Lebendfutter — Würmer, Larven, kleine Fischbrut. Artenbecken. Zuchtbecken: 200–300 l, ohne Sand, ein Umwälzfilter simuliert fließendes Wasser, nahe der Wasserströmung bringen wir Farne der Gattung *Bolbitis* oder *Microsorium* an. Sexualdimorphismus: Undeutlich, Verhältnis der Geschlechter: 2 Männchen : 1 Weibchen. Zuchtbedingungen: 26–28 °C; pH 7,0–7,5; dKH < 2°; dGH 8°. Rogen: Klebrig, klar, Durchmesser 1 mm, Inkubationsdauer 24 Stunden. Anfüttern der Brut: *Artemia*-Nauplien. Ersteinfuhr: 1922. Erste Fortpflanzung in der Gefangenschaft: 1981, ehem. UdSSR, M. Lichatschew und Brüder Kotschetow.

Die Fische sind mit einer Größe von 20 cm geschlechtsreif. Der Laicherfolg wurde bis jetzt nur durch Hypophysation mit Karpfenhypophyse erreicht. Vor dem Laichen schwimmen die Fische gemeinsam am Grund entlang, die Männchen an den Seiten, das Weibchen in der Mitte. Der eigentliche Laichakt erfolgt in schattigen Beckenpartien nahe der Wasserströmung. Das Laichen dauert mehrere Stunden und das Weibchen legt 2000–5000 Eier ab. Wir übertragen die Pflanzen mit den daran klebenden Eiern in selbständige Becken. 6 Tage nach dem Schlüpfen geht die Brut auf exogene Ernährung über.

2 Gürtelstachelaal
Mastacembelus circumcinctus HORA, 1924

Stachelaale
Mastacembelidae

Vorkommen: Südostthailand. Gesamtlänge: 16 cm. Nahrung: Lebendfutter. Artenbecken. Zuchtbecken: 100–200 l mit Schutzgitter, wir bringen auf dem Gitter Blumentopfstücke so an, daß zwischen den Scherben und dem Gitter niedrige Hohlräume entstehen, wir belüften oder filtern ausgiebig, gedämpfte Beleuchtung. Sexualdimorphismus: Das Weibchen ist während der Laichzeit erheblich umfangreicher. Verhältnis der Geschlechter: 1 : 1, eventuell 2 Männchen : 1 Weibchen. Zuchtbedingungen: 26–28 °C; pH 7,0–7,5; dKH < 2°; dGH 8°. Eier: Inkubationsdauer 6 Tage. Anfüttern der Brut: *Artemia*-Nauplien. Ersteinfuhr: ? Erste Fortpflanzung in der Gefangenschaft: 1981, ehem. UdSSR, M. Lichatschew und Brüder Kotschetow.

Auch diese Art laichte in der Gefangenschaft erst nach der Hypophysation der reifen Generationsfische ab. Das Laichen erfolgt in Hohlräumen; da die Elternfische das Gelege gierig auffressen, schützen wir die Eier durch ein Gitter. Das Weibchen gibt ungefähr 400 Eier ab. Die Larven schwimmen schon einige Stunden nach dem Schlüpfen frei und nehmen Nahrung auf. Die Brut wächst langsam.

Mastacembelidae

1 Rotstreifen-Stachelaal, Feueraal
Mastacembelus erythrotaenia BLEEKER, 1850

Stachelaale
Mastacembelidae

Syn.: *Macrognathus erythrotaenia*

Vorkommen: Thailand, Burma, Sumatra, Borneo. Gesamtlänge: 100 cm. Nahrung: Lebendfutter, vor allem Würmer, Larven von Wasserinsekten und kleine Fische, zur Not in Streifen geschnittenes Rinderherz. Artenbecken, auf dem Boden eine Sandschicht, der Sand darf nicht scharfkörnig sein, genügend Schlupfwinkel – Dränröhren, zerbrochene Blumentöpfe usw., Beleuchtung diffus (Schwimmpflanzen), leistungsstarker Filter; geräumige, gut mit Glas abgedeckte Aquarien. Sexualdimorphismus: Nur bei reifen Tieren erkennbar; das Weibchen ist dann in der Bauchpartie fülliger. Wasser: 24–28 °C; dKH 2–3°; dGH bis 15°, wir setzen je 10 l Wasser 1–2 Teelöffel Meersalz oder NaCl zu. Diese Art wurde bis jetzt in der Gefangenschaft noch nicht vermehrt. Ersteinfuhr: 1970?

Diese Fische sind innerhalb der Art sehr aggressiv, und wir halten sie deshalb nur in kleinen Gruppen und in größeren Aquarien oder Bassins. Da sie sich mit dem ganzen Körper einwühlen, darf das Bodensubstrat nicht scharfkörnig sein. *M. erythrotaenia* gehört zu den empfindlichen Arten, vor allem gegenüber Verletzungen und der Invasion von Ektoparasiten.

2 Stachelaal, Riesenstachelaal
Mastacembelus armatus GÜNTHER, 1861

Stachelaale
Mastacembelidae

Syn.: *Macrognathus armatus*

Vorkommen: Indien, Sri Lanka, Südchina, Sumatra. Gesamtlänge: 75 cm. Nahrung: Lebendfutter, Larven von Wasserinsekten, vor allem Rote Mückenlarven und kleine Fische. Artenbecken mit 1000 l und mehr Inhalt, nicht sehr tief, gut abgedeckt, da sonst die Fische herausspringen. Auf dem Boden eine 10 cm hohe Schicht aus feinem Kies, Schlupfwinkel und Höhlen, eventuell zerbrochene Blumentöpfe oder Dränröhren, gedämpfte Beleuchtung. Sexualdimorphismus: Undeutlich; das Weibchen ist nur während der Laichzeit wesentlich umfangreicher. Verhältnis der Geschlechter: 1 : 1. Wasser: 22–28 °C; pH 7,0; dKH 2°; dGH 10°, wir setzen je 10 l Wasser 1–2 Teelöffel NaCl oder Meersalz zu. Die Aufzucht in der Gefangenschaft ist offensichtlich noch nicht gelungen. Ersteinfuhr: 1922.

In den Becken halten wir nur eine kleine Besatzung, denn die Fische sind innerhalb der Art unverträglich. Sie graben sich tagsüber in den Boden ein oder suchen andere Verstrecke auf.
Die Gattung *Mastacembelus* wird von mehr als 30 Arten vertreten, die in den Süß- und Brackgewässern Asiens und Afrikas leben. Von den asiatischen Arten nennen wir: *M. argus* GÜNTHER, 1961 (21 cm), *M. circumcinctus* HORA, 1924 (16 cm), und *M. taeniagaster* FOWLER, 1934 (?). 1923 teilte Hora die Art *M. armatus* in zwei Unterarten auf: *M. armatus armatus* und *M. armatus favus* HORA, 1923.

Mastacembelidae

Familie *Tetraodontidae*   Kugelfische

Diese Familie umfaßt meistens Arten, die in den tropischen und subtropischen Meeren verbreitet sind, nur ein geringer Teil von ihnen lebt in Süßgewässern, zum Beispiel in afrikanischen und asiatischen Flüssen. Der Körper der Fische ist nicht gepanzert, die Haut ist nackt. Sie haben am Darm Bläschen, die sie mit Luft oder Wasser füllen können, bis sie Kugelform erreichen. Die so aufgeblasenen Fische mancher Arten können auch Hautdornen aufrichten, die als wirksame Abwehrwaffe dienen. Das aufgenommene Wasser oder die Luft können augenblicklich wieder ausgestoßen werden.

Bei der Jagd ihrer spezifischen Nahrung, zum Beispiel von Weich-, Schalen- und Korallentieren, bedienen sich die Fische eines besonders ausgebildeten Gebisses, bei dem der Ober- und Unterkiefer jeweils aus zwei Platten verwachsener Zähne bestehen. Das Gebiß wird von einer starken Muskulatur beherrscht und wirkt wie eine Zange, mit der die Gehäuse, Korallen und Panzer von Krabben zerquetscht werden können.

1 Kammkugelfisch
Carinotetraodon somphongsi (KLAUSEWITZ, 1957)
Kugelfische
Tetraodontidae

Syn.: *Tetraodon somphongsi, Carinotetraodon chlupatyi*

Vorkommen: Thailand (nur in Süßgewässern). Gesamtlänge: 6,5 cm. Nahrung: Lebendfutter (Schnecken, Würmer, Bachröhrenwürmer). Artenbecken. Zuchtbecken: 50–100 l mit genügend Schlupfwinkeln und Pflanzendickichten. Sexualdimorphismus: Beim Männchen sind die Strahlen der Rückenflosse rostrot, die Schwanzflosse ist weiß und dunkel gesäumt, die Gesamtfärbung ist graugetönt; das Weibchen ist heller, seine Zeichnung auf der oberen Körperhälfte ist markanter. Verhältnis der Geschlechter: 1 : 1. Zuchtbedingungen: 26–28 °C; pH 6,5–7,0; dKH bis 2°. Eier: Durchmesser ca. 0,5 mm, weißlich durchsichtig, stark klebend, Inkubationsdauer 60–72 Stunden. Anfüttern der Brut: *Cyclops*-Nauplien. Ersteinfuhr: 1957, Fa. Tropicarium Frankfurt/M.

2 Grüner Kugelfisch
Tetraodon fluviatilis (HAMILTON-BUCHANAN, 1822)
Kugelfische
Tetraodontidae

Syn.: *T. potamophilus, Arothron dorsovittatus, A. simulans, Crayracion fluviatilis, Dichotomycter fluviatilis, Tetrodon fluviatilis, T. nigroviridis, T. simulans*

Vorkommen: Südöstliches Asien von Indien bis zu den Philippinen, Süß- und brackige Gewässer. Gesamtlänge: 17 cm. Nahrung: Siehe *T. palembangensis*. Artenbecken. Zuchtbecken: 200 l für ein Paar, steiniger Boden, genügend Schlupfwinkel. Sexualdimorphismus: Nicht bekannt. Verhältnis der Geschlechter: 1 : 1. Zuchtbedingungen: Brackwasser, 26–28 °C; pH 7,0–8,0. Eier: Inkubationsdauer 4–5 Tage? Anfüttern der Brut: *Artemia*-Nauplien. Ersteinfuhr: 1905, Julius Reichelt, Berlin.

3 Palembang-Kugelfisch
Tetraodon steindachneri BLEEKER, 1852
Kugelfische
Tetraodontidae

Syn.: *Crayracion palembangensis, Tetrodon palembangensis*

Vorkommen: Südostasien, Süß- und Brackwasser. Gesamtlänge: 20 cm. Nahrung: Gröberes Lebendfutter, Larven von Wasserinsekten, Würmer, Schnecken, Muskulatur von Muscheln, Rindfleisch und Leber, auch granuliertes künstliches Futter. Artenbecken mit ca. 500 l Inhalt, steinig-sandiger Boden, genügend Schlupfwinkel. Zuchtbecken: Siehe Artenbecken. Sexualdimorphismus: Monomorphe Fische. Verhältnis der Geschlechter: 1 : 1. Wasser: 24–28 °C; pH 7,0–8,0, wir setzen je 10 l Wasser 1 Eßlöffel NaCl zu. Über die Aufzucht in der Gefangenschaft ist nichts bekannt. Ersteinfuhr: 1953, Fa. Mühlhäuser, Schopfheim/Baden.

Tetraodontidae

Register der deutschen Namen

Achtbindenbuntbarsch 202
Afrikanischer Großschuppensalmler 48
Agassiz' Zwergbuntbarsch 190
Ährenfisch, Madagaskar- 120
Ährenfisch, Rotschwanz- 120
Antennenweis, Blauer 114
Antennenweis, Borstiger 112
Augenfleckbuntbarsch 202
Augenfleck-Maulbrüter 228
Augenfleck-Prachtbarsch 248
Australischer Perlmutterregenbogenfisch 122
Axelrods Panzerwels 100

Bachling, Kuba- 132
Bachling, Martinique- 132
Banderolenkärpfling 174
Bänder-Panzerwels 98
Beilbauchfisch, Marmorierter 62
Bitterlingsbarbe 74
Blattfisch 180
Blaubarsch 182
Blauer Antennenwels 114
Blauer Kongocichlide 238
Blauer Kongosalmler 50
Blauer Malawibuntbarsch 242
Blauer Neon 24
Blauer Prachtgrund-Kärpfling 148
Blauer Prachtkärpfling 134
Blaupunktbarsch 186
Blaupunktbuntarsch 186
Blutsalmler 28
Borellis Zwergbuntbarsch 192
Borneodornauge 94
Borstiger Antennenwels 112
Brabantbuntbarsch 256
Brabantbuntbarsch, Weißpunkt- 254
Brauner Diskusfisch 22
Brillantsalmler 40
Brokatbarbe 76
Buckelkopfbuntbarsch 252
Buntbarsch, Feuerkopf- 204
Buntbarsch, Getupfter 204
Buntbarsch, Reitzigs 190
Buntbarsch, Salvins 202
Buntbarsch, Variabler 198
Bunter Prachtkärpfling 136
Burtons Maulbrüter 228
Buschfisch, Leopard- 260
Buschfisch, Orange- 260
Buschfisch, Pfauenaugen- 258

Buschfisch, Schwanzfleck- 258

Cauca-Raubglassalmler 44
Celebes Segelfisch 126
Celebes Sonnenstrahlfisch 126
Chanchito 196
Costello-Salmler 16

Danio, Leopard- 64
Delphinbuntbarsch 184
Diagonal-Panzerwels 96
Dickkopf-Scheibensalmler 54
Dicklippiger Fadenfisch 270
Diskus, Echter 222
Diskusfisch, Blauer 222
Diskusfisch, Brauner 222
Dornauge, Myers 94
Drachenflosser 46
Dreibandbarbe 72
Dreibandsalmler 24

Echter Diskus 222
Eilandbarbe 74
Einbinden-Ziersalmler 58
Erdfresser 208
Espes Ziersalmler 60

Fächerfisch, Schwarzer 144
Fadenfisch, Blauer 276
Fadenfisch, Dicklippiger 270
Fadenfisch, Gestreifter 270
Fadenfisch, Marmorierter 276
Fadenfisch, Mondschein- 280
Fadenfisch, Punktierter 276
Fadenfisch, Wulstlippiger 270
Fadenprachtkärpfling 138
Fahnen-Kirschflecksalmler 28
Falscher Ulrey 24
Feenbarsch 234
Felsen-Kammbuntbarsch 206
Feueraal 294
Feuerkopf-Buntbarsch 204
Feuermaulbuntbarsch 200
Feuerschwanz-Fransenlipper 84
Flaggensalmler 20
Flaggensalmler, Schwarzer 24
Fleckensalmler 14
Flitterkärpfling 174
Flossenblatt, Seba- 178
Foersch's Prachtgrundkärpfling 150
Forellensalmler 56
Fransenflosser 46
Fransenlipper,

Feuerschwanz- 84
Fransenlipper, Grüner 84
Friedlicher Kämpfer 266
Fünffleckenbuntbarsch 230
Fünfstreifen-Tanganjikabuntbarsch 232

Gabelschwanzbuntbarsch 234
Gabelschwanz-Schachbrettcichlide 206
Gebänderter Prachtkärpfling 136
Gebänderter Ziersalmler 60
Gefleckte Schläfergrundel 290
Gefleckter Kaudi 162
Gefleckter Sägesalmler 54
Gelber Maulbrüter 244
Gelber Salmler 32
Gelber von Rio 32
Gelb-Roter Moorei 256
Gemalter Panzerwels 110
Gemeiner Silberbeilbauchfisch 62
Georgettisalmler 30
Gestreckter Schabemundmaulbrüter 236
Gestreifter Fadenfisch 270
Gestreifter Saugwels 116
Gestreifter Zwergbuntbarsch 210
Getüpfelter Schielenwels 110
Getupfter Buntbarsch 204
Ghana-Prachtkärpfling 136
Glänzender Zwergbuntbarsch 210
Glassalmler, Kleinschuppiger 44
Glassalmler, Rotflossen- 12
Glühlichtsalmler 16
Goldcichlide, Tanganjika- 232
Goldfasan-Prachtkärpfling 134
Goldflecksalmler, Roter 32
Goldringelrundel 290
Großer Maulbrüter 264
Großer Regenbogenfisch 120
Großflosser 272
Großschuppensalmler, Afrikanischer 48
Grüner Fransenlipper 84
Grüner Kugelfisch 296
Grüner Neon 16
Grüner Panzerwels 108
Grünflossenbuntbarsch 200
Guatemalakärpfling 162
Guppy 156
Gurami, Blauer 276
Gurami, Knurrender 284
Gurami, Küssender 286
Gurami, Malaischer 282

Gurami, Mondschein 280
Gürtelstachelaal 292

Haken-Scheibensalmler 54
Halbschnäbler, Hechtköpfiger 130
Hanischwels, Zwerg- 118
Hechtkärpfling 160
Hechtköpfiger Halbschnäbler 130
Helleri 164
Hoher Segelflosser 212
Honkongbarbe 76
Honiggurami 270

Kaiser 256
Kaisersalmler 36
Kaisertetra 36
Kammbuntbarsch, Felsen- 206
Kammkugelfisch 296
Kammschuppen-Regenbogenfisch 124
Kämpfer, Friedlicher 266
Kampffisch 262
Kampffisch, Kleiner 266
Kampffisch, Maulbrütender 264
Kampffisch, Smaragd- 264
Kap Lopez 136
Kardinaltetra 42
Karfunkelsalmler 20
Kärpfling, Leuchtaugen- 160
Kaudi, Gefleckter 162
Keilfleckbärbling 86
Keilfleckrasbora 86
Kigoma 256
Kirschflecksalmler, Fahnen- 28
Klees Zwergbuntbarsch 192
Kleiner Kampffisch 266
Kleiner Maulbrüter 246
Kleiner Nadelwels 118
Kleinschuppiger Glassalmler 44
Kletterfisch 260
Knurrender Gurami 284
Knurrender Zwerggurami 284
Kongocichlide, Blauer 238
Kongocichlide, Roter 238
Kongosalmler, Blauer 50
Königscichlide 248
Königssalmler 36
Kopfbinden-Panzerwels 96
Kopfsteher, Punktierter 50
Kuba-Bachling 132
Kugelfisch, Grüner 296
Kugelfisch, Palemberg- 296
Kupfermaulbrüter 246
Küssender Gurami 286

Lachsroter Regenbogenfisch 124
Lake Wanam-

Regenbogenfisch 124
Langbärtiger Panzerwels 110
Langflossensalmler 48
Längsbandziersalmler 60
Laternensalmler 14
Leopard-Buschfisch 260
Leopard-Danio 64
Leopard-Panzerwels 106
Leuchtaugen-Kärpfling 160

Madrashechtling 142
Makropode 272
Makropode, Schwarzer 272
Malaiischer Gurami 282
Malawibuntbarsch, Blauer 242
Maulbinden-Rotbrustbuntbarsch 186
Marmorierter Beilbauchfisch 62
Marmorierter Fadenfisch 276
Marmorierter Panzerwels 108
Marmorierter Prachtkärpfling 140
Maronibuntbarsch 188
Martinique Bachling 132
Maulbinden-Rotbrustbuntbarsch 186
Maulbrütender Kampffisch 264
Maulbrüter, Augenfleck- 228
Maulbrüter, Brutons 228
Maulbrüter, Gelber 244
Maulbrüter, Großer 264
Maulbrüter, Kleiner 246
Maulbrüter, Mosambik- 250
Maulbrüter, Vielfarbiger 246
Messerbuntbarsch 228
Messingbarbe 76
Messingmaulbrüter 246
Messingtetra 32
Metall-Panzerwels 102
Metapanzerwels 104
Millionenfisch 156
Mondschein-Fadenfisch 280
Mondschein-Gurami 280
Moenkhausia, Rotaugen- 40
Montezuma-Schwertträger 172
Moorei, Gelb-Roter 256
Moosbarbe 78
Mosaikfadenfisch 282
Mosambikbuntbarsch 252
Mosambik-Maulbrüter 252
Mühlsteinsalmler, Rotflossiger 54
Myers Dornauge 94

Nadelwels, Kleiner 118
Nanderbuntbarsch 234
Natterers Sägesalmler 52

Neon, Blauer 24
Neon, Grüner 16
Neon, Roter 42
Neonfisch 42
Neontetra 42
Netz-Panzerwels 98
Netzschmerle 92

Orange II. 256
Orange-Buschfisch 260

Palembang-Kugelfisch 296
Panzerwels, Axelrods 100
Panzerwels, Bänder- 202
Panzerwels, Diagonal- 96
Panzerwels, Gemalter 110
Panzerwels, Grüner 108
Panzerwels, Kopfbinden- 96
Panzerwels, Langbärtiger 110
Panzerwels, Leopard- 106
Panzerwels, Marmorierter 104
Panzerwels, Metall- 102
Panzerwels, Netz- 98
Panzerwels, Punktierter 96
Panzerwels, Rosafarbener 100
Panzerwels, Schabracken- 108
Panzerwels, Schraffierter 100
Panzerwels, Schwanzstreifen- 110
Panzerwels, Schwarzbinden- 106
Panzerwels, Schwarzrücken- 104
Panzerwels, Sichelfleck- 106
Panzerwels, Smaragd- 108
Panzerwels, Stromlinien- 100
Papageienplaty 172
Paradiesfisch 272
Perez-Salmler 28
Perlcichlide 196
Perlmuttercichlide 196
Perlmutterregenbogenfisch, Australischer 122
Peru-Rotmaulsalmler 22
Pfauenaugenbuntbarsch 194
Pfauenaugen-Buschfisch 258
Pfauenaugenkammbarsch 206
Phantomsalmler, Roter 34
Phantomsalmler, Schwarzer 34
Piku 142
Pinguinsalmler 44
Piranha, Roter 52, 54
Platy 168
Pompadurfisch 222
Prachtbarbe 68

Prachtbarsch, Augenfleck- 248
Prachtbarsch, Roloffs 250
Prachtbarsch, Rotvioletter 248
Prachtfundulus, Rachovs 148
Prachtglanzbarbe 72
Prachtgrundkärpfling, Blauer 148
Prachtgrundkärpfling, Foersch's 150
Prachtkärpfling, Blauer 134
Prachtkärpfling, Bunter 136
Prachtkärpfling, Gebänderter 136
Prachtkärpfling, Ghana- 136
Prachtkärpfling, Goldfasan- 134
Prachtkärpfling, Marmorierter 140
Prachtkärpfling, Stahlblauer 140
Prachtkärpfling, Walkers 136
Prachtregenbogenfisch 128
Prachtschmerle 92
Prinzessin von Burundi 234
Punktierter Fadenfisch 276
Punktierter Kopfsteher 50
Punktierter Panzerwels 96
Purpurkopfbarbe 66
Purpurprachtbarsch 248

Querbandhechtling 146
Querbinden-Zwergbuntbarsch 192

Rachovs Prachtfundulus 148
Raubsalmler, Zweitupfen- 38
Rautenflecksalmler 18
Regenbogenfisch, Großer 120
Regenbogenfisch, Kammschuppen- 124
Regenbogenfisch, Lachsroter 124
Regenbogenfisch, Lake Wanam- 124
Regenbogenfisch, Roter Guinea 124
Regenbogentetra 34
Reitziges Buntbarsch 190
Riesenkampffisch 266
Riesenstachelaal 294
Ringelhechtling 146
Roloffs Prachtbarsch 250
Rosafarbener Panzerwels 100
Rostpanzerwels 104
Rotaugen-Moenkhausia 40
Rotbrustbuntbarsch 200
Rotbrustbuntbarsch, Maulbinden 186
Rotbuckelbuntbarsch 208

Roter Goldflecksalmler 32
Roter Guinea-Regenbogenfisch 124
Roter Kongocichlide 238
Roter Neon 42
Roter Phantomsalmler 34
Roter Piranha 52, 54
Roter Spitzschwanzmakropode 274
Roter von Rio 32
Roter Zwergfadenfisch 268
Rotflossen-Glassalmler 12
Rotflossensalmler 12
Rotflossiger Mühlsteinsalmler 54
Rotmaulsalmler 22
Rotmaulsalmler, Peru- 22
Rotschwanz-Ährenfisch 120
Rotstreifen-Stachelaal 294
Rotvioletter Prachtbarsch 248
Rubinsalmler 48

Sägesalmler, Gefleckter 54
Sägesalmler, Natterers 52
Salmler, Costello- 16
Salmler, Gelber 32
Salmler, Ulrey's 20
Salvins Buntbarsch 202
Saugwels, Gestreifter 116
Schabemundbuntbarsch 236
Schabemundmaulbrüter, Gestreckter 236
Schabracken-Panzerwels 108
Schachbrettcichlide, Gabelschwanz- 206
Schachbrett-Schlankcichlide 224
Schachbrettschmerle 92
Schaufelfadenfish 280
Scheibenbarsch 176
Scheibensalmler, Dickkopf- 54
Scheibensalmler, Haken- 54
Scheibensalmler, Schreitmüllers 54
Schläfer 226
Schläfergrundel, Gefleckte 290
Schlangenhautfadenfisch 280
Schlankcichlide, Schachbrett- 224
Schlankcichlide, Schwarzweißer 224
Schlußlichtsalmler 14
Schmetterlingsährenfisch 126
Schmetterlingsbuntbarsch, Südamerikanischer 210
Schmucksalmler 30
Schokoladengurami 282
Schönflossenbärbling 86
Schönflossenrasbora 86
Schönflossensalmler 26
Schraffierter Panzerwels 100
Schrägschwimmer 44
Schreitmüllers

Scheibensalmler 54
Schrot-Schwielenwels 110
Schulterfleckbuntbarsch 198
Schwanzfleck, Buschfisch- 258
Schwanzfleckbärbling 88
Schwanzstreifen-Panzerwels 110
Schwanzstrichsalmler 16
Schwarzbandbarbe 72
Schwarzbandsalmler 26
Schwarzbarsch 176
Schwarzbunden-Panzerwels 106
Schwarzer Fächerfisch 144
Schwarzer Flaggensalmler 24
Schwarzer Makropode 272
Schwarzer Neon 24
Schwarzer Phantomsalmler 34
Schwarzer Spitzschwanzmakropode 274
Schwarzrücken-Panzerwels 104
Schwarzschwingen-Beilbauchfisch 62
Schwarzweißer Schlankcichlide 224
Schwertträger 164
Schwertträger, Montezuma- 172
Schwielenwels, Getüpfelter 110
Schwielenwels, Schrot- 110

Seba-Flossenblatt 178
Segelfisch, Celebes 126
Segelflosser 214
Segelflosser, Hoher 212
Segelkärpfling 152
Sichelfleck-Panzerwels 106
Silberbeilbauchfisch 62
Silberflossenblatt 178
Skalar 214
Smaragdbetta 264
Smaragd-Kampffisch 264
Smaragd-Panzerwels 108
Smaragdprachtbarsch 250
Sonnenfleckbarbe 66
Sonnenstrahlfisch, Celebes 126
Speisegurami 288
Spiegelkärpfling 168
Spitzmaulkärpfling 154
Spitzmaul-Ziersalmler 58
Spitzschwanzmakropode, Roter 274
Spitzschwanzmakropode, Schwarzer 274
Spritzsalmler 56
Stachelaal 294
Stachelaal, Augenfleck- 292
Stachelaal, Rotstreifen- 294
Stahlblauer Prachtkärpfling 140
Sternfleckensalmler 46
Streifenhechtling 142
Streifenprachtbarsch 250
Stromlinien-Panzerwels 100
Südamerikanischer

Schmetterlingsbuntbarsch 210
Südamerikanischer Vielstachler 180
Sumatrabarbe 78
Sumatradornauge 94

Tanganjikabuntbarsch, Fünfstreifen- 232
Tanganjika-Goldcichlide 232
Teufelsangel 208
Trauermantelsalmler 38
Triangel 156
Tüpfelantennenwels 112
Tüpfelbuntbarsch 188

Ulrey, Falscher 24
Ulrey's Salmler 20

Variabler Buntbarsch 198
Vielfarbiger Maulbrüter 246
Vielfleckkärpfling 162
Vielstachler, Südamerikanischer 180
Viergürtelbarbe 78

Walkers Prachtkärpfling 136
Wasserstieglitz 46
Weißkehlbarsch 252
Weißpunkt-Brabantbuntbarsch 254
Wulstlippiger Fadenfisch 270

Zahnleistenhalb-

schnäbler 130
Zebrabärbling 64
Zebrabuntbarsch 200
Ziegelsalmler 32
Ziersalmler, Einbinden- 58
Ziersalmler, Espes 60
Ziersalmler, Gebänderter 60
Ziersalmler, Spitzmaul- 58
Ziersalmler, Zwerg- 60
Zimtprachtkärpfling 138
Zitronensalmler 26
Zweitupfen-Raubsalmler 38
Zwergbärbling 88
Zwergbarsch 176
Zwergbuntbarsch, Agassiz' 190
Zwergbuntbarsch, Borellis 192
Zwergbuntbarsch, Gestreifter 210
Zwergbuntbarsch, Glänzender 210
Zwergbuntbarsch, Klees 192
Zwergbuntbarsch, Querbinden- 192
Zwergfadenfisch 268
Zwergfadenfisch, Roter 268
Zwerggurami, Knurrender 284
Zwerg-Harnischwels 118
Zwerghechtling 146
Zwergpanchax 142
Zwergpanzerwels 98
Zwergregenbogenfisch 122
Zwergschmerle 92
Zwergziersalmler 60

Register der lateinischen Namen

Acanthocephalus guppii 156
– reticulatus 156
Acanthopodus argenteus 178
Acanthophthalmus kuhlii sumatranus 94
– myersi 94
– shelfordii 94
Acara crassipinnis 194
– curiceps 188
– faceta 196
– maroni 188
– ocellatus 194
– punctulata 210
– spuria 202
Adiniops rachovi 148
Aequidens awani 184
– itanyi 184
– latifrons 186
– maroni 188
– pulcher 186
Alestes longipinnis 48
Alestopetersius interruptus 50
Altolamprologus compressiceps 234
Ameca splendens 174
Amphilophus froebelii 198
Amphiprion scausor 260
– testudineus 260
Anabas anrorgii 260
– elongatus 260
– macrocephalus 260
– microcephalus 260
– oligolepus 260
– oxyrhynchus 258
– scandens 260
– spinosus 260
– testudineus 260
– trifoliatus 260
– variegatus 260
Anacyrtus microlepis 44
Ancistrus cirrhosus 114
– dolichopterus 114
– leucostictus 112
– multispinis 112
Antias testudineus 26
Aphyocharax affinis 12
– analialbis 12
– analis 12
– anisitsi 12
– filigerus 12
– rathbuni 14
– rubripinnis 12
Aphyosemion australe 136
– cinnamomeum 138
– coerule 134
– filamentosum 138
– gardneri gardneri 140
– litoriseboris 136
– marmoratum 140
– nigerianum 140
– occidentalis 140
– sjoestedti 140

– spurelli 136
– walkeri walkeri 136
Apistogramma agassizi 190
– borelli 192
– kleei 192
– ramirezi 210
– reitzigi 190, 192
– ritenze 192
Aplocheilus affinis 142
– blocki 142
– lineatus 142
– parvus 142
– rubrostigma 142
– vittatus 142
Apomotis chaetodon 176
Arnoldichthys spilopterus 48
Arothron dorsovittatus 296
– simulans 296
Astatotilapia burtoni 228
Astronotus acaroides 196
– autochthon 196
– efasciatus 202
– erythraeus 198
– facetus 196
– labiatus 198
– lobochilus 198
– nigrofasciatus 200
– oblongus 196
– ocellatus 192
– salvini 202
– severus 202
– trimaculatus 198
Atherina signata 126

Badis badis 182
– burmanicus 182
– buchanami 182
Barbus arulius 72
– conchonius 68
– fasciolatus 76
– filamentosus 70
– frenatus 74
– mahecola 70
– nigrofasciatus 66
– oligolepis 74
– semifasciolatus 'schuberti' 76
– stoliczkanus 66
– tetrazona 78
– – tetrazona 78
– ticto stoliczkanus 66
– titteya 74
– zelleri 72
Bedotia geayi 120
Belonesox belizanus 160
Bergia altipinnis 46
Betta brederi 264
– imbellis 266
– ocellata 266
– pugnax 262, 264
– rubra 262
– smaragdina 264
– splendens 262
– trifasciata 262

– unimaculata 266
Biotodoma agassizi 190
Bleptonema amazoni 12
Botia lohachata 92
– macracantha 92
– sidthimunthi 92
Brachydanio frankei 64
– rerio 64
Brachygobius xanthozona 290
Brochis coeruleus 108
– dipterus 108
– splendens 108
Brycinus longipinnis 48
Bryconalestes longipinnis 48
Bryttus chaetodon 176

Callichtys adspersus 110
– aeneus 102
– barbatus 108
– exaratus 110
– longifilis 110
– paleatus 108
– personatus 110
– splendens 108
– thoracatus 110
Capoeta guentheri 76
– oligolepis 74
– 'schuberti' 76
– tetrazona 78
Carassius var. bicaudatus 80, 82
Carinotetraodon chlupatyi 296
– somphongsi 296
Carnegiella marthae marthae 62
– strigata 62
– vesca 62
Cataphractus punctatus 96
Centrarchus natatus 202
Centrogaster rhombeus 178
Centropodus rhombeus 178
Chaenothorax bicarinatus 108
– semiscutatus 108
Chaenotropus punctatus 50
Chaetodon argenteus 178
Chaetostomus dolichpterus 114
– nigrolineatus 114
Chlacinopelecus argentinus 46
Cheirodon axelrodi 42
Chilodus punctatus 50
Chromichthys elongatus 20
Chromis burtoni 228
– dumerili 250
– facetus 196
– mossambicus 250
– oblonga 196
Chromys appendiculata 202
– fasciata 202
Chuco manana 204

Chuna kolisha 270
Cichla saxatilis 206
Cichlasoma biocellatum 202
– cajali 198
– centrale 198
– (Herichthys) cyanoguttatum 196
– dorsatum 198
– erythraeum 198
– facetum 196
– facetus 196
– gordonsmithi 198
– hedricki 202
– hicklingi 204
– (Amphilophus) labiatum 198
– lobochilus 198
– maculicauda 204
– manana 204
– meeki 200
– melanurum 204
– mojarra 198
– nigritum 204
– (Archocentrus) nigrofasciatum 200
– oblongum 196
– (Parapetenia) octofasciatum 202
– pulchrum 186
– (Parapetenia) salvini 202
– severum 202
– synspilum 204
– (Parapetenia) trimaculatum 198
Citharinus chilodus 50
Cleithacara maroni 188
Clupea sternicla 62
Cobitis macracanthus 92
Cochliodon nigrolineatus 114
Cojus cobujius 260
Colisa bejeus 270
– chuna 270
– cotra 270
– fasciata 270
– labiosa 270
– lalia 268
– ponticeriana 270
– unicolor 268
– vulgaris 270
Copeina argiros 56
– arnoldi 56
– callolepis 56
– carsevennensis 56
– eigenmanni 56
– guttata 56
Copella arnoldi 56
Corydoras aeneus 102
– arcuatus 100
– australe 106
– axelrodi 100
– barbatus 108
– eigenmanni 108
– elegans 100
– geoffroy 96
– hastatus 106

– australe 98
– kronei 108
– macrosteus 102
– maculatus 108
– marmoratus 108
– melanistius melanistius 106
– melini 96
– metae 104
– microcephalus 108
– microps 102
– myersi 104
– paleatus 108
– pestai 100
– punctatus 96
– – var. argentina 108
– julii 96
– pygmaeus 98
– rabauti 104
– reticulatus 98
– schultzei 102
– schwartzi 98
– venezuelanus 102
– zygatus 104
Crayracion fluviatilis 296
Crenicara filamentosa 206
Crenicichla albopunctatus saxatilis 206
– argynnis 206
– frenata 206
– labrina 206
– lepidota 206
– proteus 206
– – var. argynnis 206
– saxatilis 206
– – var. lepidota 206
– – var. semicincta 206
– vaillanti 206
Ctenobrycon spilurus spilurus 32
Ctenopoma acutirostre 260
– ansorgei 26
– kingsleyae 258
– oxyrhunchum 258
Ctenops nobilis 284
– pumilus 284
– vittatus 284
Curraichthys dorsatum 198
– erythraeum 198
– labiatum 198
Cychla rubroocellata 194
– rutilans 206
Cynolebias alexandri 144
– heloplites 144
– nigripinnis 144
Cynopotamus microlepis 44
Cyprinus conchonius 68
– rerio 64

Danio frankei 64
– rerio 64
Dasyloricaria filamentosa 118
Decapogon adspersus 110

– urostriatum 110
Dermogenys pusillus 130
Deschauenseeia chryseus 280
Dianema longibarbis 110
– urostrata 110
Dichotomycter fluviatilis 296
Dimidiochromis compressiceps 228
Dormitator gundlaichi 290
– lineatus 290
– maculatus 290
– microphthalmus 290

Elassoma evergladei 176
Eleotris latifrons 290
– megiloides 290
– quadriquama 290
– omocyaneus 290
– sima 290
– somnolentus 290
Enneacanthus chaetodon 176
Epalzeorhynchus bicolor 84
– frenatus 84
Epicyrtus exodon 38
– microlepis 44
– paradoxus 38
Epiplatys annulatus 146
– chaperi 146
– sheljuzhkoi 146
– dageti dageti 146
– monroviae 146
Exodon paradoxus 38

Farlowella gracilis 118
Fundulopanchax filamentosus 138
– gardneri 140
Fundulopanax sjoestedti 134
Fundulus gardneri 140
– sjoestedti 140

Gasteropelecus coronatus 62
– levis 62
– sternicla 62
– strigatus 62
Gastrodermus elegans 100
Geophagus agassizi 190
– hondae 208
– jurupari 208
– leucostictus 208
– magdalenae 208
– mapiritensis 108
– pappaterra 208
– pellegrini 208
– steindachneri 208
Girardinus guppii 156
– januarius reticulatus 162
– petersi 156
– poeciloides 156
– reticulatus 156, 162
– vandepolii

Glossolepis incisus 124
– wanamensis 124
Gobius xanthozona 290
Gymnocorymbus ternetzi 38
Gyrinocheilus aymonieri 90
– kaznakovi 90

Haplochilus annulatus 146
– calliurus 136
– – var. australis 136
- lineatus 142
– lineolatus 142
– panchax var. blockii 142
– walkeri 136
Haplochromis burtoni 228
– compressiceps 228
– livingstonii 226
Haridichtys reticulatus 156
Helostoma rudolfi 286
– temminckii 286
Hemichromis auritus 230
– bimaculatus 230
– desquezi 230
– fasciatus 230
– leiguardi 230
– letourneuxii 230
– livingstonii 226
– rolandi 230
– saharae 230
– subocellatus 248
Hemigrammalestes interruptus 50
Hemigrammus bleheri 22
– caudovittatus 18
– erythrozonus 16
– heterorhabdus 24
– hyanuary 16
– melanopterus 28
– ocellifer falsus 14
– ocellifer ocellifer 14
– pulcher pulcher 20
– ulreyi 20, 24
Hemirhamphodon pogonognathus 130
Hemirhamphus fluviatilis 130
Heros acaroides 196
– autochthon 196
– coryphaeus 202
– efasciatus 202
– erythraeus 198
– facetus 196
– jenynsii 196
– labiatum 198
– lobochilus 198
– modestus 202
– nigrofasciatus 200
– oblongus 196
– octofasciatus 202
– salvini 202
– severus 202
– spurius 202
– temporalis 196
– triagramma 202

– trimaculatus 198
Heterandria guppii 156
Heterogramma borelli 192
Holopristes ocellifer 14
– riddlei 46
Holostoma oligacanthum 286
– servus 286
– tambakhan 286
Hoplosternum aeneum 104
– longifilis 110
– thoracatum 110
– thorae 110
Hygrogonus ocellatus 194
Hymenophysa macracantha 92
Hyphessobrycon anisitsi 18
– bentosi bentosi 30
– bifasciatus 32
– callistus 28
– – bentosi 30
– rubrostigma 28
– cardinalis 42
– erythrostigma 28
– federalis 14
– flammeus 32
– georgettae 30
– gracilis 16
– griemi 32
– herbertaxelrodi 24
– heterorhabdus 24
– innesi 42
– melanopterus 28
– ornatus 30
– pulchripinnis 26
– rubrostigma 28
– scholzei 26
– simulans 24
– socolofi 28
Hystricodon paradoxus 38

Inpaichtys kerri 36
Iratherina werneri 128

Julidochromis marlieri 224
– transcriptus 224

Labeo bicolor 84
– frenatus 84
Labeotropheus curvirostris 236
– fuelleborni 236
– trewavasae 236
Labrus badis 182
– opercularis 272
– trichopterus 276
Laetacara curviceps 188
– dorigera 186
Lamprocheirodon axelrodi 42
Lamprologus brevianalis 234
– brichardi 234
– compressiceps 234
– leleupi 232
– marginatus 234
– savoryi elongatus 234

– tetracanthus 234
– tretocephalus 232
Lebistes peocilioides 156
– reticulatus 156
Lembesseia parvianatis 156
Leuciscus filamentosus 70
– kalochroma 86
Lobotes ocellatus 194
Loricaria filamentosa 118
Lutjanus scandens 260
– testudo 260

Macrognathus aculeatus 292
– armatus 294
– erythrotaenia 294
– maculatus 292
Macropodus concolor 272
– cupanus 274
– davi 274
– filamentosus 18
– opercularis 272
– – concolor 272
– – var. viridi-auratus 272
– pugnax 264
– venustus 272
– viridi-auratus 272
Mastacembelus armatus 294
– circumcinctus 229
– erythrotaenia 294
Megalamphodus megalopterus 34
– sweglesi 34
Melanotaenia fluviatilis 122
– maccullochi 122
– nigrans 120
Mesogonistius chaetodon 176
Mesops agassizi 190
Metynnis callichromus 54
– erhardti 54
– fasciatus 54
– hypsauchen 54
– orinocensis 54
– schreitmülleri 54
Micralestes interruptus 50
Microcorydoras hastatus 106
Microgeophagus ramirezi 210
Moenkhausia agassizi 40
– australis 40
– filomenae 40
– pittieri 40
– sanctaefilomenae 40
– ternetzi 38
Mollienisia helleri 164
– latipinna 158
– sphenops 154
– velifera 152
Monocirrhus mimophyllus 180
– polyacanthus 180

Monodactylus argenteus 178
– rhombeus 178
– sebae 178
Myletes hypsauchen 54
Myleus gurupyensis 54
– maculatus 54
– rubripinnis 54
Myloplus arnoldi 54
– asterias 54
– ellipticus 54
– rubripinnis 54
– ternetzi 54

Nannacara anomala 210
Nannobrycon eques 58
– ocellatus 58
– unifasciatus 58
Nannochromis nudiceps 238
Nannostomus anomalus 60
– aripirangensis 60
– beckfordi 60
– – anomalus 60
– – aripirangensis 60
– eques 58
– espei 60
– marginatus 60
– simplex 60
– unifasciatus 58
Neetroplus carpinitis 196
Nematobrycon amphiloxus 34, 36
– lacortei 34, 36
– palmeri 36
Nematocentris fluviatilis 122
– maccullochi 122
– nigrans 120
Neolamprologus brichardi 234
– leleupi leleupi 232
– tretocephalus 232
Nimbochromis livingstonii 226
Nomorhamphus celebensis 128
Nothobranchius foerschi 150
– guentheri 148
– nothobranchius 'Kayuni State Farm' 150
– rachovi 148
– sjoestedti 134

Osphronemus gorami 288
– gourami 288
– malavanus 282
– microlepis 280
– nonatus 282
– notatus 288
– olfax 288
– saigonensis 276
– satyrus 288
– siamensis 276
– striatus 278

– trichopterus 276, 282
– – var. catoris 280
– – var. koelreuteri 276
– vittatus 284
Otocinclus affinis 116
– arnoldi 116
– vittatus 116

Panchax australe 136
– lineatus 142
– panchax var. blockii 142
– polychromus 136
Papioliochromis ramirezi 210
Paracheirodon innesi 42
Paragoniates muelleri 12
Paratheraps synspilus 204
Paratilapia compressiceps 228
– multicolor 246
Parophiocephalus unimaculatus 266
Pelmatochromis dimidiatus 238
– klugei 250
– kribensis 250
– – var. callipterum 250
– klugei 250
– pulcher 248
– subocellatus 248
– taeniatus 250
Pelvicacromis pulcher 248
– roloffi 250
– subocellatus 248
– taeniatus 248, 250
Perca saxatilis 206
– scandens 260
Perilampus striatus 64
Petersius codalus 50
– spilopterus 48
Petitella georgiae 22
Phallichthys amates amates 162
Phalloceros caudomaculatus reticulatus 162
Phenacogrammus interruptus 50
Pigocentrus altus 52
Platypodus gurca 272
Platypoecilus maculatus 168
– – dorsalis 172
– mentalis 154
– nigra 168
– pulchra 168
– rubra 168
– spilonotus 154
– tropicus 154
– variatus 172
Poecilia latipinna 158
– maculata 168
– poeciloides 156
– reticulata 156
– sphenops 154
– 'Leier Molly' 154
– velifera 152

Poecilobrycon auratus 58
– esper 60
– ocellatus 58
– unifasciatus ocellatus 58
Poeciloides reticulatus 156
Poecilurichthys agassizi 40
Poecylobrycon unifasciatus 58
– ocelatus 58
Polyacanthus cupanus 274
– – var. dayi 274
– dayi 274
– fasciatus 270
– opercularis 272
Polycentrus schomburgki 180
– tricolor 180
Pomotis chaetodon 176
Priapella intermedia 160
Prionobrama filigera 12
– madeirae 12
Pristella maxillaris 46
– riddlei 46
Psettus argenteus 178
– rhombeus 178
– sebae 178
Pseudobetta unimaculata 266
Pseudocorynopoma doriae 46
Pseudocrenilabrus multicolor 246
– philander dispersus 246
Pseudomugil signatus 126
– signifer 126
Pseudoplesiops nudiceps 238
Pseudosphromenus cupanus 274
– dayi 274
Pseudotropheus sp.aff. zebra 242, 244
– liliancinius 240
– lombardoi 240
– tropheops 244
– zebra 242
Psilorhynches aymonieri 90
Pterophyllum altum 212
– eimekei 214
– scalare 214, 216, 218, 220
– scalaris 214
Puntius arulius 72
– filamentosus 70
– guentheri 76
– lateristriga 72
– nigrofasciatus 66
– oligolepis 74
– 'schuberti' 146
– semifasciolatus 76
– stoliczkanus 66
– tetrazona 78
– titteya 74
Pygocentrus nattereri 52
– stigmaterythraeus 52
Pyrrhulina filamentosa 56
– guttata 56
– rachoviana 56

Quintana atrizona 158

Rasbora heteromorpha 86
– *kalochroma* 86
– *maculata* 88
– *urophthalma* 88
Rivulus cilindraceus 132
– *cryptocallus* 132
– *marmoratus* 132
Roeboides caucae 44
– *microlepis* 44
Roloffia occidentalis 134
Rooseveltiella nattereri 52

Salmo albus 54
– *caribi* 54
– *gasteropelecus* 62
– *humeralis* 54
– *immaculatus* 54
– *iridopsis* 54
– *rhombeus* 54
Sarotherodon mossambicus 252
Satanoperca jurupari 208
– *leucosticta* 208
– *macrolepis* 208
– *pappaterra* 208
Sciaena maculata 290
Scleromystae barbatus 108
– *kronei* 108
Scomber rhombeus 178
Serrasalmo piranha 52
Serrasalmus gibbus 54
– *gracilior* 54
– *nattereri* 52
– *niger* 54
– *paraense* 54

– *rhombeus* 54
Sparus pavoninus 206
– *rufescens* 206
– *saxatilis* 206
– *testudineus* 260
Sphaerichthys osphromenoides 282
Steatocranus casuarius 252
– *elongatus* 252
Symphysodon aequifasciata axelrodi 222
– *haraldi* 222
– *discus* 222
Systomus assimilis 70
– *conchonius* 68
– *lateristriga* 72
– *oligolepis* 74

Tanichthys albonubes 90
Telmatherina ladigesi 126
Tetragonopterus callistus 28
– *heterorhabdus* 24
– *ocellifer* 14
– *rubropictus* 12
– *sanctaefilomenae* 40
– *ternetzi* 38
– *ulreyi* 20, 24
Tetraodon fluviatilis 296
– *potamophilus* 296
– *somphongsi* 296
– *steindachneri* 296
Tetrodon fluviatilis 296
– *nigroviridis* 296
– *palembangensis* 296
– *simulans* 296

Thaigobiella sua 290
Thayeria boehlkei 44
– *obliqua* 44
– *santaemarie* 44
Thorichthys helleri meeki 200
– *meeki* 200
Tilapia mossambica 250
– *natalensis* 250
– *philander* 246
– *zebra* 242
Trichogaster chuna 270
– *fasciatus* 270
– *labiosus* 270
– *lalius* 268
– *leeri* 282
– *microlepis* 280
– *pectoralis* 280
– *sota* 270
– *trichopterus* 276, 278
– – *trichopterus* 276
– *unicolor* 268
Trichopodus bejeus 270
– *chuna* 270
– *colisa* 270
– *cotra* 270
– *lalius* 268
– *leeri* 282
– *microlepis* 280
– *pectoralis* 280
– *sota* 270
– *trichopterus* 276
Trichopsis harrisi 284
– *lalius* 268
– *microlepis* 280

– *pumilus* 284
– *schalleri* 284
– *striata* 284
– *vittatus* 284
Trichopterus cantoris 276
– *sepat* 276
– *siamensis* 276
– *trichopterus* 276
Trichopus leeri 282
– *microlepis* 280
– *parvipinnis* 280
– *striatus* 284
Tropheus annectens 256
– *duboisi* 254
– *moorei* 256

Uaru centrarchoides 202

Viejia maculicauda 204

Xenocara dolichopterus 114
– *multispinis* 112
Xenotoca eiseni 174
Xiphophorus gillii 154
– *helleri* 164, 166
– – *helleri* 164
– x *X. variatus* 170
– *jalapae* 164
– *maculatus* 168, 170
– *montezumae* 172
– *rachovi* 164
– *variatus* 172

Zeus scalaris 214